ullstein

Das Buch

Irren ist menschlich. Wenn es dabei um die berufliche Laufbahn geht, können Trugschlüsse Sie jedoch teuer zu stehen kommen. Was, wenn jahrelange Loyalität sich nicht auszahlt? Wenn nicht der direkte Draht zum Chef, sondern der zu seiner Sekretärin Ihrer Karriere Flügel verleiht? Oder es eben nicht reicht, der Beste zu sein, um befördert zu werden?

Martin Wehrle analysiert die vielen Fehlurteile rund um den beruflichen Erfolg und verrät Ihnen konkrete Kniffe, mit denen Sie Ihre Karriere in Profimanier vorantreiben können. Das hilft nicht nur der verunsicherten Generation Praktikum. Das »Lexikon der Karriere-Irrtümer« überrascht auch alte Hasen mit vielen neuen Fakten und raffinierten Tricks.

Ein erhellender Einblick in die Mechanismen der Arbeitswelt – von Deutschlands renommiertestem Karrierecoach.

Der Autor

Martin Wehrle war Manager in einem M-Dax-Konzern und Chefredakteur, bevor er Karrierecoach wurde. Heute bildet er an seiner Akademie selbst Karriereberater aus.

Martin Wehrle

Lexikon der Karriere-Irrtümer

Worauf es im Job wirklich ankommt

Ullstein

Besuchen Sie uns im Internet:
www.ullstein-taschenbuch.de

Mix
Produktgruppe aus vorbildlich bewirtschafteten Wäldern und anderen kontrollierten Herkünften
www.fsc.org Zert.-Nr. GFA-COC-001278
© 1996 Forest Stewardship Council

Dieses Taschenbuch wurde auf FSC-zertifiziertem Papier gedruckt. FSC (Forest Stewardship Council) ist eine nichtstaatliche, gemeinnützige Organisation, die sich für eine ökologische und sozialverantwortliche Nutzung der Wälder unserer Erde einsetzt.

Ungekürzte Ausgabe im Ullstein Taschenbuch
1. Auflage Juli 2010

Umschlaggestaltung: HildenDesign, München
Titelabbildung: HildenDesign, München

Satz: Franzis print + media, München
Gesetzt aus der Janson
Papier: Pamo Super von Arctic Paper Mochenwangen GmbH
Druck und Bindearbeiten: CPI – Ebner & Spiegel, Ulm
Printed in Germany
ISBN 978-3-548-37329-4

Einleitung

Ein Preisboxer kann irren

Der bullige Mann springt auf wie ein Attentäter. Er scheint dieses Geschwätz, scheint meinen Vortrag nicht länger auszuhalten. Nun feuert er Salven in meine Richtung, Worte voller Zorn: »Wie können Sie behaupten, Leistung bringe keine Beförderung?! Ich wurde *nur* deshalb Abteilungsleiter, weil ich besser als andere war.«

Alle Köpfe im Saal drehen sich zu dem Wüterich in der vorletzten Reihe. Er hat die Haltung eines Preisboxers eingenommen, fordert mich zum Kampf.

»Wie lange ist Ihre Beförderung her?«, frage ich.

»Elf Jahre. Fast auf den Tag genau.«

»Wie haben sich Ihre Ergebnisse seitdem entwickelt?«

Sein Körper strafft sich, er scheint zu wachsen: »Meine Abteilung ist die produktivste im ganzen Haus.«

»Aber erst seit kurzem, oder?«, frage ich.

»Frechheit! Seit Jahren haben wir die besten Zahlen.«

»Aber offenbar zu schlecht, um Ihre Vorgesetzten zu überzeugen.«

Jetzt ballt er seine Faust, und die Wut zeichnet sein Gesicht wie eine Kriegsbemalung: »Nun halten Sie aber mal die Luft an! Meine Chefs sind begeistert von mir.«

»Dann werden Sie mir sicher erklären können, warum Sie seit elf Jahren nicht mehr befördert wurden – trotz großartiger Leistung.«

Tonlos, wie ein Kugelfisch im Aquarium, öffnet und schließt er seinen Mund. Mindestens dreimal. Dann erlöst ihn das Lachen des Publikums. Der Preisboxer hat sich selbst K.O. geschlagen; Beförderungen hängen eben nicht nur von der Leistung ab.

Nichts gegen diesen Mann! Es ist nicht die Ausnahme, Karriere-Irrtümern aufzusitzen, es ist die Ausnahme, sie zu durchschauen! Denn von allen Seiten werden Ihnen Mythen und Halbwahrheiten ins Ohr geflüstert.

Haben Sie nicht auch schon in Karrierebüchern gelesen, dass ein Experten-Image dem Aufstieg dient, dass Auslandsaufenthalte die Karriere anschieben, dass es ab Mitte vierzig eng auf dem Arbeitsmarkt wird? Haben Sie nicht tausendmal gehört, dass der Fragende führt, dass der Klügere nachgibt, dass Wissen Macht ist? Und würden Sie nicht auch unterschreiben, dass drei Abmahnungen vor einer Entlassung nötig sind, dass Mütter schlechtere Aufstiegschancen haben, dass Bewerber meist an ihrer mangelnden Qualifikation scheitern?

Alles falsch! Als Karriereberater und Leiter der ersten Ausbildungsstätte für diesen Berufsstand, der Hamburger Karriereberater-Akademie, erlebe ich täglich, was die meisten Menschen im Beruf ausbremst. Nicht der Chef, nicht die Firma, nicht die Umstände. Es sind Annahmen im eigenen Kopf. Es sind Karriere-Irrtümer!

Dieses Buch zertrümmert den falschen Kompass, der schon so viele Karrieren auflaufen ließ, und drückt Ihnen einen neu geeichten in die Hand. Hier erfahren Sie, was Wissenschaftler rund um den Globus zu Karrierefragen herausgefunden haben, was Justitia Ihnen in brenzligen Situationen rät, was von Vorbildern wie Jack Welch oder Bill Gates zu halten ist und wie Sie von den Einsichten der hellsten Köpfe der Menschheitsgeschichte, von Goethe bis Nietzsche, von Bismarck bis Churchill, im Job profitieren können. Alles alphabetisch geordnet und blitzschnell nachzuschlagen (auch über das Register ab Seite 267).

Zahlreiche Fälle aus meiner Beratungspraxis machen die Irrtümer lebendig: Am Beispiel einer jungen Betriebswirtin erleben Sie, dass übertriebene Hilfsbereitschaft eine Karriere ausbremsen kann; am Beispiel eines aufstiegswilligen Buchhalters, dass Kleider noch keine Leute machen; und am Beispiel einer Germanistin, dass Geisteswissenschaftler eben doch am Arbeitsmarkt gefragt sind, wenn sie es nur richtig anstellen.

Vertrauliches Wissen aus den Unternehmen rundet dieses Lexikon ab. Hinter den Kulissen traf ich mich mit Personalchefs, Abteilungsleitern und Geschäftsführern. Glauben Sie mir: Der reine Wein, der mir unter vier Augen eingeschenkt wurde, schmeckt ganz anders als das mit Aromastoffen versetzte Getränk, das Ihnen die üblichen Karriere-Ratgeber verabreichen (hätten Sie zum Beispiel gedacht, dass viele Personaler auf Bewerbungen mit Deckblatt schimpfen?).

Wenn Sie dieses Buch als Kompass nutzen, werden Sie die Stürme des Berufslebens sicher durchsegeln, die Untiefen umschiffen und souverän im Hafen Ihrer Wunschposition einlaufen. Vielleicht liest unser Preisboxer ja mit – er könnte etwas lernen!

P.S. Unbeirrte Rückmeldungen sind mir willkommen. Bitte über meine Homepage www.karriereberater-akademie.de

A

Abfindung

Man hat Anspruch auf eine Abfindung: ein halbes Monatsgehalt pro Jahr in der Firma

Jeder Krimi-Zuschauer kennt das Prinzip der Schutzgeld-Erpressung: Eine Partei stößt eine Drohung aus und hält die Hand auf, die andere zahlt zähneknirschend. Genau so, wenn auch legal, kommen viele Abfindungen zustande.

Der entlassene Mitarbeiter tut so, als wollte er seinen Arbeitsplatz um jeden Preis zurück, auch wenn ihn keine zehn Pferde wieder in diese Hölle schleifen könnten. Seine Rückkehr per Kündigungsschutzklage wäre für die Firma nicht nur peinlich, sondern auch teuer: Er bekäme sein volles Gehalt, rückwirkend und künftig. Der Chef will sich durch die Abfindung freikaufen. Als Höhe schlägt das Kündigungsschutzgesetz ein halbes Monatsgehalt pro Jahr im Betrieb vor. Dieses Trostpflaster ist freiwillig, niemand hat einen Anspruch darauf, nur weil er betriebsbedingt gekündigt wird; lediglich 15 Prozent der Entlassenen werden so entschädigt. Der Mitarbeiter stimmt einem Abfindungs-Angebot zu, indem er einfach nur die dreiwöchige Frist für eine Klage verstreichen lässt.

Ist es klug, dieses Spielchen mitzuspielen? Ja, falls die Kündigung gute Aussichten auf den Segen eines Arbeitsrichters hat. Nein, wenn die Kündigung auf wackligen Beinen steht. Dann könnte die Klage ein Rückreiseticket an Ihren Arbeitsplatz sein. Das will die Firma verhindern, um fast jeden Preis, um fast jede Abfindung. So kann sich der Richtwert – das halbe Monatsgehalt pro Betriebsjahr – auf wundersame Weise über Nacht vervielfachen. Besser mit goldenem Handschlag gehen als mit einem Nackenschlag!

Quellen: Vgl. Kündigungsschutzgesetz, § 1a
Schneider/Ullmann: *Abfindungszahlungen in der Praxis*, Betriebsberater, Heft 20/2006
Pfarr/Zeibig: *Abfindung statt Kündigungsschutz?*, WSI-Mitteilungen 8/2006

Abitur-Note

Die Abi-Note verfolgt einen durchs Berufsleben

Das Abi in den Sand gesetzt? Ein fauler Schüler gewesen? Mehr Interesse am anderen Geschlecht als am Unterricht gehabt? Darf man den Lehrern glauben, ist die schlechte Abschlussnote ein Kainsmal, das bei jeder neuen Bewerbungsrunde die Arbeitgeber scharenweise abschreckt.

Wahr ist: Wer direkt nach der Schule eine Ausbildung anstrebt, wer nichts als sein Schulzeugnis vorlegen kann, der wird bei einem Notendurchschnitt von 4,0 nicht als verkanntes Genie, sondern nur als schlechter Schüler gesehen. Wie die Schulleistung, befürchten die Chefs, so auch die Arbeitsleistung.

Aber was, wenn der schlechte Schüler zu einem guten Studenten avanciert, etwa ein BWL-Studium mit 2,0 abschließt? Dann überstrahlt sein letzter, sein höherer Abschluss das Schulversagen. Mancher Personaler wird die Steigerung von der Schule zum Studium sogar als Hinweis dafür sehen, dass der Bewerber seinen Weg gefunden hat. Vielleicht legt der Kandidat beim Arbeiten erneut eine Schippe drauf!

Noch unbedeutender wird die Schulnote, wenn die ersten Arbeitszeugnisse hinzukommen – sofern es gute Zeugnisse sind! Wird die schlechte Schulnote aber immer wieder bestätigt, dann sind eins und eins (oder vier und vier) schnell zusammengezählt: Der Bewerber gilt als Leistungszwerg.

Abmahnung

Vor einer Entlassung sind drei Abmahnungen nötig

»Muss ich dir denn alles dreimal sagen?!« Auf diesen klassischen Erziehersatz gibt es, bezogen auf die Abmahnung, eine klare Antwort: Nein – einmal reicht!

Die Abmahnung leitet sich aus dem Bürgerlichen Gesetzbuch ab: Vor einer Maßnahme mit einschneidender Rechtswirkung sollte der Vertragspartner eine Warnung, eine letzte Chance zur Bewährung erhalten. Drei Bedingungen muss eine Abmahnung erfüllen:

- Sie muss einen konkreten Vorwurf erheben: Was ist wann und wo passiert?
- Sie hat dem Mitarbeiter zu sagen, wie er sich laut Vertrag verhalten muss.
- In ihr muss die Kündigung angedroht werden für den Fall, dass sich der Verstoß wiederholt.

Ist ein solcher Warnschuss gefallen, darf der Arbeitgeber scharf schießen – und *ohne* weitere Abmahnung eine außerordentliche Kündigung aussprechen. Indem eine Firma mehrfach abmahnt, erhöht sie ihre Chancen vor dem Arbeitsgericht. Aber auch eine Kündigung nach der ersten Abmahnung *kann* Bestand haben.

Quelle: Vgl. § 326 Abs. 1 BGB, § 280 BGB

Abschied

Wer eine Firma verlässt, bekommt dort keine zweite Chance

»Was wollen Sie?«, knurrt der Einkaufsleiter seinen Mitarbeiter an, der überraschend um einen Termin gebeten hat. »Kündigen«, antwortet dieser. Die rosige Gesichtsfarbe des Chefs erblasst zu einem Teint, der verdächtig an Neuschnee erinnert.

Ebenso kalt klingt seine Stimme jetzt: »Reisende soll man nicht aufhalten.«

Diese Trotzreaktion ist ein Pawlowscher Chefreflex. Und eine Dummheit dazu. Denn welche Mitarbeiter wechseln am ehesten? Nicht die Leistungsschwachen, die sich an ihren Arbeitsplatz wie an einen Strohhalm klammern, sondern die Leistungsstarken, die auf dem Arbeitsmarkt begehrt sind. Oft hinterlassen sie in der Firma eine Lücke, die so groß ist, dass kein Nachfolger sie füllen, kein Chef sie übersehen kann.

Dann wünschen sich viele Chefs den »Ex« zurück! Eine Studie des Personaldienstleisters Robert Half ergab: Rund achtzig Prozent der deutschen Arbeitgeber würden einen ehemaligen Mitarbeiter erneut einstellen, 51 Prozent nach »gründlicher Prüfung«, fast 29 Prozent »auf jeden Fall«.

Schlagen Sie die Tür also nicht zu, wenn Sie eine Firma verlassen – sondern gehen Sie in Freundschaft. Man weiß ja nie! Eine Rückkehr hat den großen Vorteil: Sie wissen genau, was Sie erwartet. Allerdings sollten Sie nie auf derselben Ebene wiedereinsteigen, sonst kommen Sie als begossener Pudel daher. Landen Sie eine Etage höher – und Ihre Heimkehr wird ein Siegeszug.

Quelle: Robert Half, *Workplace Survey*, 11/2007

Abteilung

Abteilungen arbeiten miteinander

Ein gefährliches Werkzeug prägt die Zusammenarbeit zwischen den Abteilungen: das Kriegsbeil. Statt miteinander zu arbeiten, marschieren die Einheiten *gegeneinander* auf. Jede Abteilung ein autonomer Staat, jeder Abteilungsleiter ein Fürst. Einmischungen von außen, besonders Wünsche anderer Abteilungen, sehen die Potentaten als Kriegserklärung – und schießen mit scharfer Rhetorik zurück.

Der Zusammenhalt einer Gruppe, von Psychologen »Kohäsion« genannt, wird umso fester, je mehr die Gruppenmitglieder miteinander und je weniger sie mit anderen zu tun haben. Deshalb hat die Menschheit auch Isolierungs-Riten erfunden, zum Beispiel Flitterwochen oder Abteilungsmeetings.

Abteilungen stehen in Konkurrenz. Sie buhlen um Etats, um Anerkennung, um die Zuwendung der Geschäftsleitung. Und ist es nicht ganz normal, dass die Positionen kollidieren? Der Vertrieb will seine bewährten Produkte bis zum Sankt-Nimmerleins-Tag verkaufen; die Entwicklungsabteilung träumt von täglichen Innovationen. Und alle zusammen knüppeln auf die Personalabteilung ein, weil die nicht genug Ingenieure herbeizaubert.

Aber Achtung: So unterschiedlich die Standpunkte sind – das Interesse sollte das gleiche sein! Alle Abteilungen müssen die Firma voranbringen. Diese Schnittfläche können Sie in Gesprächen mit Nachbarabteilungen herausarbeiten. Konstruktive Kompromisse machen den Betrieb und damit auch die einzelnen Abteilungen schlagkräftiger.

Je besser Ihr Ansehen in anderen Abteilungen ist, desto größer die Chance, dass Sie innerhalb des Hauses auf spannende Positionen wechseln können. Auch auf Chefsessel! Dagegen sitzen Scharfmacher ein Arbeitsleben lang in der Provinz ihrer Abteilung fest.

Akademikerinnen

Vierzig Prozent der Akademikerinnen bleiben kinderlos

Die griechische Göttin Artemis lenkte einen Mondwagen über den Himmel und ging in Vollmondnächten mit einem silbernen Bogen auf die Jagd. Laut Sage war sie keinem Gatten untertan und wurde von Jungfrauen verehrt. Den Männern aber war die Kinderlose unheimlich!

Mit ähnlichen Vorurteilen haben Frauen im Beruf bis heute

zu kämpfen. Ob im Bundestag oder am Stammtisch: Wann immer in den letzten Jahren vom Geburtenrückgang die Rede war, wurde sofort auf Akademikerinnen und auf eine Statistik verwiesen, nach der nur sechzig Prozent von ihnen ein Kind bekämen. Als Vorwurf schwang mit: Egoismus (also die eigene Arbeit) käme bei ihnen vor Gemeinsinn (also dem Kind).

Inzwischen wissen wir, dass es den Akademikern weniger an Nachwuchs als den Statistikern an Methodik fehlte. So wurden die Frauen nur nach Kindern im eigenen Haushalt gefragt. Lebte ein Sprössling beim Vater, fiel er durchs Netz. Außerdem interviewten die Statistiker nur Frauen bis vierzig – obwohl gerade Akademikerinnen in reiferen Jahren noch Kinder bekommen.

Das Statistische Bundesamt brachte im Dezember 2007 die Wahrheit ans Licht: Studierte Frauen haben doppelt so oft Kinder wie bislang angenommen – nicht vier von zehn, nur zwei bleiben kinderlos. Was kaum einer weiß: Mütter haben *bessere* Karrierechancen (siehe *Mutter*).

Quelle: taz.de, *Auch Akademikerinnen kriegen Kinder*, 18.12.2007

Alkohol

Alkohol ist ein Karrierekiller

Wer tief ins Glas schaut, landet unter der Brücke. Oder im Management. Was die Anonymen Alkoholiker schon lange wissen, hat eine Studie des US-Wissenschaftlers Edward Stringham bestätigt: Alkohol-Konsumenten machen schneller Karriere. Trinkfreudige Männer verdienen im Schnitt zehn Prozent mehr, Frauen sogar 14 Prozent.

Ein Blick übers Glas hinaus erklärt, warum ein Tröpfchen in Ehren zu Karrieren führt: Wer ausgeht, trifft andere Menschen. Er knüpft Netzwerke, vertieft Kontakte, trainiert Reden und Zuhören. Außerdem wollen Geschäfte nicht nur abgeschlossen, sondern auch begossen sein!

Je tiefer man ins Glas schaut, desto höher steigt man auf? Dieser Schluss wäre allzu besoffen, denn die Studie ergab: Wer sich pro Woche mehr als »21 Drinks« genehmigt, zum Beispiel täglich drei Gläschen Wein, erlebt auf der Karriereleiter eine Ernüchterung. Seine Gehaltschancen stürzen ab. Und was auf der Kapitänsbrücke gipfeln soll, geht im schlechtesten Fall unter der Straßenbrücke zu Ende.

Quelle: American Journal of Economics and Sociology, 10/2006

Alter

Ab Mitte vierzig wird's eng auf dem Arbeitsmarkt

»Ich brauch mich doch erst gar nicht zu bewerben – mit 48 gehöre ich als leitender Ingenieur längst zum alten Eisen!«

»Können Sie denn weniger als die Jüngeren?«

»Im Gegenteil: Die Uni-Abgänger stehen bei mir Schlange; der Experte für knifflige Fragen bin ich.«

»Aber in Ihrem Bewerbungsanschreiben heißt es: ›Trotz meiner 48 Jahre bin ich noch lernfähig.‹ Das klingt nicht selbstbewusst, das klingt wie eine Entschuldigung.«

»Ist es ja auch. In den Unternehmen herrscht Jugendwahn!«

»Das mag für einige Branchen stimmen. Etwa für Werbeagenturen und Internet-Firmen. Aber es stimmt nicht überall. Am wenigsten in Traditionskonzernen, etwa Stahl und Energie. Gerade Führungskräfte profitieren in Deutschland von einem höheren Lebensalter.«

»Behaupten Sie …«

»Nicht nur ich! Aus einer Umfrage geht hervor: 69 Prozent der deutschen Firmen ziehen Führungskräfte vor, die ein ›gewisses Alter‹ erreicht haben. Man gesteht Älteren mehr Erfahrung, Reife und Kompetenz zu. In England legt dagegen nur jede fünfte Firma auf ein gehobenes Alter wert.«

»Schöne Worte – aber für mich zählen die Taten!«

»Immer mehr Firmen fördern Ältere. Auch eigennützig, weil die Jungen knapp werden: 2015 steigt das Durchschnittsalter der Deutschen auf 44 Jahre. Jugendwahn würde leere Schreibtische bedeuten.«

»Aber nicht jeder Opa wird deshalb befördert ...«

»Sagen wir: 45 bis 55 ist noch ein gutes Alter, um Hauptabteilungsleiter, Geschäftsführer oder Vorstand zu werden. Auch als Fachkraft haben Sie Chancen, wenn Sie zeigen: Sie sind nicht nur älter und teurer, Sie *können* auch mehr als jüngere Kandidaten.«

»Dazu müsste ich den Arbeitsplatz doch erst mal haben!«

»Das geht auch beim Bewerben. Verkaufen Sie Ihr Alter offensiv. Vergleichen Sie die Herausforderungen, vor denen die Firma steht, mit solchen, die Sie schon bewältigt haben. Wo liegen die Parallelen? Ihre Erfahrungen sind die Eintrittskarte.«

»Und das soll funktionieren? Auch noch mit 48?«

»Sogar mit 73! So alt war Adenauer, als er Kanzler wurde.«

Quellen: Robert Half Management Resources, *Manager-Karriere: Alles eine Frage des Alters?* 2007
Capgemini Consulting, Berlin, Demographische Trends 2007

Anfängerbonus

Neulinge genießen einen Anfänger-Bonus

Was für den Häftling die Bewährung ist, sind für den neuen Mitarbeiter die ersten Monate im Job: Er muss sich in dieser Zeit zusammenreißen! Wer schon anfangs einen wichtigen Kunden verprellt, einen Fehler in der Produktion verursacht oder bei den Kollegen aneckt, weckt bei seinem Chef die schlimme Erwartung, er könnte sich noch steigern – und zwar exakt in diese Richtung!

Chefs haben die Erfahrung gemacht: In den ersten Monaten zeigen sich die meisten Mitarbeiter fleißiger, umsichtiger und engagierter als nach der Probezeit . Gute Mitarbeiter werden vielleicht noch besser – aber schlechte werden niemals gut. Nur zwei Sorten von Fehlern werden Ihnen als Frischling verziehen: solche, die keinen größeren Schaden anrichten. Und solche, die erst gar nicht passieren! Es ist keine Schande, wenn Ihnen am neuen Arbeitsplatz Informationen fehlen. Wenn Sie jedoch lieber Fehler machen, als sich vorher bei den Kollegen oder beim Chef zu informieren, sägen Sie am eigenen Ast.

Darum nimmt der Neuling bei Fehlern nicht selten den umgekehrten Weg eines Häftling in der Bewährung: Er kommt nicht rein – er fliegt raus!

Anfangsgehalt

Das Anfangsgehalt ist nicht so wichtig – verhandeln kann man später

Britta Schneider* (27) schwebte auf einer Wolke: Ein neuer Job, eine Stelle als Sozialpädagogin, war zum Greifen nah. Das erste Vorstellungsgespräch bei der Privatschule war so gut gelaufen, dass man ihr schon die Kollegen vorgestellt hatte. Im Zweitgespräch sollte es nun um die Vertragsbedingungen gehen, vor allem ums Gehalt. Der Schulleiter hatte schon angedeutet: »Große Sprünge sind bei uns nicht drin.«

In der Karriereberatung fragte mich Schneider: »Fänden Sie es o.k., wenn ich zum alten Gehalt anfange? Ich möchte erst mal zeigen, was ich kann – dann habe ich später eine bessere Verhandlungsbasis.« Fand ich nicht o.k.! Es gilt dasselbe wie beim Autorennen: Von der Startposition hängen Ihre weiteren Chancen ab. Einen Rückstand, den Sie sich jetzt einhandeln, holen Sie in dieser Firma kaum wieder auf; Ihr Anfangsgehalt ist Grundlage aller weiteren Verhandlungen.

* Alle Namen in diesem Buch geändert

Bedenken Sie: Neue Mitarbeiter werden oft mit Gehältern gelockt, von denen die langjährigen nur träumen können. Dieselben Chefs, die sonst Schottenröcke tragen, springen fürs Vorstellungsgespräch in die Spendierhosen, legen zwanzig oder 25 Prozent aufs alte Gehalt drauf. Wenn Sie jetzt keine Gehaltserhöhung erreichen – wann dann?

Britta Schneider ließ sich von mir überzeugen und machte im Zweitgespräch den Preis ihrer hohen Arbeitsqualität deutlich. Die Botschaft kam an, für sie sprang ein Plus von 15 Prozent heraus.

Anpassung

Wer sich anpasst, macht Karriere

Mit der Anpassung verhält es sich wie mit Gift: Die Dosis ist entscheidend. Eine zu große Menge macht unsichtbar und kann die Karriere töten. Denn eine Ameise unter Ameisen wird niemals befördert – allenfalls zur Tür hinaus, wenn der Besen der Massenentlassung wieder einmal durch die Firma kehrt.

Karriere macht, wer auffällt. Aber *nicht* unangenehm! Wenn Sie als Mann in einem Traditionskonzern arbeiten, wo alle Krawatte tragen, dürfen Sie nicht mit Flickenjeans und Goldkettchen auftauchen. Wohl aber mit einer Fliege! So heben Sie sich von der Herde ab, ohne gegen die Regeln zu verstoßen.

Wenn Sie in einer Firma arbeiten, wo alle dem Chef nach dem Mund reden, dürfen Sie ihm die ganze Wahrheit nicht wie einen Eimer kaltes Wasser über den Kopf schütten. Aber ein paar Tröpfchen eigener Meinung können schon dafür sorgen, dass Sie sich von dem Verein anonymer Kopfnicker abheben – und Profil bekommen. Idealerweise suchen Sie sich eine Firma, wo Sie geradlinig Ihre Stärken und Eigenarten ausspielen können. Dann wird Ihre Energie in die Arbeit und Ihre Karriere fließen – und nicht in das Verbiegen der eigenen Person, eine

Sportart, die dem Charakter schlecht bekommt: »Der Lohn für Anpassung ist, dass alle dich mögen, außer dir selbst«, sagt die amerikanische Autorin Rita Mae Brown.

Arbeitnehmer

Arbeitnehmer sind auf ihren Arbeitgeber angewiesen – nicht umgekehrt

Die Firma der König, der Mitarbeiter der Bettler: Dieses Bild wird immer noch gepflegt, von Unternehmern, die allzu herrisch, und von Mitarbeitern, die allzu unterwürfig sind. Als wäre es ein Gnadenakt, überhaupt eine Anstellung zu bekommen! Aber: Wer braucht eigentlich wen?

Das Wissen der Firma ist nicht in Protokollen und nicht in Arbeitsplatz-Beschreibungen gespeichert, sondern in den Köpfen der Mitarbeiter. Geht einer, geht auch sein Wissen. Womöglich zur Konkurrenz. Würde ein Dienstleister über Nacht von all seinen Mitarbeitern verlassen, bliebe bloß ein Firmengebäude zurück, keine Firma. Komplett neue Mitarbeiter könnten das Wissen nur unzulänglich rekonstruieren.

Der Management-Guru Peter Drucker schrieb in seinem Buch »Umbruch im Management«: »In den meisten Organisationen wird (…) immer noch geglaubt (…): Die Mitarbeiter sind viel mehr auf uns angewiesen als wir auf sie. Tatsächlich aber müssen die Organisationen die Mitgliedschaft in ihren eigenen Reihen ebenso schmackhaft machen, wie es bei der Vermarktung ihrer Produkte und Dienstleistungen der Fall ist – wenn nicht sogar darüber hinaus. Sie müssen Menschen anziehen, halten, sie anerkennen und belohnen, Menschen motivieren, sie bedienen und zufriedenstellen.«

Toyota, der japanische Autobauer, setzt diese Idee vorbildlich um. So 2002, als die Produktion der LKW-Aufbauten aus Platz- und Kostengründen verlegt werden musste, vom Werk in Long Beach, Kalifornien, nach Mexiko. Eigentlich wären 600 Mitarbeiter arbeitslos geworden. Doch Toyota dachte nicht daran, das über Jahre aufgebaute Wissen auf die Straße zu setzen. Vielmehr stellte man die Produktion in Long Beach auf Motoren um und nahm höhere Kosten in Kauf. So hielt man das Know-how in der Firma und zeigte den Mitarbeitern: Ihr seid wichtig, wir brauchen euch! Sie dankten auf ihre Weise – durch Spitzenleistungen.

Quellen: Drucker, P. F., *Umbruch im Management*, Econ 1996
Baale, O., Bergholz, W., *Das deutsche Führungsproblem*, dtv 2005

Arbeitsfreude

Je lieber man eine Arbeit macht, desto besser macht man sie

»Was man besonders gerne tut, ist selten ganz besonders gut.« Diese Erkenntnis von Wilhelm Busch trifft auch heute noch ins Schwarze. Nehmen Sie die Show »Deutschland sucht den Superstar«: Alle Kandidaten singen, krächzen und röhren mit Freude – aber wie klein ist die Zahl derer, die als Sänger nur einen Hauch von Talent haben?

Dass »gerne« nicht gleich »gut« ist, gilt auch im Berufsleben. Und es gilt sogar für Genies wie Johann Wolfgang Goethe. In späten Jahren widmete sich der Dichterfürst mit Begeisterung den Naturwissenschaften. Seine »Farbenlehre« war ihm heiliger als sein »Faust«. Doch sie war grottenfalsch, er wurde dafür ausgelacht. Der Physiker Albert Einstein griff liebend gern zur Geige. Aber hätte er Berufsgeiger werden können? Zeitgenossen spotteten: Geschmack ist relativ!

Darum: Lassen Sie sich, wenn Sie einen Beruf oder eine Aufgabe wählen, nicht nur von Ihrer Freude an einer Tätigkeit leiten – holen Sie sich Einschätzungen von außen. Andere Meinungen wirken wie ein Spiegel: Mit ihrer Hilfe können Sie neue

Seiten an sich entdecken, sich mit mehr Distanz betrachten. Worin sehen die anderen Ihre Stärken? Wie fallen die Rückmeldungen von Eltern und Lehrern, Chefs und Kollegen aus? Welcher rote Faden zieht sich durch ihre Einschätzungen? Verbinden Sie das, was Ihnen Freude macht, mit dem, was Sie am besten können.

Goethe schlug diese Brücke zwischen den Naturwissenschaften, in denen er dilettierte, und seinem ureigensten Metier, der Schriftstellerei, übrigens auch: Er übertrug das Verhalten von chemischen Elementen auf Liebespaare. Heraus kam ein Meisterroman der Weltliteratur: »Die Wahlverwandtschaften.«

Arbeitslosigkeit

Wer den Arbeitsplatz verliert, hat vor allem ein Geldproblem

In Marienthal, einem Provinznest in Österreich, brach 1929 die Welt zusammen: Die örtliche Textilfabrik wurde geschlossen, die Menschen stürzten in Arbeitslosigkeit. Forscher nutzten die Gelegenheit, um zu untersuchen: Was macht die Arbeitslosigkeit mit den Menschen?

Das Ergebnis war erschütternd. Der Park verwilderte. Die Ausleihen in der kostenlosen Bibliothek schwanden um die Hälfte. Die Arbeiterzeitung büßte reihenweise Abonnenten ein. Sogar die Gehgeschwindigkeit sank: Die arbeitslosen Marienthaler schlichen mit drei Stundenkilometern durch den Ort, die Hälfte der durchschnittlichen Gehgeschwindigkeit.

Menschen definieren sich über ihre Arbeit. Nicht umsonst leiten sich die häufigsten Familiennamen in Deutschland, ob Müller oder Fischer, ob Meier oder Bauer, von Berufen ab. Wer seinen Job verliert, verliert nicht in erster Linie eine Geldquelle, sondern Identität, Lebensfreude und Gesundheit. Nach internationalen Studien fühlt sich fast die Hälfte aller Arbeitslosen krank, die Sorgen rauben ihnen Appetit und Schlaf, die Wahrscheinlichkeit einer Depression verzehnfacht sich. Von 100 Arbeitslosen geben bis zu 15 an, schon über einen Selbstmord nachgedacht zu haben. Forscher können den Rückgang des Glücksempfindens sogar genau beziffern. Auf einer Skala von zehn bis 100 sinkt das Glücksgefühl bei einem Verlust der Arbeit um sechs Punkte – um zwei Punkte mehr als bei einer Verwitwung (!) und um vier Punkte mehr, als wenn sich das Familieneinkommen um ein Drittel verringert.

Weniger Geld reduziert den Lebensstandard; das tut weh. Arbeitslosigkeit reduziert unser Ego; das kann unerträglich sein: Marienthal. Jammertal. Hölle!

Quellen: Kieselbach, T. u.a., *»Ich wäre ja sonst nie mehr an Arbeit rangekommen!«*, Beltz 1998

Ytterdal, T., *Routine health check-ups of long-term unemployed in Norway*, Verlag 1999

Layard, R., *Die glückliche Gesellschaft*, Campus 2005

Prantl, H., *Kein schöner Land*, Droemer 2005

Arbeitsplatz

»Ihr Arbeitsplatz ist sicher!«

Auf der Betriebsversammlung räuspert sich der Geschäftsführer und sagt sein Sätzlein nun schon zum dritten Mal: »Ein Stellenabbau ist nicht geplant.« Wo die Entlassungs-Pistolen durchgeladen sind, werden den Mitarbeitern gern verbale Beruhigungspillen verabreicht: »Doch, doch, die Arbeitsplätze sind sicher. Erst recht nach der Fusion!«

Bei Bertolt Brecht heißt es: »Die Oberen reden vom Frieden – kleiner Mann, mache dein Testament.« Anders gesagt: Nehmen Sie Beteuerungen, dass Ihr Arbeitsplatz sicher sei, immer zum Anlass, einen kritischen Blick auf die Lage Ihres Unternehmens zu werfen. Wie entwickelt sich die Zahl der

Aufträge? Welche Andeutungen machen die Kollegen vom Controlling? Gleicht das Unternehmen einem sinkenden Schiff, dessen Kapitän die Rudersklaven bis zur letzten Sekunde an Bord halten will? Wer rechtzeitig abspringt, sich erfolgreich bei einem neuen Arbeitgeber bewirbt, hat weit bessere Aussichten als derjenige, der sich erst um seine Zukunft sorgt, wenn das Boot schon absäuft. Gerade nach Massenentlassungen in einzelnen Branchen ist der Arbeitsmarkt überschwemmt. Vorher stehen die Chancen günstiger.

Arbeitszeit I

Lange Arbeitszeiten beschleunigen die Karriere

Arbeitszeit ist wie Temperatur: Es gibt einen gefühlten und einen tatsächlichen Wert. Beide können weit voneinander abweichen. Wie lange Sie täglich im Büro sitzen, ob neun oder zwölf Stunden, ist für Ihre Karriere ziemlich gleichgültig. Ent-

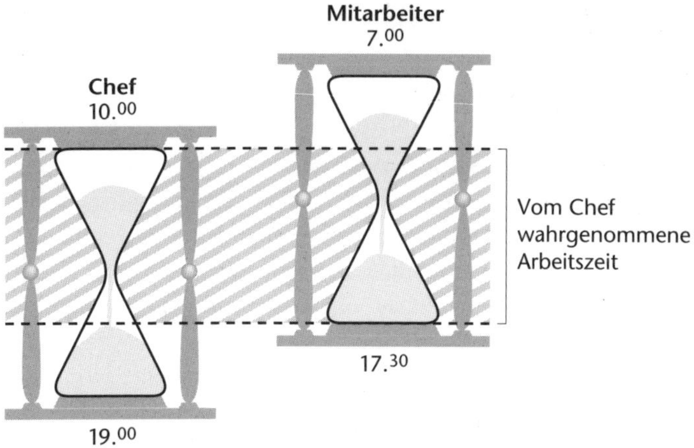

Abb. 1: *Je größer die Schnittfläche mit der Arbeitszeit des Chefs, desto eher nimmt dieser einen Mitarbeiter als fleißig wahr.*

scheidend ist: Wie empfindet es Ihr Chef? Seine Wahrnehmung bestimmt, ob Sie als Arbeits- oder als Faultier gelten.
Was bringt es zum Beispiel, wenn Sie von 7.00 bis 17.30 Uhr im Büro sind, während Ihr Chef erst um 10.00 kommt und bis 19.00 Uhr bleibt? Dann nimmt er Ihren Frühstart kaum zur Kenntnis, wohl aber Ihren »zeitigen Feierabend« – und zieht im schlimmsten Fall den Schluss, Sie seien nie da, wenn er Sie mal sprechen will (also immer nach 17.30 Uhr!).

Jeder Kollege, der zur gleichen Zeit wie der Chef arbeitet, ist 1 1/2 Stunden kürzer im Büro als Sie. Doch in den Augen des Chefs ist er »rund um die Uhr anwesend« und auch noch »zu Überstunden bereit«, sofern er schlau genug ist, kurz vor dem Chef im Büro zu sein und es kurz nach ihm zu verlassen.

Die meisten Chefs sind Spätstarter. Deshalb fängt unter den Mitarbeitern nicht der frühe, sondern der späte Vogel den Wurm …

Arbeitszeit II

Chefs arbeiten kaum länger als ihre Mitarbeiter

Chefs haben ein feines Leben: Acht von zehn leitenden Angestellten gehen mit einem Nettogehalt von mehr als 4.000 Euro nach Hause. Aber *wann* gehen sie? Natürlich gibt es Vorgesetzte, die dreimal pro Woche um 15.30 Uhr das Büro mit dem Hinweis verlassen, sie hätten noch einen »Außentermin«, ein anderes Wort für »Feierabend«!

Doch in der Regel kleben Chefs an ihrem Schreibtisch. Das liegt an der Arbeitsmenge, aber auch am heroischen Rollenverständnis, nach dem der Chef den anspruchsvollsten Job macht, die größte Verantwortung trägt, die längste Arbeitszeit schultern muss und selbstverständlich als Erster einen Herzinfarkt erleidet (auch wenn er in Wirklichkeit beste Aussichten auf ein hohes Alter hat, siehe *Herzinfarkt*). Außerdem ist der Chef des

Chefs auch nur ein Chef, will heißen: Er misst das Engagement seines Untergebenen an den Nachtschichten, die er ja selber einlegt. Gerade in Firmen, wo Bosse das Wort »Feierabend« nicht mal buchstabieren können, stehen die Chef-Kollegen arg unter Zugzwang. Keiner will als Frühheimkehrer gelten!

Eine Studie ergab: Sechs von zehn leitenden Angestellten arbeiten 49 Stunden und mehr in der Woche. Meist unbezahlte Überstunden, abgegolten durchs Chefgehalt. Ehe Sie sich für eine Führungskarriere entscheiden, sollten Sie sich bewusst machen: Das fette Gehalt hat seinen Preis. Die Währung, in der Sie zahlen, heißt Zeit.

Quelle: Deutscher Führungskräfteverband ULA, Berlin, Umfrage unter 3.500 Führungskräften, 2006

Assessment Center

Assessment Center sind zuverlässig

Die Szenerie gleicht einer Talkshow: Fünf Menschen sitzen im Kreis, fuchteln mit den Händen herum und diskutieren sich die Stimmbänder heiser – eine Gruppendiskussion im Assessment Center (AC). Dieser Parcours aus Einzel-, Partner- und Gruppenübungen gilt als professionellster Weg der Bewerberauswahl.

Doch wer bekommt am Ende den Zuschlag? Wirklich der beste Kandidat? Oft der beste Schauspieler! Denn alle wissen, dass sie sich auf einer Bühne befinden. Wölfe fressen Kreide, Stummen wachsen Zungen, und jeder Chaot gibt sich als Ordnungshüter. Erst im Alltag fallen die Masken.

Prof. Heinz Schuler von der Universität Hohenheim, Deutschlands Experte Nummer eins für Personalpsychologie, watscht die Assessment Center ab: Sie würden oft so dilettantisch vorbereitet, so schlampig durchgeführt und so inkompetent geleitet, dass einfache Einstellungsinterviews zuverlässiger seien. Vor allem gingen die Übungen meilenweit an den

Stellenanforderungen vorbei: Warum sollen Kreative eigentlich durch Ordnungssinn (Postkorb-Übung!), Forscher durch Rhetorik (Gruppendiskussion!) und Manager durch das Sozialverhalten von Betschwestern (Rollenspiele!) überzeugen?

Wollen Sie als Darsteller glänzen? Dann bereiten Sie Ihren Bühnenauftritt gründlich vor! Üben Sie die Gruppendiskussion mit Freunden, indem Sie über ein kontroverses Thema debattieren. Danach analysieren Sie Ihr Verhalten: Moderieren Sie das Gespräch, arbeiten Sie Wichtiges heraus (Kommunikationsfähigkeit)? Schlagen Sie Kompromisse vor, vollziehen Sie Ansichten anderer nach (soziales und konstruktives Verhalten)? Können Sie andere für Ihre Ideen gewinnen, lassen Sie sich das Wort nicht nehmen (Durchsetzungsfähigkeit)? Bleiben Sie am Ball, konzentrieren Sie sich aufs Wesentliche (Zielstrebigkeit, Durchhaltevermögen)?

Durch Selbstreflexion und Rückmeldungen der Übungspartner können Sie an Ihrem Auftritt feilen. Denn ohne – im wahrsten Sinne – »blendende« Show geht im unzuverlässigen Assessment Center leider gar nichts …

Quelle: Schuler, H., *Assessment Center zur Potenzialanalyse*, Hogrefe-Verlag 2007

Assistent des Vorstands

Die Vorstands-Assistenz ist ein sicheres Karriere-Sprungbrett

Durchforsten Sie einmal die Lebensläufe bekannter Manager, zum Beispiel den des VW-Chefs Martin Winterkorn. Schnell wird Ihnen auffallen: Wer heute Chef ist, hat gestern oft einem Chef als Assistent zur Seite gestanden. Erster Vorteil der Position: Es gibt keine bessere Vorbereitung aufs Managen, als einem erfahrenen Manager auf die Finger zu schauen. Man lernt alle Tricks und oft auch die richtigen Leute kennen.

Zweiter Vorteil: Wer eng mit dem obersten Chef zusammenarbeitet, dessen Talent kann nicht übersehen werden – sofern er welches hat! Da die Assistenten-Stellen meist alle zwei bis drei Jahre neu vergeben werden, stehen die Chancen äußerst gut, dass der Chef seinen Assistenten belohnt – und in eine Führungsposition hievt. Auch aus Eigennutz, denn Chefs besetzen wichtige Positionen gern mit Leuten aus dem eigenen Dunstkreis.

Aber wie das mit Sprungbrettern so ist: Nicht nur hoch springen, auch tief fallen kann man. Denn was, wenn der Chef ein Häuptling vom Stamm der Unfähigen ist? Dann geht sein erster Indianer durch eine miserable Schule. Gar nicht selten gewöhnt er sich Verhaltensweisen an, die man sich eigentlich von Therapeuten abgewöhnen lässt.

Das größte Risiko: Nach ein paar Jahren wird der Assistent nicht befördert, sondern ohne Führungsverantwortung in eine andere Abteilung weitergereicht. Jeder Kenner, der später auf den Lebenslauf schaut, geht davon aus: Wer als Assistent ohne Beförderung abtritt, hat den Chef kein bisschen beeindruckt.

Aufstieg I

Der Aufstieg wird durch eine Spitzenleistung beschleunigt

Stellen Sie sich vor, ein Fußballtorwart fordert eines Tages vom Trainer: »Ich habe als Tormann gehalten wie ein Weltmeister, jetzt will ich befördert werden – in den Sturm!« Hat er eine Chance? Niemals! Sein vermeintliches Argument für die »Beförderung«, die Spitzenleistungen in der jetzigen Position, ist das stärkste Argument dagegen!

Gerade wenn Sie in Ihrer alten Position alles richtig machen, wird Ihr Fachwissen zum Mehrkomponentenkleber, der

Sie dort festhält. Warum sollte Ihr Chef den besten Tormann in seiner Mannschaft abtreten, ohne gleichwertigen Ersatz in Aussicht zu haben?

Deshalb: Stellen Sie Ihre Leistung nicht als Deckel dar, der perfekt auf den Topf des jetzigen Arbeitsplatzes passt – sondern zeigen Sie, dass Ihre Leistung *über Ihren Aufgabenbereich hinausragt*. Wenn der Fußballtorwart immer wieder in die gegnerische Hälfte stürmt, ist er kein zuverlässiger Torwart mehr – aber zeigt *weitergehende* Talente. Dasselbe gilt für den Werbetexter, der nicht mehr nur textet, sondern immer öfter Strategien entwickelt.

Solche *Zusatzleistungen* sind das beste Argument für eine Beförderung.

Aufstieg II

Ein Aufstieg per Firmenwechsel ist ebenso viel wert wie ein interner Aufstieg

Wer einen Bewerber einstellt, kauft die Katze im Sack: Die Firma heuert ihn für das an, was man sich von ihm und was er von sich selbst als Bewerber verspricht. Hat ein Kandidat bislang als Gruppenleiter gearbeitet und wird nun als Abteilungsleiter engagiert, weiß niemand, ob er dem Job gewachsen ist. Die Prognose, auf deren Grundlage er geheuert wird, ist wacklig wie der Aktienkurs eines Penny Stock.

Deshalb gelten Beförderungen durch einen Wechsel als riskant, wenn nicht gar als Beförderungen zweiter Klasse. Personaler und Headhunter sehen es gern, dass ein Kandidat auch in der eigenen Firma aufgestiegen ist. Hier muss man die Vorgesetzten jahrelang überzeugen, bei einem Wechsel nur zweimal sechzig Minuten in Vorstellungsgesprächen.

Wer klug ist, arbeitet sich auf der Hierarchie-Leiter mindestens eine Sprosse nach oben, ehe er sich außerhalb bewirbt.

Aber nicht sofort abspringen (das riecht nach Flucht!) – sondern zwei bis drei Jahre die Bewährungsprobe als Führungskraft bestehen. Dann erst ist die Sprosse stabil genug für einen Sprung.

Auslandsaufenthalt

Auslandsaufenthalte pushen die Karriere

Eines Abends platzte der Chef mit seiner Frage heraus: »Was halten Sie davon, ein halbes Jahr in unserer chinesischen Niederlassung zu verbringen?« – »Gute Frage«, murmelte der Ingenieur Hans Faller (31). Und bat um Bedenkzeit. Er erkundigte sich bei mir in der Karriereberatung nach den Risiken und Nebenwirkungen eines Auslandsaufenthalts. Denn der Plan klingt zu schön, um wahr zu sein: Man jette in eine ausländische Niederlassung, schmücke sich mit dem Lorbeer der Internationalität, reiße ein paar Bäume aus – und nutze das Rückflug-Ticket als Greencard für den Aufstieg in der Heimat.

Aber dann! Schock eins: Im Ausland wird der Legionär oft als Spion aus der Zentrale gesehen. Der Niederlassungs-Leiter schaufelt ihn mit Arbeit zu, um zu zeigen: »Wir sind ausgelastet!« (Manchmal wird die Arbeit eigens für diesen Zweck über Monate gesammelt!) Selbst wenn dem Legionär eine Spitzenleistung gelingt – welcher Chef aus der Zentrale sieht es? Und nur diese Chefs entscheiden über seine Karriere!

Schock zwei: Sogar eine gute Leistung kann sich als Bumerang erweisen; der Legionär wird durch sie zum »Auslands-Spezialisten« abgestempelt. Offenbar ist er ein Gewächs, das unter fernem Himmel gedeiht. Warum sollte man ihn zurück in die Zentrale verpflanzen – statt ihn für die nächsten zwanzig Jahre im Ausland zu belassen?

Schock drei: Sollte er doch zurückkommen, weht die Karriere-Flagge auf Halbmast: Die Konkurrenten in der Zentrale haben inzwischen ihren Ruf verbessert, ihre Netzwerke ausgebaut, ihren Fuß in die Tür vakanter Positionen gestellt. Der Legionär steht oft ohne Aufgabe, fast immer ohne die ersehnte Beförderung da. Einer internationalen Studie zufolge versprechen sich die Mitarbeiter in 63 Prozent der Unternehmen vom Auslandsaufenthalt einen Karrieresprung – oft vergeblich, denn jeder dritte Legionär wechselt nach seiner Heimkehr sogar die Firma!

Ich riet Hans Faller, bei seinem Auslandsaufenthalt auf vier Punkte zu achten:

- Definieren Sie mit Ihrem Vorgesetzten, wie Sie durch den Auslandsaufenthalt Ihre Qualitäten für eine Karriere *in der Zentrale* verbessern können.
- Halten Sie eine Zielposition fest, die Sie nach Ihrer Rückkehr antreten.
- Vereinbaren Sie, wann Sie zurückkommen.
- Halten Sie engen Kontakt zur Zentrale und machen Sie Ihre Leistung sichtbar: Jeder Baum, den Sie in der Ferne ausreißen, ist ein Zaunpfahl – winken Sie damit!

Quelle: Robert Half Finance & Accounting, Pressemitteilung vom 22.05.2007

Autorität

Autorität ist eine Frage der Position

»Die Beförderung wird mir die nötige Autorität verleihen.«

»Da verwenden Sie ein interessantes Wort: Ihre Autorität ist nur *geliehen*. Sie gehört Ihnen nicht. Mit dem Amt geht sie wieder verloren.«

»Aber als Bereichsleiter habe ich doch auch die Autorität eines Bereichsleiters.«

»Ja, die formale Autorität. Sie hat nichts mit Ihnen persönlich zu tun, nur mit Ihrem Amt. Aber wäre es nicht ein Armutszeugnis, wenn Ihre Mitarbeiter Sie nur akzeptierten, weil

Sie ihnen die Pistole der formalen Autorität an den Kopf halten?«

»Die Gründe sind mir nicht so wichtig. Hauptsache, der Laden läuft.«

»Genau da liegt das Problem. Wenn Sie formalen Zwang ausüben, verhalten sich die Mitarbeiter wie Federn: Sie springen, sobald Sie wegschauen, wieder in ihre alte Position zurück. Ein guter Führer findet freiwillige Gefolgsleute.«

»Das klingt romantisch, aber nicht realistisch!«

»Ist es aber. Allerdings brauchen Sie dafür umfassendere Autorität. Und die steht immer auf drei Beinen – nicht nur auf der Position, also der Formal-Autorität. Sondern auch auf Ihrer Fachkenntnis, also der fachlichen Autorität; und auf der Persönlichkeit, also Ihrer personalen Autorität. Die letzten beiden sind nicht übertragbar: Die müssen Sie selber einbringen.«

»Können Sie mal ein Beispiel geben?«

»Fachliche Autorität kann bedeuten: Sie sind so gut in einem Fach, dass andere oft mit Fragen an Ihre Tür klopfen. Ihre Meinung, Ihre Erfahrung und Ihr Rat sind gefragt – unabhängig von Ihrer Position.«

»Und personale Autorität …?«

»… bedeutet zum Beispiel, dass Sie ein gutes Händchen im Umgang mit Menschen haben, als zuverlässig, charakterstark und ehrlich gelten. Das bringt Ihnen Respekt und Anerkennung. So können etwa Projektleiter Menschen führen, ohne formal über Ihnen zu stehen.«

»Und wo liegt mein Vorteil bei der Sache?«

»Sie haben Mitarbeiter, nicht Gegenarbeiter! Das spart Worte und Kontrolle. Außerdem: Die fachliche und personale Autorität kann Ihnen niemand wegnehmen, wohin Sie auch gehen. Dagegen endet Ihre verliehene Autorität mit dem Arbeitsvertrag.«

Autoverkäufer

Kein Berufsstand genießt so wenig Vertrauen wie Autoverkäufer

Wenn man jemanden für einen Gauner hält, sagt man Sätze wie: »Von dem würde ich keinen Gebrauchtwagen kaufen!« Genießen Autoverkäufer also von allen Berufsständen das geringste Vertrauen? Nicht ganz. Zwar trauen ihnen nur 17 Prozent der Deutschen über den Weg. Aber das reicht für den vorletzten Platz. Die rote Laterne trägt ausgerechnet der einzige Berufsstand, bei dem Sie und ich die »Personalauswahl« übernehmen: die Politiker. Nur sechs Prozent der Menschen vertrauen den Volksvertretern. Vielleicht hat der polnische Satiriker Stanislaw Jerzy Lec dieses Ergebnis vorhergesehen, als er einst die Frage aufwarf: »Autoverkäufer verkaufen Autos, Versicherungsvertreter Versicherungen. Und Volksvertreter?«

Das höchste Vertrauen genießen Berufsstände, die Verantwortung für Menschenleben tragen: Feuerwehrleute (95 Prozent), Piloten (92 Prozent) und Krankenschwestern (91 Prozent). Platz vier teilen sich die Ärzte mit den Apothekern, denen immerhin 86 Prozent aller Menschen vertrauen. Von »bitteren Pillen« kann also keine Rede sein …

Quelle: Reader's Digest, *European Trusted Brands 2007*

B

Beamte

Beamte sind mit ihrer Arbeit oft unzufrieden

Nur zweierlei auf dieser Erde ist sicher: der Tod und der Arbeitsplatz eines deutschen Beamten. Spötter sehen den Staatsdienst sogar als Vorstufe des Ablebens. Der Beamte ist für sie jemand, der ein hohes Maß an Sicherheit, aber kaum Freude an der Arbeit genießt, dessen Arbeitstag einem Acht-Stunden-Kampf gegen den Schlaf gleicht. Sein Aufstieg nach Dienstjahren scheint berechenbar wie der Fahrplan eines Provinzbahnhofs.

Sind Beamte also unglücklich? Im Gegenteil: Von allen Berufsgruppen sind sie die zufriedenste. Auf einer Skala von eins bis zehn sehen sich die Beamten bei 7,9 Punkten – während der Durchschnitt im Westen bei 7,5, in Ostdeutschland bei 6,9 Punkten liegt.

Am öffentlichen Ansehen kann die Zufriedenheit der Beamten nicht liegen: 61 Prozent der Deutschen halten ihnen ihre Privilegien vor. Jeder vierte Deutsche unterstellt ihnen, sie seien faul, träge, unflexibel oder gar korrupt. Die Beamten scheint das nicht zu stören, vielleicht denken sie sich: Von einem guten Ruf, der ja angeblich Gold wert ist, kann man sich nichts kaufen – von einem unkündbaren und gut besoldeten Arbeitsplatz durchaus!

Quellen: Bertelsmann Stiftung, *Glück, Freude, Wohlbefinden – welche Rolle spielt das Lernen*, 2008
Deutscher Beamtenbund, *Bürgerbefragung Öffentlicher Dienst* (durch Forsa), 2007

Bedürfnispyramide

Maslows Pyramide stimmt: Sicherheit ist Mitarbeitern am wichtigsten

»Hier ist sie!«, ruft der Führungskräfte-Trainer und tritt einen Schritt zur Seite. Auf dem Flipchart staunen die Manager eine Pyramide an, die nicht aus dem alten Ägypten, sondern aus der Motivationspsychologie stammt: die Bedürfnispyramide des US-Psychologen Abraham Harold Maslow. Kein anderes Modell ist in Führungsseminaren so populär. Maslow stellt die Bedürfnisse des Menschen auf fünf Ebenen dar – unten die lebenswichtigen, oben die »Luxus«-Bedürfnisse:

Abb. 2: *Ein Bauwerk der Motivationspsychologie: Maslows Bedürfnispyramide*

Dieses Modell sieht uns als nüchterne Materialisten. Wir schauen zuerst auf den Gehaltszettel (existentielle Bedürfnisse, erste Ebene), dann auf den sicheren Arbeitsplatz (Sicherheit, zweite Ebene). Diese Grundbedürfnisse müssen erfüllt sein, damit wir uns um Höheres bemühen: um sozialen Kontakt (dritte Ebene), dann um Anerkennung (vierte Ebene). Die fünfte Ebene, ein Sahnehäubchen namens Selbstverwirklichung, kommt uns nur in den Sinn, wenn keine anderen Bedürfnisse mehr offen sind. Also so gut wie nie! Denn an irgendetwas Profanem, ob an der Sicherheit des Arbeitplatzes oder an einem erträglichen Chef, mangelt es doch immer.

Nach dem Zweiten Weltkrieg lag Maslow mit seinem Modell goldrichtig: Die Menschen machten sich krumm, um die Trümmer abzutragen und ihre materiellen Träume zu verwirklichen: den Kühlschrank zu füllen, einen VW-Käfer zu kaufen und ein Eigenheim im Grünen zu bauen.

Doch in den letzten Jahrzehnten hat sich diese Haltung gewandelt. Der Soziologe Ronald Inglehart spricht von einer »stillen Revolution«: Das Pendel schlägt vom Materiellen zum Ideellen. Die engagiertesten Mitarbeiter finden sich nicht dort, wo die Sicherheit am größten ist, etwa in Behörden. Sie finden sich dort, wo der Idealismus am größten ist, etwa bei Non-Profit-Organisationen wie *Greenpeace* oder *attac* – auch wenn es an Sicherheit und hohen Gehältern mangelt.

Eine Umfrage des Karrierenetzwerks *monster.de* unter 1.500 *young professionals* ergab: Für 51 Prozent ist ein ausgeglichenes Verhältnis zwischen Berufs- und Privatleben das wichtigste Karriereziel (Selbstverwirklichung). Dagegen steht nur für 41 Prozent der Aufbau einer finanziellen Grundlage im Mittelpunkt (Sicherheit). Maslows Pyramide steht auf dem Kopf. Nur Firmen, die Mitarbeitern Arbeit bieten, die sie erfüllt, können so alt wie die ägyptischen Pyramiden werden. Oder sagen wir: fast.

Quellen: Inglehart, R., *Die stille Revolution*, Athenaeum Verlag 1982
Wehrle, M., *Der Feind in meinem Büro*, Econ 2005

Beförderung

Jede Beförderung bedeutet: Es geht aufwärts!

Jeder kennt das: Man steigt in den Lift, will nach oben – und plötzlich geht's abwärts. Dass man in die falsche Richtung befördert wird, kommt auch im Berufsleben vor. Meist, wenn die Geschäftsleitung eine ungeliebte Führungskraft aus dem Weg räumen will.

Der hierarchische Giftmord funktioniert so: Ein Chefredakteur, der bisher eine Redaktion geleitet hat, wird zum Herausgeber »befördert« – und leitet gar nichts mehr. Ein Vorstand, der bislang für den Einkauf zuständig war, wird zum »Vorstand für besondere Aufgaben« erklärt – wobei es keine »besonderen Aufgaben« gibt.

Opfer von solchen Beförderungen werden intern als »Grüß-August« oder »Frühstücksdirektor« bezeichnet. Sie schreiben Strategie-Papiere, die keiner liest, und führen Geschäftspartner zum Essen aus, für die sonst niemand Zeit hat.

Vor jeder Beförderung sollten Sie sich überzeugen, in welche Richtung der Fahrstuhl fährt. Eine echte Beförderung bedeutet: Ihr Etat und Ihre Mitarbeiterzahl wachsen. Alles andere ist eine Degradierung.

Befristung

Befristete Arbeitsverhältnisse führen oft zur Arbeitslosigkeit

Immer mehr Arbeitnehmer fühlen sich zu Feuerwehrleuten degradiert: Man ruft sie herbei, wenn es brennt, bietet ihnen befristete Arbeitsverträge. Und man schickt sie nach Hause, wenn der Arbeitsbrand gelöscht ist: Der Mohr hat seine Schuldigkeit getan, der Mohr kann in die Arbeitslosigkeit gehen!

Doch so finster, wie mancher glaubt, sieht die Zukunft in einem befristeten Arbeitsverhältnis gar nicht aus: Eine Studie des Mannheimer Zentrums für Europäische Wirtschaftsforschung überraschte gleich zweifach.

Erstens: Von zehn Mitarbeitern in befristeten Arbeitsverhältnissen gelingt es immerhin vieren, im Laufe eines Jahres auf eine unbefristete Stelle zu wechseln. Zweitens: Zwar liegt das Risiko, arbeitslos zu werden, mit neun bis zehn Prozent doppelt so hoch wie bei Mitarbeitern mit Festvertrag. Aber auf mittlere Sicht nivelliert sich der Unterschied: Nach drei Jahren ist das Risiko, ohne Anstellung zu sein, für beide Gruppen gleich groß.

Denken Sie immer daran: Die Chance, sich nach Ablauf der Frist anders zu entscheiden, besteht nicht nur für die Firma, sondern auch für Sie. Wenn es Ihnen gelingt, sich durch Ihre Leistung zu profilieren, wird Ihr Chef Sie halten wollen. Das verschafft Ihnen eine gute Verhandlungsposition – besser jedenfalls, als wenn Sie der typische Bewerber und damit eine Katze im Sack wären.

Quelle: Zentrum für Europäische Wirtschaftsforschung, *Befristete Arbeitsverträge: Beschäftigungschancen besser als wahrgenommen*, Pressemitteilung vom 08.03.2006

Begabung

Begabte und Hochbegabte sind oft Allroundgenies

Der französische Pilot war ein so großer Tölpel, dass ihm die Amerikaner schon 1943 Flugverbot erteilten: Er überlud seine Maschine, bis sie abstürzte. Er öffnete in 10.000 Metern Höhe sein Fenster, weil er wieder mal Fuß und Meter durcheinander brachte. Und am 31. Juli 1944 stürzte er vor der Küste Marseilles in den Tod. Vom Himmel hat ihn wohl kein feindliches Geschoss, sondern seine eigene Unfähigkeit geholt.

So manchem Hochbegabten geht es wie diesem Bruchpiloten, dem Dichter Antoine de Saint-Exupéry (»Der kleine Prinz«): Er übersieht, dass auch größtes Talent seine Grenzen hat. Wer dichtet wie ein Gott, kann noch lange nicht wie ein Vogel fliegen. Denn man sieht nicht nur mit dem Herzen, sondern auch mit dem Radar gut …

Selten werden zwei Hochtalente in einem Menschen vereint. Oder können Sie einen Profi-Sportler nennen, der in zwei verschiedenen Disziplinen Weltklasse ist, etwa im Kugelstoßen und im Weitsprung? Zehnkämpfer können alles ein bisschen, aber nichts so richtig.

Die Kernfrage lautet: Auf welchem Feld sind Ihre Ergebnisse nicht nur gut, sondern ausgezeichnet? Worin haben Sie schon Ihre Ausbildungskollegen oder Kommilitonen überflügelt? Wofür wurden Sie von Eltern und Lehrern, wofür werden Sie jetzt am Arbeitsplatz gelobt? In welchen Fragen holen die Kollegen Ihren Rat? Auf welchem Feld fühlen Sie sich am sichersten? Und: Können Sie Ihre größten Talente in der täglichen Arbeit überhaupt ausspielen?

Tun Sie alles, um die Aufgabe nach Ihren Talenten zu formen, statt Ihre Talente für die Tätigkeit zu verbiegen. Diese Haltung deckt sich mit der modernen Personalpolitik: Sie sucht nicht mehr Menschen für bestimmte Jobs (wie früher), sondern Jobs für bestimmte Menschen. Machen Sie Ihrem Chef klar, welche Vorteile Ihr talentgemäßes Arbeitsfeld ihm brächte. Dazu brauchen Sie allerdings wiederum ein Talent: Überzeugungskraft!

Quellen: Süddeutsche Zeitung, 08.04.2004
Spiegel, 22.03.2008

Berufswahl

Berufsentscheidungen fallen oft schon im Kindesalter

Ein Astronaut, ein Fotomodell, eine Ärztin, ein Fußballprofi – selten trifft man sie alle in einem Raum. Außer im Klassenzimmer einer Grundschule. Dort erträumen sich die Kinder genau diese Berufe.

Doch diese Wünsche gleichen Seifenblasen: Sie platzen irgendwann. Und die Schüler bleiben ratlos zurück. Meist investieren Jugendliche in die Wahl ihres Urlaubsortes, ihrer Kleidung oder ihres Handys mehr Energie als in jene Entscheidung, von der ihr künftiges Leben abhängt: die Wahl ihres Berufes.

Nach Studien des Hochschul-Informations-Systems setzen sich zwei von fünf angehenden Abiturienten erst im Laufe des letzten Schuljahrs mit ihrer beruflichen Zukunft auseinander. Von zehn Schülern geben sieben an, dass die Eltern bei ihrer Berufsentscheidung »eher einflussreich« oder »sehr einflussreich« seien. Nur 27 Prozent fühlen sich ausreichend auf die Berufswahl vorbereitet. Das spricht nicht gerade für praxisnahe Lehrpläne, aber auch nicht für den Initiativgeist der Schulabgänger.

Doch es ist nie zu spät, auch nicht für Erwachsene. Ein Blick zurück, auf Ihre Berufsträume aus Kindheitstagen, kann sich später lohnen. Wenn es Ihnen gelingt, diese Wünsche an die Oberfläche zu holen, setzt das große Energien frei. Nehmen Sie Stefan Raab. Erst hat er sich den Schweinen als Metzger-Lehrling, dann den Paragraphen als Jura-Student gewidmet. Doch seinen Wunschberuf fand er nicht in der elterlichen Metzgerei (obwohl er die Lehre mit Auszeichnung beendete) und auch nicht an der Uni (wo er das Studium abbrach) – sondern im Musik- und Showgeschäft. Er besann sich auf einen alten Kindheitstraum. Zwar steht nicht jeder Frau eine Karriere als Topmodell offen, nicht jedem Mann eine als Fußballprofi. Aber schon das Arbeiten in dieser Branche, etwa als Fotografin oder als Sportreporter, kann für ein traumhaft erfülltes Arbeitsleben sorgen.

Quellen: Centrum für Hochschulentwicklung, Gütersloh, *Einflussfaktoren der Studienentscheidung*, 9/2007
Hochschul-Informations-System (HIS), Hannover, Repräsentative Befragung von 12.000 Schülern, 2007

Betriebliches Vorschlagswesen (BVW)

Ein BVW weist auf ideenfreundliche Unternehmen hin

»Gedanken springen wie Flöhe von einem zum anderen, aber sie beißen nicht jeden«, schrieb der irische Autor George Bernard Shaw. Etliche Firmen wollen die besten Ideen ihrer Mitarbeiter mit einem Betrieblichen Vorschlagwesen (BVW) einfangen. Diese Instanz nimmt Verbesserungsvorschläge der Mitarbeiter an, gibt eine Rückmeldung und schüttet Prämien aus. Doch in der Praxis gleichen etliche BVW-Briefkästen tiefen Brunnen: Der Mitarbeiter wirft etwas hinein, spitzt die Ohren, aber hört nie wieder etwas. Selbst wo Vorschläge umgesetzt werden, stellt sich die Frage: Wie sehr muss die Ideenfreundlichkeit kranken, dass es überhaupt ein Betriebliches Vorschlagswesen braucht? Müsste es nicht die natürlichste Sache der Welt sein, dass ein Mitarbeiter die Verbesserungen auf direktestem Weg seinem Chef vorschlägt?

In Betrieben, wo Ideen *im Alltag* erwünscht sind, ist ein formales Vorschlagswesen überflüssig wie eine Schneekanone im Schneetreiben. Der japanische Autobauer Toyota gilt mit jährlich fünfzig Vorschlägen pro Mitarbeiter weltweit als Vorbild. Ein deutscher Behördenmitarbeiter bringt es auf ganze 0,006 Vorschläge. Ein einziger Toyota-Mitarbeiter erzeugt eine Zahl von Ideen, für die Deutschland ein Heer von 8.333 Beamten aufbieten muss.

Ideen von Mitarbeitern sparen so viel Geld, dass ein Lotto-Jackpott daneben wie ein Trinkgeld wirkt: 2006 waren es 1,5 Milliarden Euro! Allein die Deutsche Post sparte durch Verbesserungsvorschläge 271 Millionen Euro. Doch ist die Unternehmenskultur ideenfeindlich, ändert ein BVW wenig daran; es dient nur als Feigenblatt.

Quellen: Süddeutsche Zeitung, 14./15.04.2007
Wehrle, M., *Karriereberatung*, Beltz 2007

Betriebsfeier

Bei der Betriebsfeier kann ich ruhig mal auf den Putz hauen

Der Chef schaute erst ins Glas, dann tief in die Augen der blonden Angestellten. Die beiden flirteten auf der Weihnachtsfeier, dass es funkte. Dann verschwanden sie zu vorgerückter Stunde. Im August des Folgejahres kam ein gemeinsames Kind zur Welt. Heute ist die junge Angestellte der Fanartikel-Abteilung von Bayern München die neue Frau von Franz Beckenbauer, dem Präsidenten des Vereins.

Flirts bei Weihnachtsfeiern sind nicht selten – solche Happy Ends sehr wohl. Die Partylaune verführt zu Fehltritten. Man täfelt in einem Restaurant, Kerzen flackern, Bier fließt gratis, und der Chef gibt sich in seiner Ansprache als gütiger Übervater der Mitarbeiter-Familie. Und ehe man sich versieht, hat man ein Bier zu viel getrunken, der Kollegin oder dem Kollegen ein Kompliment zu viel gemacht und seinem Chef womöglich das »Du« oder eine Gehaltserhöhung nahegelegt.

Spätestens am nächsten Morgen, wenn die Kollegen über einen tuscheln und der Chef nur vielsagend den Kopf schüttelt, kommt Katerstimmung auf. Groß ist die Wahrscheinlichkeit, dass man nicht vorm Traualtar, sondern im Karriere-Abseits landet.

Hören Sie bei »Betriebsfeier« vor allem den ersten Teil des Wortes: Es ist ein offizieller, ein betrieblicher Anlass! Fröhlich dürfen Sie sein, Kontakte zu Vorgesetzten vertiefen und Alkohol *in Maßen* trinken (zu viel Zurückhaltung könnte Ihnen als arrogante Ausgrenzung angekreidet werden!) – aber bleiben Sie korrekt, erst recht gegenüber dem Chef.

Und wenn der Chef einen Grappa zu viel getrunken hat und Ihnen das »Du« anbietet? Dann sollten Sie ihn am nächsten Morgen nicht gleich als »Erwin« grüßen – sondern erst mal abwarten, ob er sich noch an sein Angebot erinnert ...

Betriebsgröße

Ob Groß- oder Kleinbetrieb: Wo man startet, ist ziemlich egal

Wenn ich Hochschulabsolventen frage, wo sie die Unterschiede zwischen mittleren und großen Firmen sehen, weisen sie oft nur auf den Bekanntheitsgrad der Konzerne hin. Unterschiede in der Tätigkeit? Oder in der Karriere-Weichenstellung? Kein Wort davon! Dabei hängen das Jobprofil und der Fortgang einer Karriere sehr von der Größe der ersten Firma ab.

In kleineren Firmen sind eher Generalisten, in großen eher Spezialisten gesucht. Wer sich als Jurist beim Studium auf Wettbewerbsrecht spezialisiert hat, wäre im 200-Mitarbeiter-Unternehmen oft gezwungen, sein Fachgebiet gegen ein Dasein als Mädchen für alles aufzugeben. Anders beim Weltkonzern: Hier kann im Juristenstab eine weitere Spezialisierung, so auf amerikanisches Wettbewerbsrecht, durchaus erwünscht sein.

Was die Wechselchancen angeht: Einen Spieler vom FC Bayern München nimmt der SC Freiburg, sofern er ihn finanzieren kann, mit Kusshand – umgekehrt sieht es anders aus! Kleinere Unternehmen sind an Mitarbeitern aus Konzernen interessiert, denn sie gehen von einer strengen Personalauswahl und von erstklassigen Fortbildungsprogrammen aus. Zudem strahlt der gute Firmenname auf den Bewerber und auf seine künftige Firma aus. Dagegen reißen sich Großunternehmen nur selten um Arbeitskräfte aus dem Mittelstand. Je älter diese sind, desto weniger.

Wenn Sie die ganz große Karriere im Visier haben, sollten Sie in einem ganz großen Unternehmen starten. Sofern Sie die Spezialisierung nicht als zu eintönig empfinden; denn bunter und persönlicher geht's im Mittelstand zu.

Betriebsklima

Betriebsklima ist das eine, Firmenerfolg das andere

Entweder man schuftet, bis der Schweiß fließt, oder man ist fröhlich, bis die Lachtränen kullern. Gute Stimmung und erstklassige Arbeit zur gleichen Zeit? Halten viele Chefs für ausgeschlossen. Geht aber sehr wohl!

Dass die Arbeit immer noch als todernste Sache gilt, kann am biblischen Schöpfungsbericht liegen. Als Eva nach dem Apfel griff, wollte Gott die Menschen mit der Höchststrafe belegen. Und was fiel ihm ein? Er schleuderte keine Blitze, er schickte keine Flut – er scheuchte sie aus dem Paradies, ließ sie für ihren Lebensunterhalt *arbeiten*. Das deutsche Wort »Arbeit« stammt vom germanischen »arba«, dem Wort für »Knecht«. So mancher Arbeitnehmer, der morgens aus dem Bett krabbelt, fühlt sich bis heute aus dem Paradies vertrieben.

Dabei könnten gute Laune und gute Arbeit ein Traumpaar sein. Weltweite Studien, unter anderem der University Taiwan, haben ergeben: Mitarbeiter lachen gern am Arbeitsplatz. Wo die Stimmung gut und der Chef humorvoll ist, regiert die Arbeitsfreude. Lachen dämpft den Stress und steigert den Arbeitseifer. Der amerikanische Bestseller-Autor Daniel Goleman weist darauf hin: Je besser die Laune der Mitarbeiter, desto besser die Geschäftsergebnisse – als würden fröhliche Gesichter die Gewinne nach oben, hängende Mundwinkel sie jedoch nach unten ziehen.

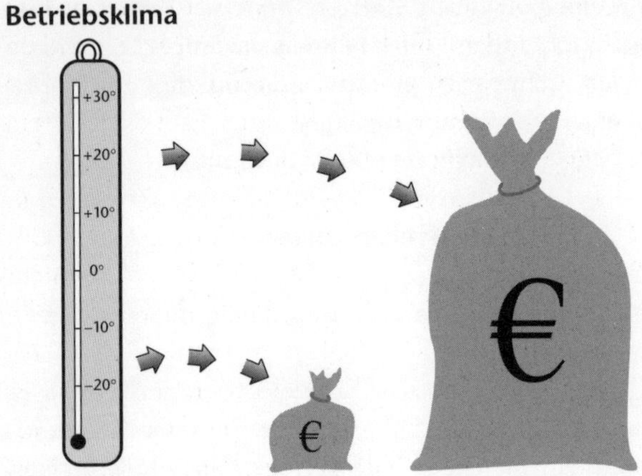

Abb. 3: Gute Laune bringt gutes Geld: Der Unternehmensgewinn hängt direkt vom Betriebsklima ab.

Vielleicht sollten Sie mit Ihrem Chef einmal über diesen Zusammenhang sprechen. Aber bitte kein ernstes Wort – besser ein fröhliches …

Quellen: Goleman, D., *Emotionale Intelligenz*, dtv 1997
NZZ Folio, 11/02

Bewerbung I

Männer und Frauen gehen beim Bewerben gleich vor

Eine Bewerberin hat sich auf den Weg zu einem Arbeitgeber gemacht, doch sie ist verunsichert; niemand nimmt sie vor dem Eingang in Empfang. Viele Jahre wartet sie vor dem Tor. Ehe sie stirbt, will sie von dem Türhüter wissen, warum eigentlich niemand anders versucht habe, durchgelassen zu werden. Der Türhüter sagt: »Hier konnte niemand sonst Einlass erhalten, denn dieser Eingang war nur für dich bestimmt.«

Diese Parabel stammt von Franz Kafka – nur dass es sich in seiner Version um das Tor zum Gesetz handelt und der Bittsteller ein Mann ist. Geht es ums Bewerben, sind es jedoch nicht die Männer, die sich abschrecken lassen, sondern die Frauen.

Die Unternehmensberatung McKinsey und das Karrierenetzwerk *e-fellows* fanden heraus: Männer gehen bei der Jobsuche beherzter auf mögliche Arbeitgeber zu. Sie versuchen es sogar bei Unternehmen, wo sie nur geringe Chancen auf einen Arbeitsplatz sehen. Offenbar kann sie eine mögliche Zurückweisung nicht vom Kurs abbringen, Motto: »Man muss das Unmögliche versuchen, um das Mögliche zu erreichen.« (Hermann Hesse)

Dagegen wagen die Frauen noch weniger als in Kafkas Parabel: Sie begeben sich erst gar nicht zum Tor, schicken keine Bewerbung ab, sobald der Erfolg ungewiss scheint. Damit vertun sie eine große Chance. Vielleicht wäre dieser Job nur für sie bestimmt!

Quelle: Süddeutsche Zeitung, 15.11.2007

Bewerbung II

Je mehr Bewerbungen man schreibt, desto größer der Erfolg

Der Beamte der Arbeitsagentur schaut streng über den Rand seiner Brille: »Wie viele Bewerbungen haben Sie im letzten Monat verschickt?« – »75«, antwortet der Arbeitslose. »Können Sie das nachweisen?« Der Bewerber wuchtet einen Ordner mit Kopien auf den Tisch. Der Beamte blättert andächtig darin. Dann seufzt er: »Ach, wenn nur alle Bewerber so fleißig wären wie Sie!«

Und wenn sie nicht gestorben sind, freuen die beiden sich heute noch über den Eifer des natürlich immer noch arbeitslosen Bewerbers. Denn wer glaubt, allein mit der Zahl der Bewerbungen steige die Chance auf eine Zusage, der könnte auch glauben, allein mit der Zahl der Seiten stiege die Qualität eines Buches. Blinde Schüsse mit der Schrotflinte, auch »Blindbewerbung« genannt, bringen wenig. Besser nimmt man *eine* bestimmte Position gezielt ins Visier.

Gehen Sie individuell auf die Eigenarten einer Firma und Branche ein, erkennen Sie ihre Bedürfnisse und präsentieren Sie sich selbst als Problemlöser. Telefonieren Sie mit der Firma, sammeln Sie Informationen und verfassen Sie für *jede* Bewerbung ein individuelles Anschreiben und einen Lebenslauf mit *individuellen Elementen*. Dann können Sie mit *einer* spezifischen Bewerbung mehr erreichen als ein Massenversender mit hundert »Blindbewerbungen«.

Eine Topbewerbung ist ein maßgeschusterter Aschenputtel-Schuh: Sie darf nur an den Fuß dieser einen Firma passen.

Bewerbung III

In Prospekthüllen machen sich Bewerbungsunterlagen besser

»Sagen Sie, soll ich meine Bewerbungsunterlagen in Prospekthüllen eintüten? Das wirkt doch ordentlicher, dann gibt's keine Flecken und Eselsohren.«

»Von wie vielen Seiten sprechen wir?«

»Deckblatt, Lebenslauf, Zeugnisse, Zertifikate – etwa 15 Seiten.«

»Mit diesem Papierberg brummen Sie dem Empfänger eine Strafarbeit auf: Er muss jede einzelne Seite aus der Hülle pellen, um den Vorlagen-Einzug des Kopierers nutzen zu können.«

»Wozu kopiert er alles?«

»Ihre Bewerbung muss jedem vorliegen, der bei der Entscheidung mitredet: den Vertretern der Personal-, der Fachabteilung und – bei kleineren Firmen – der Geschäftsleitung.«

»Aber der Personaler wird doch für diese Arbeit bezahlt!«

»Mag sein. Doch wie wollen Sie seine Sympathie gewinnen, wie Ihre Fähigkeit zum Mitdenken beweisen: indem Sie ihm das Leben leicht machen – oder schwer?«

»Sie meinen also: Mit Prospekthüllen bereite ich dem Personaler unnötige Arbeit?«

»Nicht unbedingt. Wahrscheinlich bekommen Sie Ihre ›verhüllte‹ Bewerbung auf dem schnellsten Postweg zurück. Dann spart er sich das Kopieren.«

Bewerbung IV

Ein zweiseitiges Anschreiben ist erlaubt

Bei Goethe heißt es: »Getretner Quark wird breit – nicht stark.« Ein Anschreiben sollte nicht so lang, sondern so prägnant wie möglich sein. Liefern Sie keine Nacherzählung Ihres

Lebenslaufes, indem Sie all Ihre Berufsstationen wie eine Bummelbahn abklappern, sondern trumpfen Sie mit ein paar ausgewählten Highlights auf: mit Überschneidungen zwischen Ihrem Profil und der ausgeschriebenen Stelle.

Wenn sogar Manager, die schon bei zehn Firmen waren, mit einer Seite auskommen – warum meint dann jeder dritte Berufsanfänger, seine grandiose Schul-, Studien- und Praktikalaufbahn müsse sich mindestens über zwei eng beschriebene Seiten erstrecken? Offenbar fehlt es am Blick fürs Wesentliche!

Jedes Anschreiben ist bereits eine Arbeitsprobe – und die kann gegen Sie sprechen, wenn Sie sich in Details verlieren. Oder für Sie, wenn Sie sich aufs Wesentliche beschränken. Und auf eine Seite!

Bewerbung V

Wenn gewünscht, sollte ich meine Gehaltsvorstellung im Anschreiben nennen

Etliche Bewerbungs-Ratgeber flüstern Ihnen ein, auf Wunsch direkt im Anschreiben eine Gehaltsvorstellung anzugeben. Die Autoren raten: »Nennen Sie eine Spanne, etwa: ›Ich erwarte ein Jahresgehalt von 30.000 bis 40.000 Euro.‹«

Eine solche Angabe verrät dem Unternehmen zweierlei. Erstens wären Sie bereit, den Job für 30.000 Euro zu machen – warum sollte man Ihnen dann mehr bieten? Zweitens scheinen Sie im Vorfeld schlecht recherchiert zu haben; sonst wären Sie in der Lage, ein konkretes Gehalt zu nennen.

Pfiffige Bewerber antworten im Jargon der ausschreibenden Firmen. Die formulieren ja auch nicht: »Unsere Stelle ist mit 35.000 Euro dotiert.« Vielmehr ist von einer »angemessenen Vergütung« die Rede. Diese Landessprache der Republik Abstrakta beherrschen Sie auch: »Ich stelle mir ein Gehalt vor, das meiner Qualifikation und der Verantwortung der Position entspricht.«

So gehen Sie auf den Wunsch der Firma ein, ohne sich womöglich durch einen zu hohen Gehaltswunsch selbst aus dem Rennen zu werfen. Mit etwas Glück bekommen Sie die Chance, die Chefs im Vorstellungsgespräch von Ihren Qualitäten zu überzeugen. Wenn man Sie erst mal *kennt* und wirklich haben will, ist man mit dem Etat nicht allzu päpstlich – und legt im Zweifel eine Schaufel drauf!

Bewerbung VI

Ehrlich währt am längsten

Der Personalchef beugt sich väterlich nach vorne und raunt dem Bewerber zu: »Seien Sie offen und ehrlich. Es wird nicht zu Ihrem Nachteil sein.« Solche Ratschläge geben ausgerechnet jene Herrschaften, die auf der Kanonenkugel durch die Einstellungsgespräche reiten. Oder ist Ihnen ein Personalchef bekannt, der im Vorstellungsgespräch erwähnt hätte, dass gegen seine Firma drei Mobbing-Klagen laufen, dass man letztes Jahr haarscharf an einer Insolvenz vorbeischrammte und dass die Stelle nur deshalb offen ist, weil der Vorgänger vor lauter Stress zusammenbrach?

Natürlich malen die Firmenvertreter die Zustände in ihrem Betrieb rosarot. Es ist Ihr gutes Recht, diese Strategie zu übernehmen: Warum eine Arbeitslosigkeit im Lebenslauf ausbreiten, wenn Sie zur selben Zeit etwas für Ihre Fortbildung getan haben? Warum einen langen Auslandsaufenthalt als reines Privatvergnügen darstellen, wenn Sie dabei auch etwas für den Beruf gelernt haben? Und warum zugeben, dass Ihr alter Chef ein Halsabschneider war, wenn Sie auch sagen könnten: »Er hat es erstklassig verstanden, die Interessen der Firma zu vertreten.«

»Bewerbung« hat mit Werben zu tun. Kleiden Sie die Wahrheit so elegant wie möglich. Aber lügen Sie nicht ausdrücklich;

denn sonst kann der Arbeitsvertrag nach Paragraph 123 des Bürgerlichen Gesetzbuches wegen arglistiger Täuschung wieder gekündigt werden.

Bewerbung VII

Eine Bewerbung besteht aus: Anschreiben, Lebenslauf, Zeugnissen.

Vergessen Sie vor lauter Pflicht die Kür nicht! Wenn Sie Ihrer Bewerbung eine persönliche Note geben und Ihre Eignung auf originelle Weise darstellen wollen, darf eine »dritte Seite« nicht fehlen. Sie ergänzt den Lebenslauf und ist, wie die Kür beim Eislauf, völlig frei in der Form. Folgenden Text habe ich mit einem jungen Ingenieur aus Frankfurt entwickelt, der sich bei einem Bahnbetrieb in Berlin bewarb:

»Wollen Sie wissen, welches meine feinsten Züge sind?

Meine feinsten Züge sind solche, die durchs Wohnzimmer rollen. Meine technische Vorliebe für den Schienenverkehr erstreckt sich auch auf meine Freizeit. Ich habe es in den letzten zehn Jahren auf eine beachtliche Sammlung von Modelleisenbahnen gebracht, die ich selbst technisch ausbaue und kompatibel mache. Diese Verbindung aus Ingenieurswissen und spielerischer Freude würde ich gerne in die Arbeit bei Ihnen übertragen. Berlin käme mir als Wohnort sehr entgegen, da ich ein großer Fan und auch ein alljährlicher Urlaubsbesucher der Mecklenburger Seenplatte bin (die allerdings von Frankfurt viel zu weit entfernt liegt!)«

Überrascht es Sie, dass dieser Bewerber nicht nur ins Vorstellungsgespräch eingeladen, sondern auch ausführlich auf seine Vorliebe für Modelleisenbahnen angesprochen wurde? Seine Leidenschaft hat ihn interessant gemacht! Fragen Sie sich, welche Ihrer Hobbys und Interessen, Praktika und Studienschwerpunkte einer Firma große Ohren machen könnten. Gibt es Schnittflächen mit dem Unternehmen und der Aufgabe? Wählen Sie eine knackige Überschrift, schreiben Sie maximal 15 Zeilen und verlassen Sie sich darauf: Personaler befriedigen ihre Neugier auf ganz eigene Weise. Indem sie Sie zum Vorstellungsgespräch einladen!

Bewerbung VIII

Eine Bewerbung verschickt man per Einschreiben

»Ich würde gern auf Nummer sicher gehen und meine Bewerbung per Einschreiben verschicken. Was halten Sie davon?«

»Fragen wir besser: Was hält die Firma davon?«

»Die Firma soll erkennen: Die Bewerbung ist mir wichtig. Vielleicht sollte ich sogar ein Einschreiben mit Rückschein wählen.«

»Ihnen ist klar, dass auf dieselbe Weise Gerichtsvorladungen und Strafbefehle verschickt werden?«

»Was wollen Sie damit sagen?«

»Dass eine solche Sendung eine zu große Bugwelle schiebt, denn sie bedeutet Aufwand für den Empfänger: Er muss vorm Briefträger Spalier stehen, muss jedes einzelne Einschreiben durch seine Unterschrift quittieren. Ein großes Unternehmen kann 200 Bewerbungen pro Tag bekommen.«

»Aber immerhin weiß ich dann sicher, dass meine Unterlagen angekommen sind!«

»Die Zahl der Briefsendungen, die verlorengeht, dürfte ebenso gering sein wie die der Bewerber, die durch ein Einschreiben beim Empfänger punkten können: weit weniger als einer unter Tausend!«

»Also muss ich mich mit der Ungewissheit abfinden, wenn ich den normalen Postweg wähle?«

»Nicht unbedingt. Wenn Sie länger als zwei Wochen nichts hören, können Sie in einem freundlichen Telefonat klären, ob Ihre Unterlagen angekommen sind, und erfahren, wie das Verfahren weitergeht.«

Bewerbung IX

Die meisten Bewerber scheitern an mangelnder Qualifikation

Das größte Rätsel der Welt, abgesehen von Nichtigkeiten wie dem Urknall, bleibt die Frage des Bewerbers: »Warum schon wieder eine Absage?« Scheinbar hat alles gepasst: die Ausbildung, die Berufserfahrung, die Kenntnis der Computerprogramme und der Fremdsprachen. Doch spätestens nach dem Vorstellungsgespräch war der Ofen aus!

Die Unternehmensberatung Kienbaum hat dieses Menschheitsrätsel durch eine Umfrage unter 122 Personalchefs gelöst: Die allermeisten Bewerber scheitern nicht an ihrer Qualifikation, wie sie glauben – sondern an sich selbst; es fehlt ihnen an »Soft Skills«, an Persönlichkeit, an Integrität. Dagegen weist nur jeder fünfte Bewerber fachliche Defizite auf.

Der typische Bewerber – eine emotionale Blindschleiche, ein Charakterwrack? Sicher nicht! Aber es reicht nicht, einen guten Charakter und soziale Fähigkeiten zu *haben* – man muss sie auch *zeigen*: erst in den Bewerbungsunterlagen, dann im Vorstellungsgespräch. Über diese Hürde stolpert, wer keine Übung hat. Zum Beispiel spricht er zu viel von den eigenen Interessen – und zu wenig von denen des Unternehmens. Das häufigste Wort in einem *guten* Bewerbungsbrief ist nicht »ich« – sondern »Sie«!

Lassen Sie Ihre Unterlagen und Ihren Auftritt von einem Profi, einem Karriereberater oder Coach, checken; vor Gericht würden Sie ja auch nicht ohne Anwalt antreten! Oft bekommen Sie wertvolle Hinweise, wie Sie Ihre Stärken in ein besseres Licht rücken und den Job doch erobern können.

Quelle: Süddeutsche Zeitung, 15./16.09.2007

Bewerbung X

Im Ausland kann ich mich ähnlich wie in Deutschland bewerben

Von Kurt Tucholsky, lange in Paris ansässig, stammt das Bonmot: »Als deutscher Tourist im Ausland steht man vor der Frage, ob man sich anständig benehmen muss oder ob schon deutsche Touristen da gewesen sind.« Der deutsche Bewerber hat's schwerer: Die Fehler der Landsleute entschuldigen die seinen nicht. Er muss sich vor der Bewerbung schlau machen, welche Sitten in einem Land gelten.

Wahr ist: Eine Bewerbung besteht überall aus Anschreiben und Lebenslauf. Aber das war's auch schon an Gemeinsamkeit. Ob Bewerberfoto, Zeugnisse oder Zertifikate – all das ist jenseits der Region zwischen Garmisch und Flensburg eher verpönt als gefragt. Hier ein paar Tipps, die ich in Gesprächen mit ausländischen Personalern immer wieder höre:

FRANKREICH: Ein handschriftlicher Bewerbungsbrief? Was in Deutschland ein Witz wäre, ist in Frankreich oft gefragt. Der Lebenslauf kommt formloser daher: ohne Überschrift, ohne Unterschrift, ohne Datum. Und statt die Unterlagen in einer Mappe zu verschicken, lieben es die Franzosen rustikal: Unterlagen falten, rein in den Umschlag – und ab geht die Post!

ENGLAND: In England stehen Empfehlungsschreiben hoch im Kurs. Fragen Sie Ihren Lieblingsprofessor, Ex-Chef oder Geschäftspartner, ob sie ein Loblied auf Sie komponieren (Englisch, sonst mit Übersetzung). Häufig haken die Firmen per Telefon nach. Hochschul-Absolventen haben von September bis Oktober Saison; danach wird kaum mehr eingestellt.

USA: Unterlagen ungeprüft zurückbekommen? Das passiert, wenn Ihr Lebenslauf persönliche Details enthält; die Unternehmen fürchten Diskriminierungs-Klagen. Verzichten

Sie auf Angaben zu Alter, Geschlecht, Familienstand, Kinderzahl, Religion, Gesundheit, Gehalt, Charakter usw. Im Vorstellungsgespräch sollten Sie locker, von sich selbst überzeugt und mit viel Begeisterung für die Firma auftreten.

In CHINA zählt eher Bescheidenheit: Man protzt nicht mit seinen Erfolgen, man lässt sie nur aufblitzen. HOLLAND ist das einzige Land in Europa, wo der Lebenslauf auch mal länger als zwei Seiten sein darf. Und im titelversessenen ÖSTERREICH müssen Sie Ihre Gesprächspartnerin gegebenenfalls als »Frau Magister« ansprechen – sonst kann der »Herr Bewerber« einpacken …

Bilanz

Eine Bilanz verrät, wie es um ein Unternehmen steht

»Die Firma, bei der ich mich bewerbe, ist kerngesund.«

»Darf ich fragen, woher Sie das wissen?«

»Ich habe die Bilanz studiert. Die Zahlen sprechen für sich.«

»Würden Sie auch sagen, dass ein Röntgenbild verrät, ob ein Mensch gesund ist?«

»Guter Vergleich.«

»Aber was ist, wenn jemand ein krankes Herz oder Blutkrebs hat? Das zeigt ein Röntgenbild kaum. Und was ist, wenn eine Firma die Mitarbeiter schlecht ausbildet, die Zukunftschancen übersieht und Kundenwünsche ignoriert?«

»Dann wäre die Bilanz doch nicht so gut!«

»Eine Bilanz spiegelt die Vergangenheit. Sie sagt wenig über die Gegenwart und nichts über die Zukunft.«

»Wie soll ich mich dann informieren – etwa in die Kristallkugel schauen?«

»Machen Sie sich selbst ein Bild von der Firma. Prüfen Sie das Angebot als Kunde, sprechen Sie mit Mitarbeitern, suchen Sie im Internet nach Meinungen. So können Sie die harten Fakten aus der Bilanz durch weiche Faktoren ergänzen, die Sie auf diesem Weg herausfinden.«

»Klingt mir ein bisschen dilettantisch, dieses Vorgehen!«

»Besser, als blind der Bilanz zu vertrauen. Und es gibt ein Modell, das die weichen Faktoren erfasst: die Balanced Scorecard. Sie sieht die Finanzperspektive nur als einen Blickwinkel, daneben achtet sie auf die Kunden-, die Potential- und die Prozessperspektive – alles Faktoren abseits der Bilanz.«

»Doch längst nicht jedes Unternehmen verwendet dieses Modell.«

Stimmt. Aber wo es zum Einsatz kommt, haben die Manager erkannt: Es kommt nicht nur auf Zahlen, sondern auch auf weiche Faktoren an. Dazu zählen auch Sie als Mitarbeiter. Solche Firmen sind meist gute Arbeitgeber.«

Bildungsweg, zweiter

Der zweite Bildungsweg ist weniger wert

Die Soziologin Juliane Kahn (32) kam mit einem Selbstbewusstsein in die Karriereberatung, gegen das jeder Floh ein Elefant wäre: »Studiert hab' ich schon. Aber nicht so richtig. Es war ja nur ein Abendstudium.« Das letzte Wort nuschelte sie so leise, als hätte sie den zweiten Bildungsweg aus Scham am liebsten verschluckt.

Doch was verbindet viele Größen aus Politik und Wirtschaft, so Gerhard Schröder, den Ex-Kanzler, und Jürgen Schrempp, den Ex-Chef von Daimler? Beide haben ganz klein angefangen: Schröder als Bauhilfsarbeiter, Schrempp als Kfz-Mechaniker. Ihr Abitur und ihr Studium haben sie nachträglich gestemmt.

Der zweite Bildungsweg ist kein Bildungsweg zweiter Klasse. Wer direkt Abitur und Studium absolviert, dessen Lebenslauf ist zwar stromlinienförmiger. Aber was hat er, sofern er keine Spitzennoten erzielte, dadurch eigentlich bewiesen? Er ging lediglich auf dem – oft durchs Elternhaus – vorgegebenen Pfad. Unklar bleibt: Kann er sich durchbeißen? Für den Erfolg Verzicht üben? Visionen entwickeln und erreichen?

All diese Qualitäten hat ein Absolvent des zweiten Bildungsweges bewiesen – wie sonst hätte er die Kurve aus einem erlernten Beruf zurück auf die harte Schulbank kriegen können? Offenbar ist er ausgesprochen leistungswillig und arbeitet zielgerichtet. Diesen Ehrgeiz schätzen Unternehmen.

Absolventen des zweiten Bildungswegs wie Juliane Kahn können sich also erhobenen Hauptes bewerben, auch wenn sie schon *etwas* älter als dreißig Jahre sind. Ihre Chancen, eines Tages weit nach oben zu kommen, stehen gut – sie müssen ja nicht gleich am Tor des Kanzleramts rütteln!

Blödheit

Alle sind hier blöd – außer mir!

»Der Industriekaufmann Klaus Blatter (56) redete sich in Rage. Seine Kollegen? »Ein Haufen intriganter Faulpelze!« Sein Chef? »Ein Maulheld, hat vom Alltagsgeschäft keinen Schimmer.« Seine Geschäftsführung? »Die sparen alles ein, am Ende ihr Gehirn.«

Doch ein vernünftiger Mensch ragte aus diesem Narrenschiff: er selbst. Zwar hörte keiner auf ihn, und er war nur deshalb in der Karriereberatung, weil er gerade die zweite Abmahnung kassiert hatte. Aber die Probleme sah er nur bei den anderen, nicht bei sich.

Ich hakte nach: »Was tragen Sie dazu bei, dass ein so angespanntes Klima herrscht?« – »Nichts.« – »Aus welchem Grund versorgen Sie Ihren Chef nicht mit mehr Informationen über das Alltagsgeschäft?« – »Bin ich denn sein Nachhilfelehrer?!« Eine Ahnung beschlich mich: »Wie war es denn in Ihrer letzten Firma?« – »Genau dasselbe Drama.« Aha!

Hier beklagte ein Geisterfahrer die Fahrtrichtung der anderen! Zwar kann es jedem passieren, dass er auf einzelne Trottel stößt (das ist sogar wahrscheinlich!). Aber wenn einer sich grundsätzlich als Statthalter der Vernunft auf Erden begreift und die anderen als Mafia der Unfähigen, dann kann er den Verursacher des Problems leicht ausfindig machen – er braucht nur vor den Spiegel zu treten. Ein solcher Mitarbeiter sollte seine Fähigkeit, übermäßig kritisch zu sein, einmal ausnahmsweise nicht nur auf seine Umwelt, sondern auch auf sich selbst anwenden: Was trägt er zu der Situation bei? Warum ist sein Denken destruktiv statt konstruktiv? Und welche Lösungen ließen sich entwickeln? Intelligente Zeitgenossen wissen: Wer mit einem Finger auf andere deutet, zeigt mit drei Fingern auf sich selbst.

Bonus

Der Bonus hängt ab von der persönlichen Leistung

Was bei Erich Kästner das »doppelte Lottchen« ist, sind bei der Vergütung Bonus und Prämie: Sie werden dauernd verwechselt. Dabei lassen sie sich, wie Kästners Zwillingspaar, auf den zweiten Blick doch unterscheiden: Der Bonus hängt nicht von der individuellen Leistung des Mitarbeiters, nur vom Firmenergebnis ab. Zum Beispiel kann die Vereinbarung lauten, dass bei einem Firmengewinn von über zwei Millionen der Mitarbeiter eine Bonus-Ausschüttung von 2.000 Euro erhält – unabhängig davon, was er selbst zu diesem Gewinn beigetragen hat.

Die Prämie dagegen ist an die individuelle Leistung des Mitarbeiters geknüpft, oft durch Zielvereinbarung. Ob Sie die Prämie bekommen, haben Sie also selbst in der Hand. Ob Sie den Bonus bekommen, liegt an Faktoren, die ziemlich unberechenbar sind. So an der Wirtschaftslage. Und an den Entscheidungen des Managements.

Branchenwechsel

Für Führungskräfte ist es kein Problem, die Branche zu wechseln

Gestern war Sigmar Gabriel (SPD) noch niedersächsischer Ministerpräsident und erklärter VW-Freund – heute weist er als Umweltminister die Autoindustrie in ihre Grenzen. Bei Managern, so heißt es oft, zählen die Soft Skills. Ihr Fachgebiet scheint so austauschbar wie die Wolken am Himmel.

Doch beim Versuch, die eigene Branche zu verlassen, laufen viele Führungskräfte gegen eine unsichtbare Mauer. Je länger einer zum Beispiel in der Software-Industrie arbeitet, desto schwerer wird es für ihn, in eine andere Sparte zu wechseln – obwohl er als Führungskraft kaum mit Software-, eher mit Personalentwicklung befasst ist.

Woran liegt's? Erstens hat jede Branche ihren Stallgeruch: Man redet, man denkt, man gibt sich anders. Ein Auftreten, das in der New Economy als »charismatisch« gewertet wird, kann in der Stahlindustrie als »Schaumschlägerei« angesehen werden. Die Fachmanager fremdeln beim Gespräch mit branchenfremden Bewerbern, oft höre ich den Satz: »Der versteht *unser Geschäft* nicht!«

Zweitens ist die wichtigste Zutat bei einer Bewerbung Vitamin B. Und wo hat man Beziehungen? In der eigenen Branche! Wer deren goldenen Käfig verlassen will, muss gute Kontakte zu anderen Feldern aufbauen. Oder sich in mehreren Wechsel-Schritten an die gewünschte Branche herantasten. Ähnlich ging Sigmar Gabriel vor, wenn auch nicht ganz freiwillig: Er wurde als Ministerpräsident in Hannover abgewählt und zog in den Bundestag ein. Damit entfernte er sich von der Wolfsburger Autolobby und näherte sich seiner neuen Aufgabe an: der Umweltpolitik.

Briefe

Briefe sind out – E-Mails erreichen mehr

Die größte Müllkippe dieser Erde verbreitet keinen Gestank – und doch stinkt sie denen, die Zugang zu ihr haben. Ich meine die E-Mail-Fächer. Sie quellen über vor lauter Nichtigkeiten, vor Spams, vor CCs, vor Dünnbrettbohrerei. Etliche E-Mail-Empfänger sind davon so genervt, dass sie zwischen all dem Verbalmüll die wichtigen E-Mails kaum mehr erkennen. Gerade vielbeschäftige Manager springen so schnell von einer E-Mail in die andere, als wären sie auf der Flucht.

Genau umgekehrt beim Briefeingang: Früher schleppte der Postbote bergeweise Briefe ins Büro, heute kommt er mit einer dünnen Tasche. Je weniger Briefe eingehen, desto ernster werden sie genommen, desto mehr Aufmerksamkeit ist ihnen sicher. Das gilt auch für Bewerbungen in Traditionskonzernen, sofern sie nicht ausdrücklich den elektronischen Weg bevorzugen (vorher klären!).

In wichtigen Angelegenheiten, etwa wenn Sie einen Ex-Chef um eine persönliche Referenz bitten, kann es durchaus klug sein, den Brief der flüchtigen E-Mail vorzuziehen. Das ist nicht altmodisch, das hat schon wieder Stil. Aber achten Sie auf zweierlei:

- Beim Brief liegt die Latte höher. Er sollte nicht zu lapidar sein, weder im Inhalt noch im Stil. Wer (frei nach Jean-Jacques Rousseau) einen Brief anfängt, ohne zu wissen, was er sagen will, und beendet, ohne etwas gesagt zu haben, der hätte auch eine E-Mail schreiben oder auf jede Mitteilung verzichten können.
- Zwingen Sie den Empfänger nicht, auf demselben Weg zu antworten – geben Sie immer Ihre E-Mail-Adresse mit an!

Büro

Die Büros in Deutschland sind eng

Montag früh im Call-Center. Dreißig Mitarbeiter im Großraumbüro, dicht an dicht. Dünne Stellwände dazwischen. Die Luft vibriert vor Stimmen. Eine Service-Legebatterie. Aber wer der Meinung war, die Büros in Deutschland seien eng, muss sich bei einem Blick in die Statistik korrigieren. Tatsächlich haben die Mitarbeiter in Deutschland im Schnitt doppelt so viel Platz wie anderswo in Europa, wie eine Studie aus 14 Ländern ergab: Dreißig Quadratmeter pro Person – statt nur 14.

Wenn Sie sich nun ungläubig die Augen reiben, weil Ihr Arbeitsplatz so eng ist, dass jedes Hüsteln des Nachbarn das Papier auf Ihrem Schreibtisch zum Flattern bringt, dann sollten Sie nachmessen, wie viel Raum Ihr Oberboss für sich alleine hat. Man darf annehmen, die Vorstandsbüros haben die Statistik rausgerissen …

Quelle: Immobilienberatung Cushman & Wakefield, Frankfurt, *Business Briefing on Landlords & Tenants*, 2006

C

Chef I

Der Chef hat immer recht!

Chefs sind keine Experten darin, recht zu haben, sondern nur darin, recht zu behalten. Im ersten Fall kommt es auf die Tatsachen an. Im zweiten Fall genügt eine spezielle Chefvokabel: das Machtwort.

Wenn zum Beispiel der Firmengewinn trotz guter Marktlage fällt, irren sich die Geschäftszahlen relativ selten – und die Geschäftsführer relativ oft! Auch wenn ein Chef heute mit Flüchen jenen Mitarbeiter feuert, den er gestern noch angeheuert und mit Vorschusslorbeeren bedacht hat, hatte er recht – aber nur bei fünfzig Prozent seiner Entscheidungen …

Dürfen Sie Ihrem Chef sagen, dass er irrt? Wer schweigt, geht unter in der Masse. Und wer den Chef lauthals kritisiert? Beschwört eine öffentliche Hinrichtung herauf, mit sich selbst in einer Hauptrolle. Wie sagte der »Filmlöwe« Samuel Goldwyn so schön: »Ich mag keine Jasager um mich herum. Ich will, dass jeder mir die Wahrheit sagt – auch wenn es ihn seinen Job kostet.«

Klüger ist der Kompromiss: Sagen Sie Ihrem Chef unter vier Augen, was Sie denken – aber diplomatisch. Legen Sie mit Fakten dar, welche Konsequenzen eine Entscheidung aus Ihrer Sicht hat. Klagen Sie nicht an, fordern Sie nichts – stellen Sie Ihre Informationen als Angebot dar; Schlüsse ziehen muss er selbst.

Wenn Sie die Entscheidung beeinflussen können: umso besser! Wenn nicht? Wird sich der Chef zu gegebener Zeit erinnern: Ihr Rat war nicht der dümmste!

Chef II

Als Chef wird man geboren

Für die These, dass man als Chef zur Welt kommt, gibt es ein starkes Indiz: Einige Babys schreien unverzüglich die Hebamme an – in einer Lautstärke, die dem Chefarzt Konkurrenz macht! Aber bei näherer Betrachtung fällt auf: Die Zahl der Schreihälse ist deutlich größer als die Zahl der späteren Chefs. Die These scheint also nicht zu stimmen.

Die Wahrheit ist: Genies werden geboren – Handwerker werden gemacht. Da in Deutschland laut dem St. Gallener Management-Vordenker Prof. Fredmund Malik jeder fünfte Mitarbeiter andere führt, wäre die erforderliche Geniequote doch ein wenig hoch. Wer passabel Klavier spielen will, muss kein Mozart sein – aber die Noten beherrschen.

Als guter oder schlechter Chef wird man nicht geboren: Man entscheidet sich dafür, das eine oder das andere zu sein. Wie der Klavierschüler mit den Noten und der Tastatur, so muss der (angehende) Chef sich mit den Mitarbeitern und ihren Bedürfnissen befassen.

Wer sich als Chef nicht fortbildet, die emotionale Temperatur eines Kühlschranks ausstrahlt, keine Vision vermittelt, keine Rückmeldungen gibt und die Talente seiner Mitarbeiter nicht fördert, scheitert an sich selbst: an mangelndem Willen und mangelndem Führungshandwerk. Auf einen »Geburtsfehler« kann er sich nicht berufen – auch wenn er die Hebamme schon mal vorsorglich angeschrien hat …

Quelle: Malik, F., *Führen, Leisten, Leben*, Heyne 2001

Chef III

Chefs haben mehr Freiheiten als ihre Mitarbeiter

»Mein Chef ist fein raus: Er sitzt im größten Büro, er kassiert das dickste Gehalt, er rollt im Dienstwagen durchs Land. Seinen Urlaub genehmigt er sich selbst, den Oberboss duzt er, und über eigene Fehler sieht er großzügig hinweg.«

»Das klingt so, als würden Sie gern mit ihm tauschen.«

»Und ob! Dann hätte ich ein gutes Leben.«

»Sind Sie ganz sicher? Lässt sich die Sache nicht auch von der anderen Seite betrachten: Wer hetzt von Meeting zu Meeting? Wer hat nach Feierabend keinen Feierabend? Bei wem liegt das Handy rufbereit auf dem Nachttisch? Wer erzürnt den Oberboss, wenn er Gehälter erhöht, und die Mitarbeiter, wenn er sie nicht erhöht – wer kann es also keinem recht machen? Wer hält den Kopf hin, wenn der Etat aus dem Ruder läuft, ein Großkunde abspringt, ein Mitarbeiter versagt? Ihr Chef!«

»Wollen Sie mein Mitleid wecken?«

»Nein, Ihr Bewusstsein, dass eine Führungsposition auch Schattenseiten hat. Ihr Vorgesetzter ist nicht nur Chef, er hat auch einen. Er gibt nicht nur Befehle, er nimmt auch welche entgegen. Und die Verantwortung ist nicht nur ein Privileg, sie kann auch eine Last sein. Spötter bezeichnen Manager als ›Krone der Erschöpfung‹.«

»Aber Sie werden zugeben: Ein Chef ist mehr Herr seiner Arbeit als ein Mitarbeiter!«

»Stimmt. Aber oft auch mehr ihr Sklave.«

Chef IV

Chefs haben ihren Beruf gründlich gelernt

Als Harald Behr (43) befördert wurde, war niemand überraschter als er selbst: Gestern noch Starverkäufer, heute schon Vertriebsleiter. »Ich fühle mich dem neuen Job nicht gewachsen«, gab er mir gegenüber zu. Diese Überforderung ist typisch; Psychologen haben dafür sogar ein Wort erfunden: »Hochstapler-Syndrom«.

Die meisten Chefs kommen in ihr Amt wie die Jungfrau zum Kind – ohne jede Vorbereitung, als ungelernte Führungskräfte. Das soll nicht heißen, dass sie völlig ungelernt wären: Der eine hat BWL studiert und kann mit Bilanzen hantieren, der andere hat ein Jura-Studium abgeschlossen und kennt sich im Paragraphen-Dschungel aus. Bei Harald Behr ist es die Lehre zum Einzelhandelskaufmann, die ihn zum Führen von Kundengesprächen prädestiniert.

Doch all diese Fähigkeiten helfen nicht dabei, die Chef-Position auszufüllen. Denn worin besteht die eigentliche Aufgabe eines Chefs? Nicht mit Bilanzen, Paragraphen oder Kunden, sondern mit Mitarbeitern muss er umgehen können. Diese Kunst wird im Studium oder in der Lehre kaum gestreift. Bis heute mangelt es in Deutschland an einer geregelten Ausbildung für Führungskräfte; Wochenend-Seminare können diesen Mangel nicht ausgleichen.

Es fehlt nicht nur an Wissen, wie man führt, sondern auch an Bewusstsein, dass man professionell führen muss. Etliche Chefs sehen sich in erster Linie als Fachleute und verfahren nach dem Motto: »Nebenbei führe ich auch noch meine Mitarbeiter.«

Der DGB-Index »Gute Arbeit« stellt den Chefs ein schlechtes Zeugnis aus: Nur 22 Prozent der befragten Mitarbeiter bezeichnen die Führungs- und Unternehmenskultur ihrer Firma als umfassend gut. Am meisten stört sie, dass Vorgesetzte mit Anerkennung geizen und die Arbeit schlecht einteilen. Fazit: Bilanzen werden in Deutschland besser geführt als Mitarbeiter.

Quellen: Süddeutsche Zeitung, 11.09.2007
Die Zeit, 28.10.2004

Chef V

Weibliche und männliche Chefs heuern die gleichen Bewerber an

Der Jüngling war unsterblich verliebt – verliebt in ein Wesen, das ihn aus dem Wasser einer Quelle anschaute, verliebt ins eigene Spiegelbild! Die Sache ging tragisch aus, wie uns der römische Dichter Ovid überliefert: Narziss griff nach seinem Spiegelbild, stürzte ins Wasser und ertrank.

Verliebt ins eigene Spiegelbild: Diese Beschreibung trifft auch auf Chefs bei der Personalsuche zu. Wer studierter Betriebswirt ist, zieht studierte Betriebswirte vor. Wer lange im Ausland war, gibt Legionären eine Chance. Doch nicht nur der Werdegang, auch das Geschlecht führt das Händchen bei der Personalauswahl: Nach einer Untersuchung des Instituts für Mittelstandsforschung stellen Männer eher Männer, Frauen eher Frauen ein.

Das dürfte ein Grund dafür sein, warum man Frauen an der Spitze von Unternehmen noch immer mit der Lupe suchen muss: Die Herren der Schöpfung geben ihre Macht in starke Männerhände weiter. Als gäbe es eine Korrelation zwischen Bartwuchs und Gewinnzuwachs (eher das Gegenteil ist der Fall, siehe *Frauen I*). Weibliche Wesen werden natürlich auch eingestellt – fürs Sekretariat, um den Herren die Bärte zu kraulen!

Wenn Sie als Frau Karriere machen wollen, haben Sie bessere Chancen in Firmen, wo sich andere Frauen bereits ihren

Weg bis ins Top-Management gebahnt haben. Steuern Sie als Bewerberin bevorzugt Abteilungen an, die fest in Frauenhand sind. Vielleicht sitzt dort ja ein Mann im Sekretariat!

Quelle: Institut für Mittelstandsforschung, Bonn. *Auf dem Weg in die Chefetage. Betriebliche Entscheidungsprozesse bei der Besetzung von Führungspositionen*, 2007

Chef VI

Ein guter Chef ist immer beliebt

Ein guter Chef tut nicht das, was ankommt, sondern das, worauf es ankommt. Er muss zum Beispiel in der Lage sein, ein unrentables Werk zu schließen – so wie der Chirurg ein vergiftetes Bein amputiert, um den restlichen Körper zu retten. Dafür wird ihn kein Mitarbeiter loben, auch wenn es tatsächlich ums Überleben der Firma und nicht nur um die übliche Gewinnmaximierung geht.

Alle charismatischen Führer haben eines gemeinsam: Sie sind erfolgreich, widmen sich mit Fleiß und ganzem Herzen ihrer Sache. Dieses Engagement legitimiert ihren Führungsanspruch mehr als die Beliebtheit. Wenn Mitarbeiter über einen Chef sagen, er sei ein »netter Kerl«, kann das schon der erste Takt eines Tanzes auf seiner Nase sein.

Häufig kommt es auch zu einer Zweiteilung der Führung, wie man sie in Indianer-Stämmen zwischen Häuptling und Medizinmann kennt. Ein Chef nimmt die Tüchtigkeits-, der andere die Beliebtheitsrolle ein. Beispiel: Der Kanzler erhöht die Steuern, der Präsident tröstet das Volk in seiner Weihnachtsansprache. Deshalb wäre der Präsident aber noch lange nicht der bessere Kanzler!

Chef VII

Die meisten Mitarbeiter hätten lieber eine Chefin

Männliche Chefs haben den Ruf, dass sie Zahlen wichtiger als Menschen nehmen, Ratschläge an sich abprallen lassen, lobende Worte als »überflüssige Gefühlsausbrüche« ansehen. Dieser Ruf ist nicht unverdient; viele Mitarbeiter leiden unter störrischer, emotionsarmer, typisch männlicher Führung.

Doch aus der Tatsache, dass etliche Alpha-Männchen unbeliebt sind, darf man nicht schließen, Alpha-Weibchen seien beliebter. Noch immer lassen sich die meisten Arbeitnehmer lieber von einem Mann als von einer Frau führen. Vor die Wahl gestellt, würden 35 Prozent der Befragten einen Mann als Chef vorziehen – nur 14 Prozent eine Frau. (Rund der Hälfte ist das Geschlecht egal.)

Das seit Jahrtausenden währende Patriarchat hat ihnen offenbar in die Köpfe gebrannt, ein männlicher Chef sei der bessere Führer und Versorger. Doch seit die Höhlen verlassen, die Lagerfeuer erloschen und die Mammuts in den ewigen Jagdgründen verschwunden sind, erweisen sich Sturköpfigkeit und Muskelkraft als schlechte Berater. Die Chef-Männer vertrauen allzu sehr ihrem eigenen Urteil, hören zu wenig auf ihre Mitarbeiter. Bei Friedrich Dürrenmatt heißt es: »Unter Intuition versteht man die Fähigkeit gewisser Leute, eine Lage in Sekundenschnelle falsch zu beurteilen.«

Frauen dagegen nutzen ihren Kopf nicht nur zum Einrennen von Wänden, sondern auch für eine Sportart der Neuzeit: zum Denken. Viele hören besser zu und fühlen sich besser in Mitarbeiter ein. Vielleicht ist das der Grund, warum sie mit ihren Geschäftszahlen die reinen Männerriegen abhängen (siehe *Frauen I*). Aber wie sollen die Arbeitnehmer diese Vorzüge der Chefinnen zu schätzen wissen? Wo doch die meisten noch nie eine Chefin hatten …

Quelle: IFAK Institut, Taunusstein, Repräsentative Telefonbefragung unter 2.000 Erwerbstätigen in Deutschland, 2007

Chef VIII

Chefs verdienen mehr als ihre Mitarbeiter

Fragen Sie zehn Menschen, wer der Einkommenskönig bei der Deutschen Bank ist, und elf werden auf den Vorstandsvorsitzenden tippen. Weit gefehlt! 2005 gab Josef Ackermann zu Protokoll, er sei beim Gehalt nur die »Nummer 14« seiner Bank. Das Mitleid hielt sich in Grenzen; sein Chefgehalt lag bei knapp über 10 Millionen Euro.

Wie Ackermann, der von den Top-Investmentbankern überflügelt wurde, werden in Deutschland etliche Chefs von Mitarbeitern abgehängt. Zum Beispiel ist es gar nicht ungewöhnlich, dass dem Starverkäufer einer Firma eine solche Provisionsflut auf sein Konto rollt, dass sich das Gehalt des Vertriebsleiters daneben wie ein tröpfelndes Bächlein ausnimmt.

Die Spitzenverdienste von Mitarbeitern resultieren fast immer aus Provisionen oder Prämien. Sorgen Sie bei Abschluss Ihres Vertrages dafür, dass sich außergewöhnliche Leistungen von Ihnen nicht nur für die Firma lohnen – sondern auch für Sie!

Quelle: stern.de, *Weniger Gehalt für Bank-Chef Ackermann*, 24.03.2005

Chefsekretärin

Chefsekretärinnen haben wenig zu melden

Wer Chefsekretärinnen für machtlos hält, könnte auch die Sonne für dunkel halten. Mit niemandem arbeitet der Chef so eng, so vertraut und so intensiv zusammen wie mit seiner persönlichen Sekretärin.

Schon dass er sie häufig als seine »rechte Hand« bezeichnet und erstaunlich gut bezahlt – in Frankfurt verdient sie im Schnitt 54.000 Euro! –, sollte zu denken geben: Offenbar verschmilzt der Chef samt seiner Macht mit der Mitarbeiterin, die ihm am nächsten steht.

Wer die Chefsekretärin mit Geringschätzung behandelt, wer sie im Vorzimmer links liegen lässt oder nur als Telefondame missbraucht, kann sein blaues Wunder erleben. Die Sekretärin lässt seine Terminwünsche abblitzen. Oder gewährt ihm ausgerechnet dann Zugang zum Chef, wenn dieser gerade vollkommen genervt von einer Krisensitzung zurückgekehrt ist.

Außerdem holt sich der Chef vor wichtigen Personalentscheidungen oft den Rat seiner Vertrauten, also seiner Sekretärin ein. Ihr gesenkter Daumen hat schon manche Probezeit vorzeitig beendet, manche Beförderung vereitelt. Ein gutes Verhältnis zur Chefsekretärin kann nicht nur die Bürotür zum Chef, sondern auch die Tür zu einer Karriere öffnen.

Quelle: Managementberatung Kienbaum, Gummersbach. *Vergütung von Sekretariats- und Bürokräften 2006*

Coaching

Der Coach sagt mir, wo's langgeht

»Mein letzter Coach war komisch; er hat sich immer um eigene Standpunkte gedrückt. Zum Beispiel wollte ich wissen: kündigen oder bleiben? Darauf er: ›Was meinen denn Sie?‹«

»Dann war er nicht komisch, sondern professionell! Das Wort ›Coach‹ leitet sich von dem englischen Begriff für ›Kutscher‹ ab. Und der Kutscher bestimmt nicht den Weg – er bringt Sie nur zum gewünschten Ziel.«

»Aber was, wenn ich nicht weiß, wohin es gehen soll?«

»Dann hilft Ihnen ein guter Coach, Ihre innere Landkarte zu erforschen: Welche Werte sind in Ihrem Leben wichtig? Wie können Sie diese Werte am Arbeitsplatz verwirklichen? Wo sehen Sie sich in einigen Jahren? Und welche Schritte, welche Zwischenziele sind notwendig, um Ihre Vision zu verwirklichen?«

»Und wo bleiben die Lösungen?«

»Die müssen Sie selber finden; der Experte für Ihr eigenes Leben sind Sie. Der Coach hilft Ihnen nur, Ihre eigenen Ressourcen besser zu nutzen. Durch Fragen. Durch Rückmeldungen. Durch Anregungen. Aber niemals durch Ratschläge!«

»Und wenn ich konkrete Ratschläge benötige?«

»Dann brauchen Sie eine andere Form der Unterstützung. Zum Beispiel können Sie zu einem Karriereberater gehen. Dort erhalten Sie zu Berufsfragen konkreten Rat – ähnlich wie von einem Anwalt zu juristischen Themen.« (siehe *Karriereberatung*)

D

Dienstjahre

Mit den Dienstjahren wachsen die Aufstiegschancen

Wie entwickelt sich ein Apfel? Einige Zeit reift er, wird größer und süßer. Dann erntet ihn der Bauer. Oder der Apfel verfault am Baum. In der Arbeitswelt ärgern sich viele Mitarbeiter, wenn ihr Chef sie bei der Beförderungs-Ernte übersieht, während er Kollegen, die nach ihnen angefangen haben, in höhere Ämter hievt. Ist es nicht ungerecht, wenn die Letzten bei der Beförderung die Ersten sind?

Nein, denn mit dem beruflichen Aufstieg verhält es sich wie mit dem Apfel am Baum: Als neuer Mitarbeiter reift man eine gewisse Zeit, etwa drei bis fünf Jahre. Dann sollte man voll im Saft stehen, seine Führungsqualitäten bewiesen und eine Beförderung ergattert haben. Wenn nicht, können Sie keineswegs mit Anteilnahme rechnen (»Die Arme wurde so lange übersehen, jetzt ist sie endlich auch mal dran!«) – vielmehr wird das Hängenbleiben zu Ihrem Nachteil gedeutet (»Wenn sie wirklich Führungsqualitäten hätte, wäre das doch in den letzten 15 Jahren mal aufgefallen.«).

Wer wartet, bis ihn ein Vorgesetzter als Führungskraft erntet, kann am Ast verfaulen. Nur wer fordert, wird auch befördert!

Dienst nach Vorschrift

»Dienst nach Vorschrift« ist in Deutschland die Ausnahme

Einige Mitarbeiter hängen in ihren Bürosesseln, als hätten sie gerade einen Genickschuss kassiert. Andere träumen sich mit glasigem Blick in die Ferne, während der Aktenberg wächst. Wieder andere schlagen ihre Arbeitszeit mit Internet-Filmchen auf *YouTube* tot. Deutscher Büro-Alltag!

Wenn Fleiß »die beste Form der Leidenschaft« ist, wie Thomas Mann behauptete, dann ist die Arbeitsliebe bei uns erkaltet. Nach der jährlichen Motivationsstudie der Unternehmensberatung *Gallup* ist von zehn Mitarbeitern nur einer richtig »engagiert«. Sieben geben zu, dass sie »Dienst nach Vorschrift« machen, also keinen Handstrich mehr als nötig. Und zwei räumen ein, sie hätten innerlich schon gekündigt.

Keine Spur von Leidenschaft – viele Spuren von Leiden! Deutschland ist ein Motivationsfriedhof, die Chefs sind die Totengräber. In der *Gallup*-Studie klagen die Mitarbeiter, es fehle an Lob, an regelmäßigen Rückmeldungen, an passenden Aufgaben. Die Chefs würden sich zu wenig für ihre Belegschaft interessieren.

Arme Angestellte? Nun ja: Zu jedem Chef, der das Spiel verdirbt, gehört ein Mitarbeiter, der es sich verderben lässt. Ihre Arbeitseinstellung bestimmen Sie selbst! Jede Schwäche des Vorgesetzten kann eine Chance für Sie sein: Ein Chef, der chaotisch führt, fordert Ihr Organisationstalent heraus. Ein Chef, der unentschlossen ist, kann Ihrer Überzeugungskraft als Schleifstein dienen – so wird die Not zur Tugend!

Quelle: Pressemitteilung Gallup, *Engagement der ArbeitnehmerInnen in Deutschland verharrt noch immer auf niedrigem Niveau*, 2006

Dienstweg

Alles geht seinen Dienstweg

Das Angebot flatterte mit der Hauspost auf die Schreibtische: eine Position in der Entwicklungsabteilung, bestens dotiert, gute Aufstiegschancen, zur Jahresmitte frei. Die interne Stellenausschreibung kam druckfrisch aus der Personalabteilung des Konzerns. Dutzende Bewerber aktualisierten hoffnungsfroh ihre Lebensläufe. Eigentlich konnte die Stelle noch nicht vergeben sein.

Eigentlich! Der Dienstweg ist eine seltsame Erfindung, vor allem deshalb, weil er nie eingehalten wird. Gedacht war das in diesem Fall so: Der Abteilungsleiter meldet die Vakanz der Personalabteilung. Dort schreibt man den Job aus, sortiert die Bewerbungen vor, führt die ersten Gespräche und spielt den Ball wieder an den Abteilungsleiter zurück. Der – fürs Ergebnis völlig offen – entscheidet sich für den besten Bewerber.

Doch kaum war die Stelle frei, hatte der Abteilungsleiter eine Idee: Ein alter Kumpel aus der Betriebssportgruppe würde gut in die Abteilung passen! Er griff zum Hörer, beide trafen sich zum Mittagessen, und schon nach der Suppe war man sich handelseinig.

Dennoch meldete der Chef die Vakanz der Personalabteilung. Dennoch bewarb sich ein Heer hoffnungsvoller Mitarbeiter. Dennoch wurden Interviews geführt. Und heraus kam – welch Überraschung: Niemand passte so gut zu der Stelle wie der Sportkumpel (der Abteilungsleiter hatte den Personalern einen Wink gegeben!).

Abseits des Dienstweges fließen auch die meisten Informationen: eher in der Kaffeeküche, wo jeder die Ohren spitzt, als in der Hausmitteilung des Chefs, die eh keiner liest. Der Versandbote, der mit allen plauscht, weiß oft mehr als der Geschäftsführer, an den alle berichten sollten. Wenn Sie die Dienstwege als Farce durchschauen und sich erfolgreich durchs

Gebüsch des Informellen schlagen, haben Sie nicht nur beim Bewerben die Nase vorn – Sie können auch Ihr Wissen, Ihre Macht und Ihre internen Aufstiegschancen verbessern.

Disziplin

Disziplin ist ein Karrieremotor

»Im Gleichschritt: Marsch!« Dieser militärische Befehl verrät viel über den Charakter der Disziplin: Einer sagt, was zu tun ist, die andern tun, was gesagt wurde. Der General in der Firma ist Ihr Chef. Sicher ist es klug, seine Kommandos umzusetzen. Aber wie wollen Sie sich auf diese Weise von all den anderen Firmen-Soldaten abheben, die ebenfalls im Gleichschritt marschieren?

Wenn der disziplinierte Mitarbeiter das Marketing zweier Konkurrenzfirmen bis zum nächsten Mittwoch analysieren soll, liegen pünktlich am nächsten Mittwoch exakt zwei Berichte auf dem Tisch des Chefs. Nie käme der Mitarbeiter auf die Idee, von der Anweisung einen Zentimeter abzuweichen.

Aber genau das tut der Spitzen-Mitarbeiter! Nicht zwei Konkurrenzfirmen analysiert er – sondern vier. Nicht bis zum nächsten Mittwoch liefert er – sondern schon am Montag. Er schießt im besten Sinne über das Ziel hinaus, bringt Ideen ein und hebt sich so aus dem grauen Heer der langweiligen Erfüllungsgehilfen ab.

Seine Eigeninitiative ist exakt das, was die reine Disziplin eben nicht ist: ein Karrieremotor.

Duzen

Wer sich mit dem Chef duzt, ist im Vorteil

Darf der Azubi eines DAX-Konzerns seinen Vorstandschef duzen? Aber klar – sofern das Unternehmen SAP heißt. Dort sind alle, vom Praktikanten bis zum Vorstand, per »Du«. Gar nicht schlecht, könnte man sagen, denn führt der Trennstrich zwischen »Du« und »Sie« nicht immer zu einer Zwei-Klassen-Gesellschaft – mit einer Oberschicht, für die der Chef »Léo«, und einer Unterschicht, für die er »Herr Apotheker« heißt?

Doch Achtung! Das »Du« suggeriert eine Gleichheit und eine emotionale Nähe, die so nicht vorhanden sind. Wenn der Chef einer Internet-Firma um 20 Uhr zu seinem Mitarbeiter sagt »Du kannst mich jetzt doch nicht hängen lassen!«, dann fühlt sich die Überstunde nicht mehr wie eine Überstunde an – sondern wie ein Freundschaftsdienst. Auch Gehaltswünsche sind mit dem Satz »Du willst mir doch keinen Ärger mit der Geschäftsleitung einbrocken!« auf subtile Weise ausgehebelt.

Gerade wenn Ihr Chef dazu neigt, seine Mitarbeiter zu vereinnahmen, muss das »Du« kein Vorteil sein. Lassen Sie sich nicht davon blenden und erkennen Sie das Verhältnis zu Ihrem Vorgesetzten als das, was es nun mal ist: eine Geschäftsbeziehung – keine Kumpanei!

E

Effizienz

Effizienz ist *der* Erfolgsfaktor

Der Wanderer schwang einen Hammer, trieb Nägel in lose Baumstämme und zimmerte sich ein Floß. Er arbeitete so effizient, dass der reißende Fluss, den er überqueren wollte, vor Anerkennung gluckerte. Schon nach acht Stunden konnte er das Wasser trockenen Fußes überwinden.

Ehe Sie Applaus spenden, sollten Sie wissen: Nur 500 Meter stromaufwärts hätte der agile Wandersmann eine Brücke nutzen können. Zu allem Unglück hatte er auch den falschen Fluss überquert. Sein eigentliches Ziel lag hinter einem ganz anderen Fluss, einige Kilometer weiter südlich.

Merke: Wer die Dinge richtig tut, ist effizient. Wer die richtigen Dinge tut, ist effektiv. Verlagern Sie Ihre Aufmerksamkeit vom Wie auf das Was. Klug ist es, das Wichtigste als Erstes und das Zweitwichtigste als Zweites zu tun. Noch klüger: Lassen Sie das Zweitwichtigste bleiben! Antworten Sie nie auf belanglose E-Mails. Delegieren Sie Verwaltungskram. Vermeiden Sie unnötige Perfektion (siehe *Perfektion*). Smart, nicht hart arbeiten!

Welche Aufgaben müssten Sie meistern, um Ihren Zielen in Sieben-Meilen-Stiefeln entgegenzufliegen? Womit können Sie der Firma nützen, Ihren Vorgesetzten imponieren, sich selbst glücklich machen? Nur wer weiß, welchen Fluss er überqueren will (Ziele), die schnellsten Brücken nutzt (Delegieren, Benchmarking usw.) und alles Unwichtige links liegenlässt, eilt seinem Erfolg auf dem schnellsten Weg entgegen: dem Weg der Effektivität.

Ehe

Ehepartner unterstützen sich im Berufsleben

Hinter jedem erfolgreichen Mann steht eine ... Ja, ja, das kennen wir! Um den Standpunkt der Frau genauer zu lokalisieren: Sie steht am Bügelbrett, hinterm Herd und am Kinderbett.

Aber was, wenn eine Ehefrau selbst Karriere macht? Kann sie dann darauf bauen, dass der Mann sie im Haus unterstützt, den Kochlöffel schwingt, Staub wedelt und Babybrei verfüttert? Nicht in Deutschland! Hier ist der Haushalt für die Männer noch immer Frauensache, sehen Männer sich selbst als Haupternährer und die Welt womöglich als eine Scheibe. Jedenfalls hat die Karriere der Frau auf die Berufspläne und das Rollenverständnis des Mannes kaum Einfluss.

Dagegen wirft jeder Schritt, den er im Beruf vorwärts kommt, seine Frau im Beruf zurück und drängt sie oft in Teilzeitarbeit. In anderen Ländern wie Dänemark und Schweden ist es umgekehrt: Dort schiebt die Karriere des Mannes den Berufserfolg der Frau an. Das geht aus einer Studie hervor, die zwölf Industrieländer umfasst. Sie bescheinigt Deutschland, mit seinem Rollenverständnis nicht in der Mitte Europas, sondern hinterm Mond zu Hause zu sein.

Auf mangelnde Qualifikation der Frauen lässt sich die Misere nicht schieben: Immer öfter finden Partner mit gleichwertiger Ausbildung zusammen. Inzwischen machen mehr Mädchen als Jungen Abitur. Warum sollten Sie als Frau Ihre Karriere auf dem Altar der Ehe opfern? Klüger: Suchen Sie einen Mann, der Ihre Karriere unterstützt. Ob es solche Männer gibt? Wenn sich hier keiner findet: Schauen Sie mal in Skandinavien ...

Quelle: Blossfeld, H.P., Drobnic, S., *Careers of Couples in Contemporary Society: From Male-Breadwinner to Dual-Earner Families*, Oxford University Press 2001

Eigenlob

Eigenlob stinkt

»Mich anpreisen beim Chef? Schon der Gedanke macht mir eine Gänsehaut. Ich finde diese Prahlerei völlig unnatürlich.«

»Unnatürlich? Man könnte auch sagen: Der Stolz auf die eigene Leistung ist das Natürlichste der Welt. Oder kennen Sie einen 4-Jährigen, der sich schämen würde, seine Sandburg zur schönsten der Welt zu erklären?«

»Aber wir sind doch nicht mehr im Kindergarten!«

»Vielleicht liegt hier das Problem; die Sozialisation raubt uns den Stolz auf unsere Leistung, die Unbefangenheit. Ein Kind hört laut britischen Studien an einem Tag 412 negative, aber nur 37 positive Bemerkungen. Sätze wie ›Lass das!‹ oder ›Sei bescheiden!‹ bremsen unseren Stolz auf die eigene Leistung aus.«

»Aber als Erwachsener kann ich mich doch frei entscheiden.«

»Die Erziehung hinterlässt Spuren. Besonders Frauen tappen in die Bescheidenheits-Falle; ein Experiment der FU Berlin ergab: Wenn im Vorstellungsgespräch fünf Minuten für die Selbstpräsentation zur Verfügung stehen, sprechen Frauen im Schnitt eine Minute weniger als Männer. Offenbar tun sie sich schwer damit, die eigenen Qualitäten zu erkennen und auszusprechen.«

»Frauen können halt mit wenigen Worten viel sagen!«

»Leider ergab die Studie auch: Gerade die Sprechzeit war der Gradmesser für den Erfolg. Je länger jemand sprach, desto kompetenter wurde er eingeschätzt.«

»Ich merke schon: Sie wollen mich zur Selbst-PR verdonnern.«

»Was wäre schon dabei, wenn Sie bei Meetings den anderen präsentieren, was Sie in letzter Zeit geleistet haben? Wenn Sie bei wichtigen E-Mails und Briefen Ihren Chef in den Verteiler setzen? Wenn Sie vor der nächsten Gehaltsverhandlung eine Leistungsmappe erstellen, in der Sie die Arbeits-Highlights des letzten Jahres versammeln? Wenn Sie einem wichtigen Kunden, der Sie lobt, beiläufig mitteilen: ›Das dürfte mein Chef ruhig auch mal hören ...‹«

»Dann geht es mir wahrscheinlich wie Herrn Tur Tur, dem Scheinriesen aus Michael Endes Romanen. Je ferner man mir ist, desto größer erscheine ich, je näher man mir kommt, desto mehr schrumpfe ich zusammen.«

»Sie fürchten, bei Ihrer Umwelt zu große Erwartungen zu wecken? Als Leistungsträgerin müssen Sie sich in dieser Hinsicht keine Sorgen machen – im Gegensatz zu Schaumschlägern!«

Quellen: Spiegel-Online, *Maulhelden haben Vorfahrt*, 07.06.2001
Sprenger, R.K., *Mythos Motivation*, Campus 1999

Einser-Kandidat

Einser-Kandidaten können im Beruf durchstarten

Bildhübsche Frauen haben bei der Partnersuche ein Problem: Viele Männer schrecken vor ihnen zurück; keiner will abblitzen. Einser-Kandidaten geht es ähnlich: Aus Gründen, die sich ihren hellen Köpfen nicht erschließen, öffnen sich ihnen die Firmentore nur recht spärlich. Was lässt also die Unternehmen zögern?

Erstens: Entscheidend im Berufsleben ist die emotionale Intelligenz, also die Fähigkeit, mit sich und mit anderen gut umzugehen. Etliche Chefs – gerade solche mit mittleren Noten – trauen es Einser-Kandidaten nicht zu, sich in Teams einzuordnen. Als wären die Talente lebenslange Streber, die niemanden abschreiben lassen ...

Zweitens: Niemand langweilt sich so schnell wie Hochbegabte. Ihr Geist will täglich neues Futter. Aber was liegt in den meisten Firmen an? Routinearbeit. Der Einser-Kandidat wirkt überqualifiziert – wie ein 200-PS-Motor in der Tempo-30-Zone.

Drittens: Gerade mittelständische Firmen haben den Ehrgeiz, ihre Mitarbeiter zu adoptieren. Will heißen: Die Mitarbeiter sollen lange bleiben. Von Einser-Kandidaten sagen Mittelständler oft: »Den können wir ohnehin nicht an uns binden, der will eine große Karriere machen.« Tatsächlich fehlt es an attraktiven Perspektiven.

Außerdem halten es viele Chefs mit Albert Einstein: »Universitäten sind schöne Misthaufen, auf denen gelegentlich einmal eine edle Pflanze gedeiht.« Und an einer solchen Uni-Pflanze haftet der Geruch von Theorie und Wissenschaft – nur für Forschungsabteilungen ein Lock-, für andere ein Schockstoff. Den mittelprächtigen Studenten wird mehr Praxistauglichkeit zugetraut.

Daraus folgt? Der Einser-Kandidat muss als Bewerber so bodenständig, praxisnah und teamfähig wirken, dass ihn die Chef-Jury freispricht von dem Generalverdacht, er sei ein Überflieger. Oder der Kandidat muss dort klettern, wo die Karriere-Berge am höchsten sind – in einem großen Unternehmen, das Gipfelstürmer begrüßt.

Einvernehmen, gegenseitiges

Eine Trennung kann im »gegenseitigen Einvernehmen« erfolgen

Wenn in einem Zeugnis steht, man habe sich im »gegenseitigen Einvernehmen« getrennt, riecht das für den geschulten Leser nach einem Lügenmärchen.

Entweder gehen Sie aus eigener Initiative, kündigen Ihren Vertrag. Dann ist der Chef meist stocksauer. Dennoch wird sein Zeugnis bescheinigen, Sie gingen auf eigenen Wunsch, man bedauere Ihr Ausscheiden und wünsche Ihnen für die Zukunft alles Gute. Von »gegenseitigem Einvernehmen« keine Rede.

Oder Sie sind vom harten Besen einer Kündigung vor die Tür gefegt oder mit dem Zaunpfahl eines Auflösungsvertrags dorthin gewinkt worden. Das ist kein »Einvernehmen«, heißt aber im Zeugnis so, nachdem die Anwälte miteinander verhandelt haben. Immer noch besser, als dass eine Entlassung im Klartext benannt würde.

Rechnen Sie jedoch damit, dass Sie in Vorstellungsgesprächen nach den genaueren Umständen der Trennung gefragt werden. Schimpfen Sie nie über Ihren alten Arbeitgeber, auch wenn Sie allen Grund dazu hätten! Sagen Sie Sätze, die nach Einvernehmen klingen, etwa: »Ich konnte in dieser Firma viel lernen, dafür bin ich sehr dankbar. Leider fehlte mir die Perspektive. Deshalb war die Trennung konsequent.« (Das ist so allgemein, dass es fast immer stimmt.) »An der Position in Ihrer Firma reizt mich besonders, was mir am alten Arbeitsplatz fehlte: der direkte Kundenkontakt.« (So mindern Sie die Befürchtung, dass die neue Arbeitsbeziehung genauso endet wie die vorherige).

Oder Sie fragen: »Wie sieht der Kundenkontakt bei Ihnen noch mal genau aus?« Diese offene Frage ist ein rhetorisches Ablenkungsmanöver, das erstaunlich oft funktioniert. Denn eines lieben viele Personalverantwortliche noch mehr als das Detektivspiel: sich selber reden hören!

Elternhaus

Das Elternhaus hat auf die spätere Karriere wenig Einfluss

Die beiden wichtigsten Voraussetzungen, um in Deutschland Karriere zu machen? »Papa« heißt die erste; »Mama« die zweite. Noch immer hängt es vom Berufsstand und vom Bildungsgrad der Eltern ab, ob ein Kind das Ticket für eine Karriere, einen höheren Bildungsabschluss erwirbt. Von hundert Akademikerkindern machen 83 das (Fach-)Abitur – von Kindern ohne akademische Prägung schaffen es nur 23.

Etliche Kinder treten in die Fußstapfen der Eltern, ergreifen den gleichen Beruf. Das ist praktisch, sofern Papi eine Fabrik zu vererben hat, selbst wenn er sich damit Zeit lässt; der Fernsehmoderator Robert Lembke verspottete die Universität als eine »Einrichtung, die es Vätern ermöglicht, ihre Söhne noch ein paar Jahre vom Betrieb fernzuhalten«.

Doch es reicht schon, wenn der Vater als Angestellter sein Netzwerk für den Nachwuchs nutzt. Welche seiner Studienfreunde sitzen heute in Chefpositionen? Welche Geschäftspartner schulden ihm noch einen Gefallen? Und wäre es nicht möglich, den aktuellen Chef davon zu überzeugen, der Apfel dürfe nicht weit vom Stamm fallen?

Allerdings ist diese Form der Personalvermittlung nicht ohne Risiken: Eltern haften für ihre Kinder! Versagt die Tochter, fällt die Empfehlung auf den Vater oder die Mutter zurück. Und versagt die Tochter *nicht*, muss sie vielleicht feststellen: Wer im Bugwasser einer elterlichen Empfehlung schwimmt, bleibt ein kleiner Fisch, die »Tochter von Herrn Meierbär« – statt als eigenständige Persönlichkeit wahrgenommen zu werden.

Und was bleibt denen, die keine Karriere vererbt bekommen (mal abgesehen davon, dass sie sich eine erarbeiten müssen)? Ein Ausspruch des Psychologen Paul Watzlawick: »In der Wahl seiner Eltern kann man nicht vorsichtig genug sein.«

Quelle: Deutsches Studentenwerk, Berlin. *18. Sozialerhebung zur wirtschaftlichen und sozialen Lage der Studierenden*, Befragung unter 17.000 Studierenden im Sommersemester 2006.

Elternzeit

Männer können Elternzeit nehmen, ohne ihrer Karriere zu schaden

Die Frage ist gemein, wie so viele Fragen im Vorstellungsgespräch: »Auf welche Erfolge in Ihrem Leben sind Sie am stolzesten?« Wer jetzt ein Foto seiner Ehefrau zückt oder von seinem Töchterlein schwärmt, ist in die Falle getappt. In Wahrheit will der Chef hören: Was ist dem Bewerber wichtiger – das Private oder der Beruf?

Noch immer erwarten viele Chefs: Die Firma muss für den Mitarbeiter der Nabel der Welt sein – und alles Private nur Randerscheinung. Das Familienleben als Ladegerät für den leeren Akku nach Feierabend. Keinesfalls soll sich das Geschäftliche Privatem unterordnen. Schon gar nicht bei Männern.

Insofern wundert es nicht, dass bei einer Umfrage 44 Prozent der Männer aus 13 Ländern den Satz unterschreiben, die Arbeitszeit habe sich für sie als Vater eines Kindes nicht verändert. Das einzige Baby, das sie täglich schaukeln, ist ihre Arbeit. Wenn sie jemanden schreien hören und geschwind herbeispringen, ist das mit großer Wahrscheinlichkeit ihr Chef. Sich mehr Zeit für ihr Kind, ja gar Elternzeit zu nehmen, könnte als Entscheidung gegen die Karriere und für das Private gedeutet werden.

Bei Frauen sieht das anders aus: 87 Prozent reduzieren ihre Arbeitszeiten nach der Geburt ihres ersten Kindes. Übrigens kein rein deutsches Problem: Weltweit verringern doppelt so viele berufstätige Frauen wie Männer nach einer Geburt die Arbeitszeit – um ein Projekt namens »Baby« zu schaukeln …

Quelle: Unternehmensberatung Accenture, Kronberg, *Expectations and Achievement: Empowering Women from Within*, 2007

E-Mails I

Arbeitnehmer ohne E-Mail-Anschluss sind im Nachteil

Wer bei »Virenalarm« zuerst an eine Grippeimpfung denkt, gehört wohl zu den 52 Prozent der deutschen Arbeitnehmer, die beruflich noch keinen E-Mail-Anschluss haben. Eine erstaunlich hohe Zahl. Man könnte sich fragen: Verdummen diese Leute nicht – so ganz ohne E-Mail-Zugang?

Die Frage müsste umgekehrt lauten! Forscher der University of London konnten nachweisen: Wer häufig E-Mails abruft, liest und versendet, senkt seinen Intelligenzquotienten um zeitweise zehn Punkte – so zugedröhnt wird das Gehirn nicht mal von einem Haschisch-Rausch: Der kostet nur vier IQ-Punkte.

Der Grund für die Talfahrt der Intelligenz: Das Gehirn tut sich schwer damit, mehrere Aufgaben zur selben Zeit zu erledigen. Wer seine E-Mails stets im Auge behält und immer wieder zu ihnen abschweift, hat nicht alle (geistigen Kapazitäten) beisammen: Sein Gehirn ist in ständiger Alarmbereitschaft, seine Konzentration auf Reisen.

Wer seinen Verstand behalten will, ruft seine E-Mails nur zwei- bis viermal am Tag zu geregelten Zeiten ab. Dann fallen die Antworten zwar etwas langsamer aus. Aber zehn Punkte gescheiter!

Quellen: Bundesverband Informationswirtschaft, Telekommunikation und neue Medien (BITKOM), Berlin. Repräsentative Umfrage unter 1.000 Deutschen, 2007
The Times, 22.04.2005

E-Mails II

E-Mails dürfen formlos sein

Die E-Mail-Flut reißt ein, was Briefschreiber über Jahrhunderte aufgebaut haben: die einfachsten Regeln der Höflichkeit. Gruß-, adress- und völlig formlos, so kommen Geschäftsmails daher. Die Anrede – wozu? Die Großschreibung: gespart! Die Rechtschreibung: Kraut und Rüben! Was ein ausformulierter Bewerbungsbrief geworden wäre, behelligt den Empfänger als E-Mail-Sendung schon im Embryostadium des Entwurfs. Und jeder Vorgang, der nicht mindestens zwei Jahre Zeit hat, wird mit einem Ausrufezeichen für hohe Priorität versehen.

Vergessen Sie nie: E-Mails vermitteln Botschaften unübertroffen schnell – auch die Botschaft, dass der Absender keine Manieren hat! Unhöflichkeit bleibt Unhöflichkeit, Fehler bleibt Fehler; ganz egal, ob der Text von einem Boten auf dem Pferd oder einem Draht unter dem Atlantik zugestellt wird.

Und wie steht es damit, kleine Schludrigkeiten durch Smilies zu entschuldigen? Keine gute Idee, denn die sogenannten Emoticons haben in Geschäftsmails nichts verloren (außer, der Mailpartner verwendet sie seinerseits).

E-Mails III

Private E-Mails werden von Firmen kaum kontrolliert

»Ich liebe dich«, tippte der junge Mann mit roten Wangen in seinen Firmen-PC. Es war noch der harmloseste Satz einer E-Mail, die sich mit der vorangegangen Nacht beschäftigte. Ob Liebesgeflüster oder Cheflästerei, ob Kreditanfragen oder Erbstreitigkeiten: Nichts ist so vertraulich, dass Mitarbeiter es nicht per E-Mail über den Server der Firma in die Welt hinausjagten.

Doch Achtung: Der »Feind« liest mit! Aus einer Insider-

Schätzung der Offenbacher Software-Beratung Mainis geht hervor: Von zehn E-Mails kontrollieren die Firmen vier. Peinlich, wenn die Flüche auf den Chef an den Verfluchten selbst weitergeleitet werden …

Die Firmenspione bekommen viel zu lesen; mir wurden vertrauliche Untersuchungen eines deutschen Konzerns zugespielt, die zu dem Ergebnis kommen: Achtzig Prozent aller Angestellten seien während der Arbeitszeit privat im Internet unterwegs. Nur jeder Sechste verzichtet auf eine private Nutzung. Dass der Chef keinen Einspruch erhebt, will nicht heißen, dass er dem Mitarbeiter keinen Strick daraus dreht – es heißt nur, dass er die Schlinge *noch* nicht um dessen Hals legt. Das holt er nach, sobald der Haussegen schief hängt. Privates E-Mailen kann also höchst unsanfte Antworten der Firma heraufbeschwören: Abmahnung oder Entlassung.

Quelle: Karriere.de, *Überwachung im Job: Wie Chefs Mitarbeiter loswerden*, 01.03.2006

Entscheidungen

Bevor entschieden wird, hat jemand nachgedacht

Zwei Arten der kopflosen Entscheidung gibt es: die Dummheit (weit verbreitet) und den Geniestreich (kommt selten vor!). Die erste Gattung wird oft mit der zweiten verwechselt, besonders vom Urheber.

Dummheiten passieren, wenn jemand eine Situation *verkennt*. Solche Entscheidungen fallen vorzugsweise am grünen Tisch, wo jede Chance über-, jede Schwierigkeit unterschätzt wird. Nehmen Sie Terminzusagen! Chefs versprechen mehr, als ihre Mitarbeiter halten können. Die Manager von Airbus haben es beim »A 380« vorgemacht. Hier war der Wunsch Vater von etwas, das viel zu unausgereift war, um die Bezeichnung »Gedanken« zu verdienen.

Doch auch Geniestreiche kommen aus dem Bauch heraus. Nehmen wir an, ein Backpulver-Manager will sein Produkt für die Kunden attraktiver machen. Er beschließt, seinem Pulver die Gratis-Probe eines Kaugummis beizulegen. Diese Beilage wird von den Kunden begeistert aufgenommen.

Wie reagiert ein kopfgesteuerter Manager? Klar, er legt diese Gratisprobe auch künftig seinem Pulver bei. Und wie hat im Jahr 1892 ein gewisser William Wrigley aus Chicago reagiert? Er hat sein ganzes Geschäft umgestellt: von Backpulver auf Kaugummi. Keine rationale, aber eine äußerst erfolgreiche Entscheidung: Schon ein Jahr später brachte er *Wrigley's Spearmint* auf den Markt, eine Marke, die ihn zum reichen Mann und den Kaugummi zum Kultprodukt machte.

Nicht jede Bauchentscheidung ist also eine Dummheit – aber auch nicht jede Dummheit lässt sich als Bauchentscheidung rechtfertigen!

Quelle: Crainer, S., *Die 75 besten Managemententscheidungen aller Zeiten*, Redline Wirtschaft 2004

Erreichbarkeit

Ständige Erreichbarkeit wird als Zeichen für hohes Engagement gewertet

»Wenn der Chef mich anruft, stehe ich dreißig Sekunden später bei ihm auf der Matte. Er weiß, wie engagiert ich bin.«

»Gut, Sie sind schnell zur Stelle. Aber daraus lassen sich auch andere Schlüsse ziehen. Zum Beispiel der, dass Sie nicht viel zu tun haben, womöglich den ganzen Tag auf Kommandos des Chefs warten. So wie ein Hund aufs Pfeifen seines Herrchens.«

»Ich bitte Sie! Soll ich meinen Chef etwa warten lassen?«

»Kann es nicht sein, dass Sie mal in einem wichtigen Meeting sitzen? Oder auf Geschäftsreise sind? Oder einen dringenden Vorgang bearbeiten? Oder mit einem wichtigen Kunden sprechen? Leistungsträger sind oft beschäftigt. Bei diesen Gelegenheiten erkennt der Chef, was ihm sonst leicht entgeht: wie wichtig Sie für die Firma sind.«

»So würde das mein Chef wohl kaum sehen, wenn er mich dringend sprechen muss.«

»Vielleicht doch. Denn wie halten es Vorgesetzte mit ihrer eigenen Erreichbarkeit? Am laufenden Band betonen sie: voller Terminkalender, großer Reisestress, lange Meetings. Die Signale wirken erzieherisch. Kein Mitarbeiter wagt es, den Chef einfach zu überfallen – man bittet Wochen vorher um eine Audienz.«

»Aber ich bin doch kein Chef.«

»Dennoch: Seien Sie nicht rund um die Uhr verfügbar, machen Sie sich rarer. Zum Beispiel, indem Sie bei wichtigen Gesprächen oder Aufgaben Telefonate auch mal auf Ihre Mailbox laufen lassen. Die richtige Mischung ist: Sie müssen stark beschäftigt wirken, aber im Notfall doch erreichbar sein. Kein Dackel, der *immer* springt – eher ein Wachhund, der im entscheidenden Moment zur Stelle ist.«

Experte

Ein Experten-Image beschleunigt die Karriere

Schauspieler kennen das Problem: Wer zu oft dieselbe Rolle spielt, etwa den Winnetou, ist nur noch als Indianer denkbar. Oder könnten Sie sich Pierre Brice als Tatort-Kommissar im Ruhrgebiet vorstellen? Auch die Rolle, die Sie im Berufsleben spielen, lässt sich schwer abschütteln. Wer zum Beispiel seit vielen Jahren eine bestimmte Software weiterentwickelt, dessen Name klebt an dieser *einen* Aufgabe fest. Niemand wird ihn auf dem Zettel haben, wenn die Leitung der IT-Abteilung zu vergeben ist. Für diese Position braucht man einen Blick über den Tellerrand.

Viele Experten tragen so viel Fachwissen durch die Landschaft, dass ihre soziale Kompetenz darunter verschüttet ist wie eine Talwiese unter der Lawine. Deshalb denken viele Chefs über den Experten wie der italienische Schriftsteller Umberto Eco: »Der Fachmann ist ein Mensch, der zu reden anfängt, wenn er zu denken aufhört und umgekehrt.«.

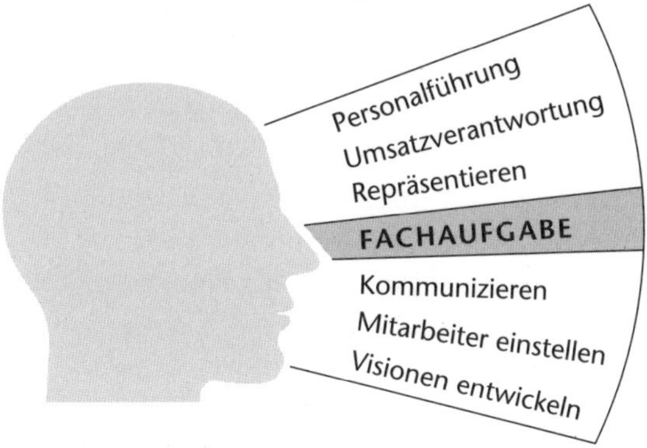

***Abb. 4:** Experten können sich einen Tunnelblick auf ihre Fachaufgabe erlauben; (angehende) Führungskräfte brauchen einen breiteren Horizont.*

Experten mit Führungsambitionen tun alles, um sich breiter aufzustellen. Sie sorgen dafür, dass ihr Name nicht an einem Fachthema klebt wie der Kaugummi am Trottoir, sondern dass er auch in Zusammenhang mit anderen Themen für Glanz sorgt. Qualitätssicherung, Prozessanalyse, Benchmarking – welche Felder sind Ihrem Management heilig? Beackern Sie eines! Wer eine Projektgruppe zum Benchmarking organisiert, Vorträge über Qualitätssicherung hält oder in der Betriebszeitung eine Artikelserie über Prozessanalyse veröffentlicht – der erscheint groß und breit auf dem Radar seiner potentiellen Beförderer. Dann gelten Sie als weitblickend und vielseitig, als Kandidat mit Führungsambition – statt als Fachidiot mit Tunnelblick.

F

Fachlaufbahn

Man kann unbeschadet von einer Führungsaufgabe zurück in eine Fachposition wechseln

»Ich will ihn einfach mal probieren, diesen Führungsjob. Wenn's nicht klappt, kann ich ja in meine Fachlaufbahn zurück.«

»Aber in welchem Zustand kämen Sie zurück? Das wäre ein Absturz, eine Degradierung. Dann sind Sie keine ambitionierte Fachkraft mehr – sondern ein gefallener Engel.«

»Sollen die anderen doch denken, was sie wollen!«

»Es geht auch um Ihr Selbstbild. Wie fühlen Sie sich, wenn Sie vom Einzelbüro wieder in den Großraum zurückkehren? Wie fühlen Sie sich, wenn Ihr Gehalt wieder um 15 Prozent gesenkt wird, Sie Ihren Dienstwagen abgeben müssen, nicht mehr zum Führungsmeeting dürfen? Das kann nicht nur den Respekt anderer, das kann auch Selbstrespekt kosten.«

»Dann raten Sie mir davon ab, den Aufstieg zu wagen?«

»Ich will Ihnen nur bewusst machen: Sie sollten einen solchen Schritt nicht als Probelauf betrachten, sondern sich mit ganzem Herzen entscheiden. Möglicherweise auch dagegen. Machen Sie sich vorher klar, welche Konsequenzen eine Führungsposition für Sie hätte.«

»Aber ist der Unterschied zur Fachposition wirklich so groß?«

»Als Fachkraft werden Sie an Ihren eigenen Ergebnissen gemessen, als Führungskraft an den Ergebnissen Ihres Teams. Als Chef müssen Sie delegieren, kommunizieren und motivieren können. Nach Ihrem Fachwissen fragt niemand – nach der Wertschöpfung Ihrer Einheit sehr wohl.«

»Gar nicht so schlecht, wenn ich mich im Ruhm der Abteilung sonnen kann!«

»Denken Sie auch an die Schattenseiten. Sie müssen: Abmahnungen schreiben, Entlassungen aussprechen, Ihren Kopf für schlechte Ergebnisse hinhalten. Sind Sie dazu bereit? Wenn ja: Wagen Sie's!«

Fehler

Aus jedem Fehler kann man lernen

Von IBM-Gründer Tom Watson stammt der Spruch: »Wenn Sie erfolgreich sein wollen, verdoppeln Sie Ihre Misserfolgsrate.« An diese Maxime hielt er sich: Eines Tages setzte ein junger Mitarbeiter 600.000 Dollar in den Sand und rechnete mit seiner Entlassung. Doch Watson nahm den kapitalen Fehler zur Kenntnis und sagte: »Ich habe gerade 600.000 Dollar in seine Ausbildung investiert. Warum sollte jemand anders diese Erfahrung gratis bekommen?«

Schon die Tatsache, dass diese Anekdote nach Jahrzehnten noch erzählt wird, verdeutlicht ihren Seltenheitswert. Fehler werden zwar in Managerseminaren als »Lerngelegenheit« betitelt, im Alltag aber wie die Pest bekämpft: Die Firmen wollen sie ausrotten – mit Normen, mit Richtlinien, mit Strafen bis hin zur Entlassung.

Aber wer aus Angst, den falschen Ton zu treffen, nicht mehr singt – wie will der einen Hit landen? Darum: Gehen Sie *kalkulierte* Risiken ein, immer dann, wenn der mögliche Erfolg viel schwerer als das Risiko wiegt. Falls Ihnen ein Fehler passiert, hängt viel davon ab, wie Sie mit ihm umgehen. Sprechen Sie nur kurz über den Fehler und lang darüber, was Sie daraus gelernt haben, auch für die ganze Firma. So können Sie die Not zur Tugend machen und Fehler entspannter sehen – vielleicht auch fremde Fehler; schon der blitzgescheite Physiker und Autor Christoph Georg Lichtenberg wusste: »Jeder Fehler erscheint unglaublich dumm, wenn andere ihn begehen.«

Quelle: Rye, D. E., *1001 Wege Karriere zu machen*, mvg 2001

Fernstudium

Ein Fernstudium gilt als Studium zweiter Klasse

Keine Feten, keine Mensa, keine Flirts auf dem Campus: Ein Fernstudium verspricht nicht gerade ein süßes Studentenleben. Wer es antritt, braucht das Zeitmanagement eines Posträubers, die Disziplin eines Marathonläufers, den Ehrgeiz eines Boxers aus der Bronx. Übertrieben? Nur ein bisschen! Die meisten Fernstudenten sind berufstätig und lernen nach Feierabend, bis ihnen der Kopf raucht. Ihr Jahresurlaub führt sie nicht ins Jura-Gebirge, nur ins Jura-Buch fürs nächste Semester.

Zweitklassig mag ein solches Studentenleben sein – erstklassig ist jedoch das Ansehen des Fernstudiums. 80 Prozent der deutschen Personalverantwortlichen sehen ein Fernstudium als gleich- oder höherwertiges Studium an. 94 Prozent loben die Absolventen für eine hohe Eigenmotivation, 92 Prozent für Zielstrebigkeit, 87 Prozent für Selbständigkeit. Wer ein Fernstudium gestemmt hat, von dem nehmen die Chefs an, dass er sich auch im Berufsleben bestens organisieren, einarbeiten und disziplinieren kann.

Ein Fernstudium öffnet völlig neue Perspektiven. Zum Beispiel kann die Industriekauffrau mit einem BWL-Abschluss plötzlich Positionen erlangen, die ihr bislang formal versperrt waren. Mit ihrem Wissen aus Beruf und Studium kann sie doppelt punkten. Durch ein Fernstudium rücken Karriereträume näher!

Quelle: Europäische Fernhochschule Hamburg, *Fernstudieren parallel zum Beruf*, Repräsentative Befragung von 300 Personalverantwortlichen (durch Forsa), 2007

Fortbildung I

Die Firma ist für die Fortbildung ihrer Mitarbeiter verantwortlich

Ein Fremdwort mit elf Buchstaben? Fortbildung! Von zehn Mitarbeitern zwischen 25 und 64 Jahren kommen jährlich nur vier in den Genuss einer Fortbildung. Aber noch ist Deutschland nicht verloren, denn die Bundesregierung hat ein kühnes Ziel entwickelt: Bis zum Jahr 2015 sollen – halten Sie sich fest! – fünf von zehn Mitarbeitern ihren Fortbildungshunger stillen dürfen. Ein Witz, über den man am lautesten in Skandinavien lacht, wo sich heute schon acht von zehn Mitarbeitern dienstlich weiterbilden.

Warum geizen die Firmen mit Fortbildungen? Sie hören vor allem den ersten Teil des Wortes – der Mitarbeiter ist *fort* (statt zu arbeiten!). Und wozu soll er Wissen anhäufen, wenn seine Arbeit ja doch nur aus einfachen Prozeduren besteht? Hinzu kommt die Sorge: Mit dem Rückenwind einer Fortbildung könnte der Mitarbeiter zu einem neuen Arbeitgeber flattern. Diese Befürchtung hegen nach einer Umfrage des Marktforschungsinstituts Forrest Research 62 Prozent der deutschen Chefs. Zum Vergleich: In Frankreich sind es nur neun Prozent!

Bildung ist kein Möbelstück, das die Firma kaufen und bis zum Sankt-Nimmerleins-Tag für sich beanspruchen kann; Bildung bleibt nur jenem Mitarbeiter erhalten, der sie sich erwirbt. Ihren Arbeitsplatz, Ihr Gehalt, Ihr Büro – all das kann Ihnen eine Kündigung entreißen. Ihre Bildung nicht! Sie ist der Schlüssel, der die Türen neuer Arbeitgeber oder auch das Tor einer Selbständigkeit für Sie öffnet.

Darum ist Fortbildung nicht in erster Linie Sache der Firma – sondern Ihre eigene! Suchen Sie Themen aus, die zwar im Unternehmen gefragt, aber auch anderswo hoch im Kurs stehen, etwa Kommunikation, Moderation und Projektmanagement.

Dann springt die Firma oft als Sponsor ein. Aber auch Fortbildungen, Coachings und Karriereberatungen auf eigene Rechnung können eine exzellente Investition sein.

Quellen: Süddeutsche Zeitung, 09.01.2008
Wehrle, M., *Der Feind in meinem Büro*, Econ 2005

Fortbildung II

Fortbildungswillige Mitarbeiter sind gern gesehen

Die Mappe des Bewerbers ist so dick, dass die Wochenend-Ausgabe der FAZ daneben schmal wie eine Schülerzeitung wirkt. Der Personalchef überfliegt den Lebenslauf, blättert sich durch ein paar Zeugnisse – und dann geht's los: Zertifikate ohne Ende! Der Bewerber war so oft auf Fortbildung, dass seine Qualifikation nur eine winzige Frage offenlässt: Wann hat der Kerl eigentlich gearbeitet?

Aber ist es nicht ein gutes Geschäft, einen solchen Mitarbeiter und sein kostenloses Wissen an Bord zu holen? Nur dann, wenn er nicht auf derselben Welle weiterreiten will. Und genau das fürchten die Firmen.

Fortbildungswille ist äußerst gern gesehen, aber nur nach Feierabend, wenn er die Firma keinen Cent und keine Minute kostet. Ansonsten werden Weiterbildungen oft nach dem Notarzt-Prinzip vergeben: Man operiert erst, wenn es nicht mehr anders geht. Der fortbildungswillige Mitarbeiter, der auf die Vorsorge wert legt, wird in Firmenbroschüren bejubelt, aber im Alltag nicht selten ausgebremst – es sei denn, er kann seinen Chef überzeugen, dass die Fortbildung der Firma mindestens das Doppelte dessen einbringt, was sie kostet.

Fortbildung III

Kleine Firmen investieren weniger in Fortbildungen als große

»Es ist zwecklos«, stöhnte der Projektleiter Peter Ude (34) in der Beratung, »mein Chef wird mir nie eine Fortbildung genehmigen.« Seine Begründung: »Wir sind kein Großbetrieb, nur ein kleiner Mittelständler, 45 Mitarbeiter. Da kann er mich nicht vier Tage zum Rhetorikkurs schicken.«

Stimmt das? Sitzt in großen Firmen das Fortbildungsgeld locker – und in kleinen Firmen der Chef auf der Kasse? Es stimmt nicht! Kleine Firmen stehen und fallen mit jedem einzelnen Mitarbeiter. Wenn ein Betrieb nur dreißig Angestellte hat, ist der Einzelne für den Erfolg etwa 100 Mal wichtiger als in einem Konzern mit 3.000 Leuten. Gerade das Wissen der Fach- und Führungskräfte muss auf dem neusten Stand und der (oft größeren) Konkurrenz gewachsen sein. Außerdem sind Fortbildungen in kleineren Firmen ein wichtiger Faktor, um erstklassige Mitarbeiter im Betrieb zu halten.

Eine Studie ergab: Im Durchschnitt geben die deutschen Firmen 1.072 Euro pro Jahr für die Fortbildung jedes Mitarbeiters aus – ein Betrag, der sich nicht in erster Linie aus den Kosten für die Fortbildung, sondern aus denen für die entgangene Arbeitszeit zusammensetzt (eine fragwürdige Rechnung, denn viele Mitarbeiter leisten vor und nach dem Seminar Mehrarbeit, so dass faktisch gar kein Zeitverlust entsteht).

Diesem Durchschnittswert von 1.072 Euro stehen 1.151 Euro in Betrieben mit weniger als fünfzig Mitarbeitern gegenüber. Wer seinem Chef mit einem Fortbildungs-Wunsch sanft auf die Füße tritt, wird merken: Die kleinen Firmen sind bei Seminaren und Coachings oft beweglicher als die großen. Dafür ist ihre Personalentwicklung nicht so systematisch wie in Konzernen. Die Initiative muss also immer von Ihnen kommen.

Peter Ude wagte den Vorstoß und erzielte als Kompromiss

einen Rhetorikkurs von Freitag bis Montag. Das Wochenende brachte er ein. Die Kosten und den Rest der Zeit übernahm die Firma. Eine faire Lösung!

Quelle: IHK Nordwestfalen, Wirtschaftsspiegel 4/2006

Frauen I

Frauen im Management erwirtschaften weniger

Der Zigarrenrauch im Vorstandszimmer ist so dicht, dass keine Fledermaus mehr nach Hause fände. Die Herren aus der Führungsetage lassen den Tag im fröhlichen Gespräch ausklingen. In einem Punkt sind sich alle einig: Sie halten ihr Geschlecht, halten Männer für bessere Manager. Sonst gäbe es doch mehr Frauen an den Spitzen unserer Unternehmen!

Dass Managerinnen für mütterliche Wärme, nicht aber für gute Zahlen sorgen, wird ihnen von der männlichen Konkurrenz gerne unterstellt. Sich selbst stellen die Herren als »kühler Rechner«, ihre Kolleginnen jedoch als Mutter Teresa dar – Herz gut, Zahlen schlecht.

Doch die Statistik spricht eine andere Sprache: Wo Frauen führen, sprudelt das meiste Geld in die Kassen; die amerikanische Frauenorganisation *Catalyst* wies nach: In den 500 größten Aktiengesellschaften der USA, wo Managerinnen ein Wörtchen mitreden, liegt die Eigenkapitalrendite 53 Prozent über dem Schnitt. Sobald drei (oder mehr) Frauen mit an der Spitze sind, klettern die Gewinne noch höher. Für Europa rechnete die Unternehmensberatung McKinsey 2007 nach: Wo die meisten Frauen im Management saßen, ragten die Gewinne 48 Prozent über den Schnitt hinaus. Eine Tatsache, bei der Aktionäre ins Grübeln kommen könnten. Denn noch, so der Titel eines Buches von Barbara Bierach und Heiner Thorborg, steht die deutsche Wirtschaft »Oben ohne« (Frauen) da.

Das Erfolgsrezept der Frauen? Ihre soziale Kompetenz ist im Management kein Hemmschuh, sondern ein Sieben-Meilen-Stiefel auf dem Weg zum Gewinn. Denn hinter jeder Zahl stehen Menschen, stehen Kunden, Mitarbeiter und Geschäftspartner. Das vergessen die männlichen Zahlenanbeter mit Blick auf die eigene Profilierung allzu oft. Oder sehen sie schon gar nichts mehr vor lauter Zigarrenrauch, vor lauter Selbstbeweihräucherung?

Quelle: Süddeutsche Zeitung, 25.03.2008

Frauen II

Kinder sind für Frauen eine Karrierebremse

Sind Kinder das Bremspedal einer Karriere? Nein, sie können das Gaspedal sein! Eine Studie der Universität Darmstadt ergab: Wer Nachwuchs hat, kassiert mehr Geld und macht eher Karriere als kinderlose Kolleginnen. Bei Männern, den klassischen Versorgern, mag das nicht überraschen. Wenn es mehr Mäuler zu stopfen gilt, müssen sie bei der Gehaltsjagd größere Beute machen. Also nicht Abtanzen in der Disko (wie kinderlose Kollegen) – sondern Anpacken am Arbeitsplatz.

Doch auch die Mütter kommen im Karriere-Rennen besser vorwärts, sofern sie nahtlos im Beruf bleiben. Eine Studie unter 9.000 Teilnehmern, davon etwa die Hälfte Frauen, ergab: Von Ingenieurinnen und Naturwissenschaftlerinnen mit Kindern gelten vierzig Prozent als »erfolgreich« oder »sehr erfolgreich« – gut ein Viertel mehr als unter den kinderlosen Kolleginnen.

Entscheidend ist der Zeitpunkt der Geburt: je später, desto besser. Ein frühes Kind bremst die Karriere, ehe eine Basis für die Zukunft gelegt ist. Hat die Frau dagegen eine gewisse Gehalts- und Karrierestufe erreicht, ist es wahrscheinlich, dass sie früh zurückkehren und ihre Karriere nahtlos fortsetzen kann

– auch weil ihr (hohes) Gehalt den Spielraum für eine Tagesmutter oder einen Krippenplatz lässt.

Dass Frauen bei uns im Topmanagement dennoch rar sind, liegt an ihrem gefährlichsten Feind: dem eigenen Weltbild. Sie fühlen sich vor die Wahl gestellt, Mutter *oder* Managerin zu sein. Als würde eine Mutter, die Führungskraft bleibt, sich *gegen* ihr Kind entscheiden. Meist sind es andere Frauen, besonders Mütter, die ihren eigenen Karriereverzicht zum elften Gebot erheben wollen. Dieser gesellschaftliche Druck kann Frauen-Karrieren ersticken – dabei können Kinder eine Karriere beleben.

Quellen: Technische Universität Darmstadt, Haffner, Y. u. a., *Arbeitswelt in Bewegung* 2006
Bierach, B., Thorborg, H., *Oben ohne*, Econ 2006

Führung I

Der autoritäre Führungsstil hat ausgedient

Neuerdings wird Bewerbern empfohlen: »Fragen Sie im Vorstellungsgespräch, welcher Führungsstil gepflegt wird.« Überall erklingt dann die Hymne der Demokratie. Die Meinung der Belegschaft sei gefragt. Manchmal werden Mitarbeiter sogar zu »Mitunternehmern« hochgejubelt (wobei man vorsichtshalber dann doch davon absieht, sie angemessen an den Unternehmensgewinnen zu beteiligen!).

Doch unter dem demokratischen Deckmantel verbergen sich oft die Ellenbogen autoritärer Führung. Zwar dürfen die Mitarbeiter den Speiseplan in der Kantine und den Bildschirmschoner ihres Computers bestimmen – aber keiner fragt sie, wenn wesentliche Entscheidungen anstehen, etwa ein Umzug, eine Fusion, eine Änderung der Geschäftsstrategie. Jeder Journalist auf der Pressekonferenz erfährt mehr über die Geschäftszahlen und die Zukunftspläne des Unternehmens.

Etliche Firmen – auch solche, die sich »modern« nennen – führen noch wie zu Kaiser Wilhelms Zeiten: nach dem Prinzip von Befehl und Gehorsam.

Wie demokratisch oder autoritär ein Unternehmen ist, können Sie meist an den gehobenen Führungskräften erkennen: Wie transparent gehen sie mit Geschäftszahlen, wie menschlich mit Untergebenen, wie fair miteinander um? Demokratischer Führungsstil pflanzt sich nach unten fort – autoritärer leider auch!

Führung II

Wer fragt, der führt

Die Frage gilt als Wundermittel der Führung, doch schon der Volksmund weiß: Ein Chef hat das Sagen, nicht das Fragen! Natürlich kann ein Sporttrainer seine Mannschaft fragen: »Wer fühlt sich gut in Form, wen soll ich aufstellen?« Aber aus diesem Wirrwarr der Stimmen sich eine Meinung zu bilden und sie umzusetzen, auch gegen den Konsens, das ist seine Aufgabe.

Die Frage hilft, ein Gespräch zu lenken, Informationen zu sammeln, das Wissen der Mitarbeiter für wichtige Entscheidungen zu erschließen – allerdings unter einer Voraussetzung, die von etlichen Führungskräften, deren Fragen eher Plagen sind, regelmäßig übersehen wird: »Wenn du eine weise Antwort verlangst, musst du *vernünftig* fragen«, so Johann Wolfgang Goethe. Das letzte Wort liegt beim Chef. Er muss, wenn der Weg sich scheidet, *entscheiden*, eine Richtung wählen, seine Belegschaft mitreißen. Wer im Vorfeld einer Entscheidung fragt, gilt als guter Chef; wer in der Schlüsselsituation immer noch fragt, als Zauderer. Seine Unsicherheit überträgt sich auf die Belegschaft. Oft geht das heimliche Kommando auf einen informellen Führer über, der mehr Entschlossenheit ausstrahlt. Und weniger fragt!

G

Gehalt I

Der Firmensitz ist fürs Gehalt zweitrangig

Was kostet eine 70-qm-Wohnung? Jeder vernünftige Mensch würde, ehe er antwortet, zurückfragen: »Wo denn?« Doch wenn ich bei einem Vortrag wissen will, »was verdient ein Produktmanager mit fünf Jahren Erfahrung?«, schwirren sofort Zahlen durch die Luft; die Frage nach dem Wo scheint sich zu erübrigen.

Dabei wirkt sich der Arbeitsort nicht nur auf den Miet-, sondern genauso auf den Gehaltsspiegel aus. In München werden andere Preise gezahlt als in Zwickau. Die regionalen Unterschiede sind groß. Hier eine kleine Städte-Liste, jeweils mit einem Faktor, mit dem Sie das Durchschnittsgehalt multiplizieren und so das Regionalgehalt ermitteln können:

Frankfurt x 1,19, München x 1,16, Stuttgart x 1,14, Heidelberg x 1,12, Düsseldorf, Wiesbaden, Darmstadt, Aachen x 1,10, Köln x 1,06, Mannheim x 1,05, Hamburg, Hannover, Freiburg x 1,03, Duisburg, Kaiserslautern, Recklinghausen x 1,0, Berlin x 0,96, Cottbus x 0,94, Rostock x 0,81, Zwickau x 0,76.

Wenn also das Durchschnittsgehalt in Ihrer Branche bei 42.000 Euro liegt, bekommen Sie in Frankfurt rund 50.000 Euro für Ihre Leistung, in Rostock dagegen nur etwa 34.000.

Also dort anheuern, wo das höchste Gehalt winkt? Nicht unbedingt. Entscheidend ist, wo Sie die interessanteste Aufgabe, die beste Perspektive finden – und wo Ihnen, nach Abzug der Lebenshaltungskosten, am meisten übrigbleibt!

Quelle: Focus, 25.06.2007

Gehalt II

Zufriedenheit hängt vom absoluten Gehalt ab

Wer auf seinen Mercedes stolz wie Oskar ist, sieht es nicht gern, wenn ihm der Nachbar mit einem Rolls Royce die Schau stiehlt. Plötzlich erscheint das eigene Auto nur noch halb so prächtig. Größe ist relativ, auch beim Gehalt. Zufrieden macht nicht die absolute Höhe, sondern vor allem die Gewissheit: »Ich kassiere mehr als mein Kollege.«

Ein Experiment mit Harvard-Studenten belegt das eindrucksvoll: Sie wurden vor die Wahl gestellt, ob sie lieber ein Gehalt von 100.000 oder 50.000 Dollar wollten. Allerdings winkten die 100.000 Dollar in einer Welt, wo der Durchschnitt 200.000 verdiente – während die 50.000 Dollar das Durchschnittsgehalt von 25.000 deutlich überstiegen. Die Studenten zögerten keine Sekunde: Sie zogen das kleine Gehalt, aber den höheren Vergleichswert vor.

Ungerechte Gehälter sind wie ein Brunnengift: Sie killen die Motivation eines Teams. Sogar die Freude an einem hohen Gehalt vergeht, wenn ein Kollege, der es nicht verdient hätte, noch mehr erhält. Etliche Firmen bekämpfen dieses Problem höchst eigenwillig: Statt für mehr Gehaltsgerechtigkeit zu sorgen, verbieten sie den Mitarbeitern, sich über ihre Gehälter auszutauschen. Ein Armutszeugnis für die Führungskultur.

Quelle: Layard, R., *Die glückliche Gesellschaft*, Campus 2005

Gehalt III

Frauen verdienen vom ersten Tag an weniger als Männer

Stellen Sie sich vor: eine Demo in der Fußgängerzone, Trillerpfeifen und Protestchöre. Auf dem Transparent steht: »Gleiche

Einstiegsgehälter für alle Führungskräfte – auch für unser Geschlecht!« Frauen beim Protestieren? Nein, Männer! Denn weibliche Führungskräfte unter dreißig hängen ihre männlichen Kollegen beim Gehalt locker ab: Im Schnitt verdienen sie sieben Prozent mehr, wie eine Studie des Deutschen Instituts für Wirtschaftsforschung ergab. Kein Wunder, bringen sie doch oft die besseren Schul- und Hochschulabschlüsse und die größere soziale Kompetenz mit.

Warum kippt dieser Vorsprung später ins Gegenteil? Warum verdienen die Männer in gehobenen Führungspositionen im Schnitt ein Drittel mehr als Frauen: 5.300 statt 4.000 Euro? Erklärung eins: Frauen ordnen ihre Karriereinteressen oft dem Lebenspartner und den Kindern unter. Wer eine Kinderpause einlegt, wird im Gehalts- und Karriererennen überrundet. Gerade zwischen dem 30. und 40. Lebensjahr lassen sich die Weichen stellen.

Erklärung zwei: Frauen tun sich beim Gehaltspoker schwerer als Männer. Sie neigen dazu, ihre Forderung weichgespült vorzutragen, in bittendem Tonfall und häufig im Konjunktiv (»Wäre schön, wenn …«). Solche Signale der Unsicherheit mindern die Chancen.

Dasselbe gilt für die mangelnde Bereitschaft, Prämien zu akzeptieren. Ein Experiment der Uni Bonn ergab: Frauen gehen auf leistungsabhängige Vergütung deutlich seltener ein als Männer. Dabei macht gerade die Leistungsprämie einen großen Teil eines Chefgehalts aus.

Es gilt dasselbe wie am Roulettetisch: Nur wer den Mut hat, etwas zu setzen, fährt am Ende die Gewinne ein.

Quellen: Süddeutsche Zeitung, 01.07.2006
Spiegel Online, *Frauen meiden Risiken und verdienen weniger*, 21.03.2006

Gehalt IV

Chefs fällt es leicht, um ihr Gehalt zu feilschen

Dass Chefs die Taschen voll haben, glaubt jeder. Dass sie die Hosen voll haben, ist weniger bekannt. Trifft aber zu, wenn es darum geht, ihr eigenes Gehalt zu verhandeln: Von zehn Fach- und Führungskräften in Deutschland gaben vier bei einer Umfrage des Online-Portals *StepStone* an, sie hätten ihr Gehalt noch nie verhandelt – ein Verhalten, das kaum von großer Zufriedenheit mit dem Verdienst, eher von großem Fracksausen vor dem Oberboss zeugt.

Viele Chefs hassen es, wenn nicht *sie* entscheiden können, wie bei Gehaltsforderungen von Mitarbeitern, sondern *über sie* entschieden wird. Ein Korb des eigenen Chefs käme einem Anschlag auf ihr Selbstbild, einer narzisstischen Kränkung gleich. Und wie lässt sich dieses Risiko vermeiden? Wer nicht wagt, der nicht verliert!

Dieselben Chefs können wahre Großmeister im Feilschen sein, wenn sie mit Kunden, Geschäftspartnern und vor allem ihren Mitarbeitern verhandeln. Dann bekleiden sie eine Rolle, fühlen sich als Generalbevollmächtigte der Firma. Ein Misserfolg könnte sie, anders als bei einer Gehaltsforderung, nicht persönlich verletzen.

Übrigens: Nur in Italien tun sich die Führungskräfte mit Gehaltsforderungen noch schwerer als in Deutschland; dort geben fünf von zehn Chefs an, noch nie einen Cent gefordert zu haben. Wenn's ums Geld geht, hört offenbar nicht nur der Spaß, sondern auch das südländische Temperament auf.

Quelle: FOCUS Online, *Nur jeder Zweite verhandelt*, 11.02.2008

Gehalt V

Eine kleine Gehaltserhöhung macht niemanden reich

Was ist schon ein Gehaltsplus von 150 Euro im Monat? Ein Tropfen auf den heißen Stein? Nein, der Grundstock für Ihren Wohlstand. Nehmen wir an, Sie setzen alle zwei Jahre eine solche Erhöhung durch – von welcher Summe sprechen wir dann? Auf ein Jahr gerechnet: 1.800 Euro. Auf vier Jahre: 10.800 Euro. Auf zehn Jahre: 54.000 Euro. Und in dreißig Jahren türmt sich ein erstaunliches Vermögen von 432.000 Euro auf. Wenn Sie dieses Geld gut anlegen, können Sie reich in Rente gehen.

Wohlgemerkt: Wir sprechen nicht von großen Sprüngen, von 250 oder 500 Euro (die auch möglich sind!) – sondern von einer moderaten Erhöhung (150 Euro) in einem moderaten Abstand (zwei Jahre). Wollen Sie dieses Vermögen Ihrer Firma schenken? Nein? Dann packen Sie's an und verhandeln Sie regelmäßig. Es muss ja kein Kleinvieh sein, das Mist macht; größere Erhöhungen sind noch besser!

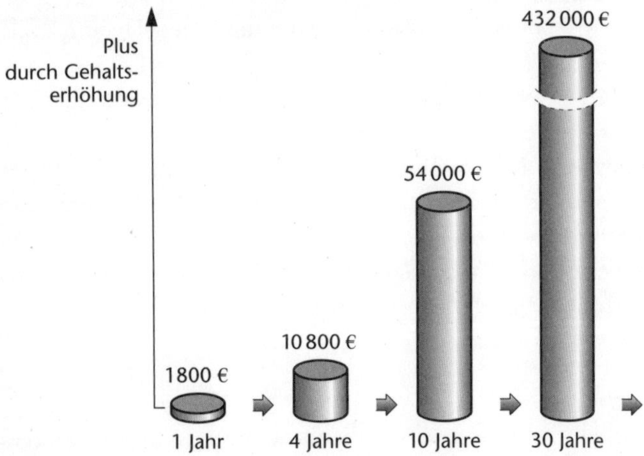

***Abb. 5:** Wer alle zwei Jahre eine Gehaltserhöhung von nur 150 Euro aushandelt, verdient in 30 Jahren 432.000 Euro mehr.*

Gehalt VI

Wer mehr Geld fordert, verdirbt sich's mit dem Chef

»Ich würde ja mehr Gehalt fordern – aber mein Chef wäre dann stinksauer.«

»Wären Sie sauer auf einen Kellner, der Ihr Dessert zum Preis des Hauptgerichtes addiert?«

»Aber das ist doch was anderes! Jeder weiß, dass ein Dessert extra kostet.«

»Sehen Sie! Zusätzliche Leistung hat einen zusätzlichen Preis. Das hat sich auch unter den Chefs herumgesprochen. Und haben Sie mir nicht gerade erzählt, Sie hätten die Qualität Ihrer Arbeit in den letzten Jahren enorm gesteigert? Haben Sie mir nicht erzählt, Sie hätten durch einen Verbesserungsvorschlag Tausende von Euro für das Unternehmen gespart?«

»Und in meiner Freizeit auch noch eine Fortbildung besucht ...«

»Also bieten Sie dem Chef nicht nur die Standardleistung, nicht nur das Hauptgericht, wofür Sie Ihr Grundgehalt bekommen. Sondern Sie bieten ihm einen zusätzlichen Nutzen.«

»Aber wirke ich denn nicht wie ein Prahlhans, wenn ich mit all diesen Leistungen im Gehaltsgespräch hausieren gehe?«

»Im Gegenteil. Heimlich wird es Ihr Chef zu schätzen wissen, wenn Sie Ihre eigenen Interessen in der Gehaltsverhandlung gut vertreten. Sie geben eine Kostprobe Ihrer Rhetorik, Ihres strategischen Denkens und Ihrer Verhandlungsqualitäten.«

»Aber was hat der Chef davon?«

»Er weiß, dass Sie dieselben Talente auch für die Firma einsetzen können. Zum Beispiel bei Verhandlungen mit Geschäftspartnern. Das gibt er natürlich nicht offen zu, aber ...«

»Aber was?«

»Indirekt kann er es würdigen: indem er eine ordentliche Gehaltserhöhung rausrückt. Aber erst nach einer zähen Verhandlung. Seien Sie hartnäckig!«

Gehalt VII

Ziel einer Gehaltsverhandlung: mehr Gehalt

Wie das Ziel einer Schnitzeljagd kein Schweineschnitzel ist, so ist das Ziel einer Gehaltsverhandlung nicht unbedingt mehr Gehalt. Klar, Sie wollen mehr Geld verdienen – aber muss es »Gehalt« sein? Gerade wenn Sie sich beim Grundgehalt mit dem Chef nicht einig werden, sollten Sie Alternativen ins Spiel bringen. An erster Stelle steht die Leistungsprämie, meist ein größerer Betrag, den Sie beim Erreichen eines bestimmten Ziels ausgezahlt bekommen. Auch Bonus, Gratifikation und Aktienoptionen können interessant sein. Oder wie wäre es mit Fahrtgeld? Wer einen langen Weg zur Arbeit hat, kann mit seinem Chef ein Kilometergeld vereinbaren. Das bringt beiden Seiten Vorteile: Die Firma muss auf dieses Geld keine Sozialleistungen zahlen (wie beim Grundgehalt) – und Sie verbuchen steuerliche Vorteile für sich.

Mit etwas Geschick können Sie es mit der Vergütung wie bei einem Buffet handhaben: Sie picken sich das auf den Teller, was Ihnen am besten schmeckt. Das Grundgehalt wird das Hauptgericht sein – aber bei den Beilagen sind Ihrer Phantasie keine Grenzen gesetzt.

Gehalt VIII

Man sollte fordern, was man haben möchte

Als ich den Architekten Herbert Benz (52) nach seinem Wunschgehalt fragte, kam die Antwort wie aus der Pistole geschossen: »Ein Plus von 250 Euro – und keinen Cent weniger.« Ich hakte nach: »Was wollen Sie dann fordern?« Er sah mich verständnislos, fast etwas zornig an: »Aber das habe ich Ihnen doch gerade gesagt!«

Vielen Mitarbeitern ist noch immer nicht klar: Wer genau das fordert, was er will, bekommt ganz sicher eines – weniger! Zu den ungeschriebenen Regeln einer Verhandlung gehört: Fordern Sie mehr, als Sie eigentlich wollen. Im Gegenzug bietet Ihr Chef auch weniger, als er zu geben bereit ist. Man kennt dieses Spiel von den Tarifverhandlungen: Die Gewerkschaft fordert »sechs Prozent«, die Arbeitgeber bieten »zwei Prozent«. Nach rhetorischem Gepolter und Muskelspielen trifft man sich schließlich bei etwa vier Prozent.

Warum dieses Ritual? Weil beide Seiten ihr Gesicht wahren können. Das Feilschen erhöht die Entscheidungssicherheit. Nehmen Sie einen Autokauf: Wenn Sie für einen Gebrauchtwagen 8.000 Euro bieten und der Besitzer schlägt freudestrahlend ein – kommt Ihnen dann nicht der Verdacht, Sie hätten ein schlechtes Geschäft gemacht? So ginge es dem Chef von Herbert Benz, wenn er die Forderung von 250 Euro einfach durchwinkte. Wenn Benz dagegen 400 Euro fordert und sich auf 250 Euro runterhandeln lässt, hält sich sein Chef für einen tollen Verhandlungshecht – und steht voll hinter der Erhöhung.

Gehen Sie mit drei Zielen in die Gehaltsverhandlung – einem Maximalziel, das Sie als Forderung in den Raum stellen; einem Minimalziel, das Sie (innerlich) als Schmerzgrenze festlegen; und einem Alternativziel, etwa Prämie oder Kilometergeld – so lässt sich mancher festgefahrene Verhandlungskarren doch wieder in Fahrt bringen.

Auf welche Feinheiten es in der Gehaltsverhandlung ankommt und wie Sie mit Gegenargumenten umgehen, habe ich detailliert in meinem Buch »Geheime Tricks für mehr Gehalt« beschrieben.

Quelle: Wehrle, M., *Geheime Tricks für mehr Gehalt*, Econ 2007

Gehalt IX

Wenn der Chef nein sagt, ist auch nein gemeint

Als Otto von Bismarck einmal sagte, »Es wird niemals so viel gelogen wie vor der Wahl, während des Krieges und nach der Jagd«, da übersah er einen weiteren Anlass: das Gehaltsgespräch. Die meisten Chefs verteidigen ihren Etat wie Jagdhunde ihre Beute: Sie kläffen jeden an, der mehr Gehalt will. Sie tun so, als wäre nicht ein Cent zu holen. Wer jetzt die Flucht ergreift, hat das Spiel nicht begriffen: Die Verhandlung hört nicht auf, wenn der Chef widerspricht – sie fängt erst an! Das Nein des Chefs heißt nicht nein, es heißt nur: »Eine Gehaltserhöhung gibt's nicht ohne weiteres, nicht ohne gute Argumente!« Rücken Sie Ihre Leistung ins rechte Licht. Machen Sie deutlich, dass Sie nicht teurer werden, nicht für dieselbe Leistung mehr Geld wollen. Vielmehr geht es um eine »Gehaltsanpassung«: Ihre Vergütung soll sich dem gesteigerten Niveau Ihrer Leistung angleichen. Die Gehaltserhöhung ist also keine Ausgabe, sondern eine Investition!

Zeigen Sie auf, wie sich Ihre Leistung entwickelt hat. Wo haben Sie den Umfang, wo die Qualität Ihrer Arbeit gesteigert? Welche zusätzlichen Einnahmen haben Sie der Firma gebracht, welche Ausgaben erspart (zum Beispiel durch Urlaubsvertretung, durch die Vermittlung von Arbeitskräften, durch Verbesserungsvorschläge usw.). Eine solche Argumentation macht den bissigsten Jagdhund zahm.

Geisteswissenschaftler

Geisteswissenschaftler haben kaum Jobchancen

»Jetzt stehe ich da mit meinem Germanistik-Studium und habe den Eindruck: Geisteswissenschaftler sind nirgendwo gefragt.«

»An welche Türen haben Sie denn bislang geklopft?«

»Bei Werbeagenturen, Verlagen, Redaktionen – eben dort, wo man als Geisteswissenschaftler Chancen hat.«

»Oder wo man keine Chancen hat, weil es dort alle probieren! Warum suchen Sie sich keine Nische? Warum klopfen Sie nicht mal bei klassischen Unternehmen an, zum Beispiel Banken oder Autobauern?«

»Die brauchen doch Betriebswirte und Ingenieure, keine Geisteswissenschaftler.«

»Immer mehr Firmen öffnen ihre Trainee-Programme für Geisteswissenschaftler. Neulich las ich über eine Studie des Instituts der deutschen Wirtschaft: Bereits ein Drittel aller Firmen in Deutschland, die international agieren, beschäftigt Geisteswissenschaftler. Achtzig Prozent dieser Unternehmen loben sie für ihre soziale Kompetenz.«

»Aber was können Geisteswissenschaftler denn Besonderes?«

»Sie sind einfühlsam im Umgang mit Menschen und kennen sich mit anderen Kulturen aus; das wird im Zeitalter der Globalisierung immer wichtiger. Sie haben ein gutes Händchen für Sprache und Kommunikation. Außerdem sind sie durch ihr Studium im komplexen Denken und der ganzheitlichen Betrachtung geschult – sie können also über den Tellerrand einer Abteilung und eines Projektes hinausblicken.«

»Aber sind die wenigen Positionen für Geisteswissenschaftler nicht schon alle vergeben?«

»Nein, jedes dritte Unternehmen mit Geisteswissenschaftlern sagt: ›Wir stellen weitere ein!‹«

»Doch wie verkaufe ich meine Qualifikation als Bewerberin?«

»Sie sollten nicht Ihr Fachwissen, sondern Ihre Schlüsselqualifikationen in den Mittelpunkt der Bewerbung rücken. Dass Sie Hegel auswendig kennen, ist nicht von Belang. Dass Sie dialektisch denken können, aber sehr wohl! Da muss man im Anschreiben die richtigen Worte finden – aber Formulieren ist schließlich Ihre Spezialität als Germanistin …«

Quelle: Süddeutsche Zeitung, 23.02.2008

Geiz

Geiz ist geil

Der Chef des kanadischen Forstbetriebes überraschte seine Mitarbeiter mit einem Geschenk: Jeder bekam einen Bonus ausbezahlt, egal ob er bis dahin fleißig oder faul gewesen war. Die Mitarbeiter strahlten nicht nur um die Wette, sie arbeiteten auch so: Schon am ersten Tag nach der Zahlung leisteten sie zehn Prozent mehr. Je länger ein Mitarbeiter in der Firma war, desto dauerhafter hielt der Leistungsschub an.

Dieses Beispiel hat das Institut zur Zukunft der Arbeit (IZA) in einer Studie veröffentlicht, in der es auf die Vorteile der Großzügigkeit hinweist. Zum Beispiel garnieren etliche Hilfsorganisationen ihre Spendenaufrufe mit kleinen Geschenken wie Postkarten, was dazu führt, dass sich die Spenden verdoppeln können. In der Fachsprache heißt das »reziprokes Handeln«. Auf Deutsch: »Wie man in den Wald hineinruft, so schallt es hinaus.«

Wenn eine Firma bei den Gehältern geizt, darf sie im Gegenzug keine großzügige Leistung ihrer Mitarbeiter erwarten, ja nicht einmal Loyalität. Warum sollten erstklassige Mitarbeiter für zweitklassige Gehälter arbeiten? Eine umgekehrte Evolution beginnt: Die starken Mitarbeiter wandern ab, die Schwachen bleiben. Das Niveau der Arbeit fällt. Die Kunden laufen davon. Der Geiz kann genau das heraufbeschwören, was er verhindern sollte: eine finanzielle Katastrophe, den Konkurs.

Quelle: Informationsdienst Wissenschaft, 18.07.2007

Gewerkschaften I

Gewerkschaften setzen die Interessen der Arbeitnehmer durch

Was für den König die Armee, ist für den Arbeitnehmer die Gewerkschaft: Sie kämpft für ihn. Der Begriff »Tarifschlacht« lässt erahnen, dass einst zwei mächtige Gegner auf dem Verhandlungsfeld zusammenprallten. Nicht selten zwangen die Gewerkschaften die Arbeitgeber zur Kapitulation. Zweistellige Tarifabschlüsse, immer längere Urlaubs- und immer kürzere Arbeitszeiten setzten sie durch.

Doch die siegreiche Armee von einst hat Regimenter eingebüßt. Seit der Wiedervereinigung sind IG Metall, Verdi und Co. fast die Hälfte ihrer Mitglieder weggebrochen. Dieser Ausverkauf hält an.

Warum sonst wurden Tarife abgeschlossen wie der fürs Friseurhandwerk in Sachsen? Hier steht Einsteigern ein Stundenlohn von 3,06 Euro zu, ein Gehalt, für das kein Schüler eine Zeitung austragen würde, ein Gehalt, an dem jeder Hartz-IV-Empfänger mit Kinder- und Mietzuschlag am Monatsende locker vorbeizieht.

Gewerkschaften können die Interessen der Arbeitnehmer kaum mehr angemessen vertreten. In Zeiten der Globalisierung, da Stellen ins Ausland und eigene Mitglieder ins Nirgendwo abwandern, stehen sie mit dem Rücken zur Wand. Immer öfter kommen Mindestlöhne für Mindestleistungen heraus.

Als Leistungsträger sollten Sie sich nicht auf die Gewerkschaften, sondern auf sich selbst verlassen. Verhandeln Sie selbst mit Ihrem Chef, überspringen Sie den Tarif. Außertarifliche Vergütung gilt als Qualitätssiegel. Jeder ist seines eigenen Gehaltes Schmied!

Quellen: Capital, 25.10.2007
Welt-Online, *Niedrigster Tariflohn beginnt bei 3,06 Euro*, 10.04.2008

Gewerkschaften II

Im Zweifel sollte man sich auf Gewerkschaften berufen

Wenn Ihnen im Disput mit Ihrem Chef kein Argument mehr einfällt, können Sie immer noch Karl Marx zitieren, mit Streik drohen oder ihm den Verdi-Tarifvertrag unter die Nase halten. Der Wink mit der roten Fahne verfehlt seine Wirkung nie! Allerdings treibt er nicht Ihr Gehalt, nur den Blutdruck des Chefs in die Höhe. Denn die meisten Bosse reagieren auf die Gewerkschaft so wie der Teufel aufs Weihwasser. Reizwörter wie »Verdi«, »Tarif« oder »Präzedenzfall« können dafür sorgen, dass Ihr Chef nur noch rot sieht und alle Argumente abprallen lässt.

Warum verwenden Sie die Infos der Gewerkschaften nicht etwas geschickter? Verweisen Sie einfach auf Unternehmen, wo diese oder jene Regel gilt; Ihr Chef hört dann nur, dass einer seiner Kollegen diese Bedingungen akzeptiert, nicht aber, dass sie die (teuflische!) Gewerkschaft ausgehandelt hat. Neutrale Richtwerte können in einer Verhandlung nützlich sein. Vor allem zur Abgrenzung nach unten.

Globalisierung

Die Globalisierung ist der größte Jobkiller

Sie gilt als gefährliches Raubtier, das Arbeitsplätze am Genick packt und sie ins Ausland schleift: die Globalisierung. Und ist es nicht wahr, dass deutsche Mitarbeiter auf der Strecke geblieben sind? Zum Beispiel die Nokia-Angestellten in Bochum, deren Werk im Jahr 2007 fast über Nacht nach Rumänien verlegt wurde.

Aber hinter diesen fetten Schlagzeilen bleibt die andere Seite der Globalisierung verborgen: Sie schafft neue Jobs im

Inland (wie war der finnische Konzern Nokia eigentlich ins Ruhrgebiet gekommen?). Eine Studie unter Mitwirkung der Universität Bremen ergab: Für jeden Arbeitsplatz, den mittlere Firmen im Ausland schaffen, stellen sie zwei bis drei Mitarbeiter in Deutschland ein. Der Mittelstand sieht Mitarbeiter im Ausland als Ergänzung, nicht als Ersatz für deutsche Arbeitnehmer an (im Gegensatz zu einigen Großunternehmen, die den schnellen Profit einer langfristigen Personalpolitik vorziehen).

Auch dass Deutschland sein Exportergebnis 2007 auf rund 970 Milliarden Euro steigern konnte, hängt mit dem wachsenden Export nach Russland und China, eben mit der Globalisierung zusammen. Deutsche Produkte verkaufen sich nicht über den Preis, sondern vor allem über das, was Arbeitnehmer im Inland garantieren: Qualität und Innovation. Gerade für Hochqualifizierte ist die Globalisierung eher Chance als Risiko, weil sie ihre Arbeitskraft weltweit anbieten können. »Made in Germany« ist ein Gütesiegel – auch für Arbeitskräfte!

Glück

Großverdiener wie Manager sind im Job am glücklichsten

Rangieren Großverdiener wie Manager, Chefärzte und Anwälte nicht nur auf der Einkommens-, sondern auch auf der Glücksskala ganz oben? Wer jemals bei einem Vorstandsmeeting in Gesichter geblickt hat, gegen die jede Wachsfigur eine ausgeprägte Minensprache besitzt, kommt arg ins Grübeln: Sehen Bauern auf dem Feld, Verkäuferinnen hinterm Bäckereitresen, Friseurinnen beim Haareschneiden nicht glücklicher aus?

Eine Umfrage in England ergab: Ausgerechnet Friseure sind mit ihrem Job am zufriedensten. Sie raufen sich keine Haare aus, weil sie wenig verdienen, sie samstags arbeiten müssen und ihr Beruf im sozialen Ansehen nicht gerade oben rangiert. Sie ziehen ihre Befriedigung aus der Arbeit an sich. Sie lieben *haargenau* das, was sie täglich tun.

Welch ein Unterschied, ob jemand einen Beruf ausübt, nur um Geld zu verdienen, oder ob er einer Berufung folgt. Im ersten Fall werden die Kunden abgefertigt, so wie Autoteile am Fließband. Im zweiten Fall werden sie mit Leidenschaft, mit Akribie, mit Herz bedient. Die Kunden solcher Berufenen strahlen mit ihrem Dienstleister um die Wette. »Glück ist ein Parfüm, das du nicht auf andere sprühen kannst, ohne selbst ein paar Tropfen abzubekommen«, sagte der amerikanische Philosoph Ralph Waldo Emerson.

Und gelegentlich kommt mit dem Glück auch viel Geld zurück: Schon mancher leidenschaftliche Friseur ist mit einer Salonkette reich geworden.

Quelle: Focus-Online, *Welcher Beruf macht glücklich?*, 11.04.2007

Großraumbüro

Großraumbüros sollen die Kommunikation verbessern

Warum gibt es Großraumbüros? Firmen sagen dreist: »Wir wollen dem Denken großen Raum geben …« Alle Mitarbeiter sollen miteinander ins Gespräch kommen, eine Einheit bilden, nicht in Einzelhaft sitzen. In den 1970er Jahren lagen Großraumbüros voll im Trend, zu Dotcom-Zeiten erlebten sie ihre Renaissance.

Doch was als Großherzigkeit verkauft wird, folgt oft dem Prinzip der Hühnerhaltung: Wer es schafft, hohe Stückzahlen auf engem Raum zusammenzupferchen, senkt die Kosten und steigert den Profit. Ein Großraumbüro verschlingt nun mal weniger Platz, weniger Strom, weniger Heizungskosten und weniger Reinigungsaufwand als zwanzig einzelne Büros! Ein weiterer Vorteil, auf den die Chefs spekulieren (meist aus sicherer Entfernung in ihren Einzelbüros!): Die Mitarbeiter schauen sich gegenseitig auf die Finger. Keiner führt im Großraum mehr intime Privatgespräche, keiner will morgens als Letzter kommen, abends als Erster gehen. Und wer über den Chef lästert, muss damit rechnen, dass er schneller denunziert wird, als er den Mund schließen kann.

Der Gesundheit dienen die Großraumbüros nicht: Gary Evans, Umweltpsychologe an der amerikanischen Cornell-Universität, verteilte vierzig Büromitarbeiterinnen zufällig auf Einzel- und Großraumbüros und ließ sie drei Stunden arbeiten. Ergebnis: Die Frauen in dem Großraumbüro fühlten sich trotz des höheren Lärmpegels nicht gestresster – doch der Spiegel ihrer Stresshormone Adrenalin und Noradrenalin stand um die Hälfte höher, womit das Risiko für Herz-Kreislauf-Krankheiten steigt.

Dass Großraumbüros die Kommunikation anschieben, lässt sich allerdings nicht bestreiten, jedoch nur bei so weltbewegenden Fragen wie: Rollläden rauf oder runter?

Quelle: Die Weltwoche, 17.06.2004

Großunternehmen

Große Unternehmen zahlen bessere Einstiegsgehälter

Ob beim Auto, beim Kaffee oder bei der Jeans: Wer eine bekannte Marke kauft, zahlt immer einen Aufschlag für den guten Namen. Umgekehrt gilt: Wer sich von einem Unternehmen mit gutem Namen kaufen *lässt*, wer dort seine Berufslaufbahn beginnt, muss mit einem Abschlag rechnen. Entgegen der landläufigen Meinung zahlen Großkonzerne nicht die besten, sondern eher mittelprächtige Einstiegsgehälter.

Warum sollten sie auch mehr zahlen? Die Zugkraft von Namen wie BMW, Siemens oder Microsoft ist so groß, dass diese Firmen mit Bewerbungen bombardiert werden, darunter auch solche von High Potentials. Die Bewerber wollen vom Glanz des Firmennamens profitieren, ihre Vita schmücken. Im Gegenzug müssen sie als Kröte ein mittelprächtiges Einstiegsgehalt schlucken.

Dagegen ist die Einstiegsvergütung für namenlose Mittelständler das beste Argument, mit dem sie Talente für sich gewinnen. Diese ebenso erfolgreichen wie unbekannten Unternehmen zahlen Einsteigern laut einer Gehaltsstudie acht Prozent mehr als der Durchschnitt. Bei Hidden Champions können das auch 15 bis zwanzig Prozent sein, wie ich als Gehaltscoach immer wieder erlebe. Ehe der Euro kam, hätte man sagen können: Mark statt Marke!

Quelle: alma mater Ludwigsburg GmbH, *Gehaltsstudie 2007: Einstiegsgehälter akademischer Nachwuchskräfte weiter auf hohem Niveau*

H

Halbtagskräfte

Halbtagskräfte haben nur einen halben Urlaubsanspruch

Ein Ehepaar fliegt in die Karibik, aber das gemeinsame Vergnügen währt nur zehn Tage – dann muss die Frau, eine Halbtagskraft, ihre Koffer packen; ihr Jahresurlaub ist aufgebraucht. Der Mann dagegen aalt sich noch ein paar Wochen in der Sonne: Als Vollzeit-Mitarbeiter hat er die doppelte Urlaubszeit zur Verfügung.

Das wäre ungerecht, finden Sie? Findet der Gesetzgeber auch. Darum gilt in Deutschland gleiches Urlaubsrecht für alle: Halbtagskräften steht nicht nur ein halber, sondern ein voller Urlaub zu. Wer eine Fünf-Tage-Woche hat, muss laut Bundesurlaubsgesetz *mindestens* 20 Urlaubstage bekommen, egal ob er Teil- oder Vollzeit arbeitet. Der Urlaubsanspruch hängt nicht von der Länge, nur von der Zahl der wöchentlichen Arbeitstage ab. In der Praxis gewähren die meisten Firmen 25 bis 30 Urlaubstage.

Allerdings kann sich der Urlaubsanspruch auch halbieren: Wer nur an jedem zweiten Wochentag arbeitet, egal ob vier oder acht Stunden, dem steht auch nur jeder zweite Urlaubstag zu. Halb so schlimm, denn den Rest der Zeit hat er ja ohnehin frei.

Quelle: Vgl. BUrlG, § 3 Abs. 1

Headhunter I

Headhunter dürfen nicht im Büro anrufen

Ist der Headhunter ein Bösewicht? »Ja«, rufen die Firmenbosse, wenn ihnen gerade ein Mitarbeiter abgejagt wurde. »Nein«, sagen sie, wenn er *in ihrem Auftrag* bei der Konkurrenz wildert. Ähnlich verwirrend wie diese Doppelmoral schien lange die Rechtslage zu Headhunter-Anrufen am Arbeitsplatz: Mal wurden sie als zulässig, dann wieder als illegal eingestuft.

Zwei Urteile des Bundesgerichtshofs (BGH) haben richtiggestellt: Ansprechen am Arbeitplatz ist erlaubt – Abwerben aber nicht. Der Personalvermittler darf den Kandidaten nach seinen privaten Kontaktdaten, nicht aber nach Details aus dem Lebenslauf fragen oder die freie Stelle anpreisen; sonst würde es sich um eine »wettbewerbswidrige Umwerbung« handeln.

Aber welcher Arbeitnehmer wäre so dumm, einen Headhunter-Anruf der Geschäftsleitung zu petzen? Wenn dieses Angebot nicht das richtige war, dann vielleicht das nächste! Eine Klage muss der Headhunter nur befürchten, wenn er versehentlich den Firmeninhaber anspricht …

Quelle: Vgl. Az. I ZR 221/01, Az. I ZR 183/04

Headhunter II

Headhunter reden beim Gehalt keinen Klartext

Mit der Höhe des Gehalts verhält es sich wie mit dem Coca-Cola-Rezept: Man braucht erst gar nicht danach zu fragen, man bekommt ja doch keine Auskunft. Das gilt vor allem, wenn Sie sich als Bewerber nach der Dotierung einer Stelle erkundigen (sofern diese nicht tariflich geregelt ist). Die Unternehmensvertreter antworten, ohne wirklich etwas zu sagen: »Wir zahlen der Position entsprechend …« Ach was!

Wer eine solche Erfahrung gemacht hat, verkneift sich die Frage nach dem Gehalt auch gegenüber einem Headhunter. Dabei sind die Karten in diesem Fall anders gemischt; den Personalvermittler und den Bewerber verbindet ein gemeinsames Interesse – beide profitieren von einem hohen Gehalt. Denn die Provision des Headhunters bemisst sich an der Vergütung; meist liegt sie bei drei bis vier Monatsgehältern.

Fragen Sie den Headhunter ganz direkt: »Was ist nach Ihrer Einschätzung maximal drin?« Oft wird er nicht mit Phrasen, sondern mit einer erstaunlich großen Zahl antworten.

Heimvorteil

Wer immer in derselben Region arbeitet, genießt Heimvorteil

»Ist es bei der Suche nach einem neuen Job nicht von Vorteil, dass ich in dieser Gegend viele Leute kenne? Ich bin hier fest verwurzelt seit meiner Schulzeit.«

»Der Nachteil ist viel größer: Ihnen steht nur ein Bruchteil des Arbeitsmarktes offen, Sie suchen ja nur in Ihrer Region. Das ist so, als würde ein Fußballspieler, der zum FC Bayern hätte wechseln können, aus Heimatverbundenheit seinem Klub in der fränkischen Provinz treu bleiben.«

»Aber Firmen schätzen Loyalität. Und die beweise ich doch, indem ich meinem Wohnort treu bin.«

»Die Firmen erwarten vor allem Flexibilität: Nicht der Wohnort soll den Arbeitsort, sondern der Arbeitsort den Wohnort bestimmen! Eine Firma, die heute noch in München sitzt, kann morgen schon in Hamburg, in Prag oder womöglich in Peking ihre Zelte aufschlagen.«

»Aber ich bin doch kein Möbelstück der Firma, das einfach mitreist!«

»Das müssen Sie auch nicht sein. Darüber können Sie immer noch entscheiden, wenn ein Umzug ansteht. Im Vorstellungsgespräch müssen Sie flexibel wirken.«

»Aber wie? Mein Lebenslauf hat sich bisher ja auf engem Raum abgespielt.«

»Das wird den Personalern auffallen, sie achten auf Postleitzahlen in den Zeugnissen. Machen Sie deutlich, dass Sie nicht aus Bequemlichkeit in der Region geblieben sind, sondern weil die Herausforderungen immer wieder spannend waren, Motto: zwar in der Gegend geblieben, aber nicht auf der Stelle getreten.«

»Und was halten Sie von der offenen Aussage, dass ich mit der Region untrennbar verwurzelt bin?«

»Wollen Sie sich zum Regionalliga-Spieler abwerten? Wollen Sie der Firma das Gefühl geben, nur eine lokale Notlösung zu sein? Bei einer Bewerbung als Bergführer beim Alpenverein können Sie so argumentieren. In anderen Branchen besser nicht …«

Herrschaftswissen

Chefs horten heute kein Herrschaftswissen mehr

Bindet Ihnen Ihr Chef auf die Nase, dass Ihre Kollegin für dieselbe Arbeit im Monat 500 Euro mehr bekommt? Lässt er Sie wissen, dass die Firmengewinne im letzten Jahr durch einen münchhausenreifen Verlustvortrag gesenkt wurden? Flüstert er Ihnen ins Ohr, über welches Thema der wichtigste Großkunde am liebsten bei einem abendlichen Gläschen Champagner plaudert? Setzt er Sie über jene Strategien in Kenntnis, die ihm selbst einst die Beförderung beschert haben?

Kinder spielen gern das Spiel »Ich sehe was, was du nicht siehst«. Chefs spielen mit ihren Mitarbeitern »Ich weiß etwas, was du nicht weißt.« Herrschaftswissen erhöht ihren Status ebenso wie Dienstwagen, Einzelbüro und Chefsekretärin. Vor allem unsichere Vorgesetzte hoffen, sich durch eine spärliche Informationspolitik für die Firma so unentbehrlich zu machen wie Frau Holle für den weißen Winter.

Dabei überschätzen sie meist ihre eigene Bedeutung. Mancher steht, nicht zuletzt wegen seiner schlechten Informationspolitik, schon auf der Abschussliste – aber das fällt ins Herrschaftswissen des nächsthöheren Vorgesetzten …

High Potential

High Potentials haben's leichter

Man kennt das aus dem Fußball: Ein junger Stürmer wird als »großes Talent« gepriesen. Doch dann schießt er dreimal am Tor vorbei, spielt Fehlpässe, wird ausgebuht. Bald spricht man vom »ewigen Talent« – ein Fall für die Ersatzbank! Ähnlich geht es High Potentials im Berufsleben: So messerscharf ihre Intelligenz, so vorzüglich ihre Abschlüsse auch sind – im Alltag bleiben etliche auf der Karrierestrecke.

Woran scheitern Hochbegabte? Eine Kienbaum-Studie unter 126 Unternehmen sagt: an sich selbst! Wenn ihr hoher Anspruch und die banale Alltagsarbeit aufeinanderprallen, kommt es in ihrem Kopf oft zu einem Missklang, zu Nachlässigkeit und Langeweile. Zudem sind es Hochbegabte gewohnt, ihre Ziele – etwa gute Schulnoten – völlig mühelos zu erreichen. Ihre Willensstärke und ihr Ehrgeiz sind weniger ausgeprägt als bei Kandidaten, die sich ihre Leistungen abringen mussten.

Etliche Hochbegabte neigen dazu, sich zu überschätzen: Ihr Selbstbild fällt so positiv aus, als hätten sie es bei einem Hofmaler in Auftrag gegeben, vielleicht weil die anderen in der Schule bei ihnen abgeschrieben haben (und niemals umgekehrt!). Im Berufsleben gilt das »Abschreiben« als eine Tugend:

Ein Einsteiger übernimmt die Arbeitsweise derer, die mehr Erfahrung haben. Wer in der Probezeit noch Stützräder braucht, aber schon das Rad neu erfinden will, landet zwangsläufig im Straßengraben.

Dieser Mangel an emotionaler Intelligenz hat schon manchen High Potential auf die Ersatzbank verbannt – obwohl die Begabung für die Nationalelf gereicht hätte.

Quelle: Managementberatung Kienbaum, Gummersbach. *High Potentials 2007*

Hilfsbereitschaft

Hilfsbereitschaft ist ein Karriereplus

Als meiner Klientin Tanja Kaiser (27) auffiel, dass sie am Arbeitsplatz keiner ernst nahm, war es fast schon zu spät. Nach ihrem BWL-Studium hatte sie den begehrten Job in der Marketingabteilung eines Autokonzerns ergattert. Dort ließ sie ihrer »sozialen Ader« freien Lauf. Schon nach einigen Monaten kochte sie den Kaffee, organisierte Geburtstage, kaufte Geschenke und sprang für überlastete Kollegen in die Bresche. Bei Meetings erwies sie sich als vorzügliche Zuhörerin, auch wenn sie selbst unterbrochen wurde.

Nach einem Jahr kam sie ins Grübeln. Immer öfter blieb ihre reguläre Arbeit liegen. Und was war eigentlich der Grund, dass gleichaltrige Kollegen an wichtigen Konferenzen teilnahmen, sie aber nur für Kaffee und Kekse verantwortlich war? Auch hatte ihr Chef sein Mütchen schon mehrfach an ihr gekühlt. Ausgerechnet an ihr! »Ich glaube, ich werde von allen unterschätzt«, klagte sie schließlich bei mir in der Karriereberatung.

Wer vorankommen möchte, darf eben nicht nur als hilfsbereit, als Sozialarbeiter(in) vom Dienst wahrgenommen werden. Hilfsbereitschaft wird in der Arbeitswelt schnell mit Schwäche verwechselt. Wer wie ein harmloses Schaf wirkt, lockt die Wölfe an. Oft wird er zum Sündenbock gestempelt. Zumindest traut ihm keiner eine Karriere zu. Man bezweifelt, dass ein ewig freundlicher Mensch auch unerfreuliche Entscheidungen durchsetzen kann.

Seien Sie nett zu denen, die auch nett zu Ihnen sind. Helfen Sie Kollegen aus, die auch Sie unterstützen. Aber zeigen Sie all jenen, die Sie ausnutzen wollen oder Ihnen ständig ins Wort fallen, dass Sie Ellenbogen haben. Sagen Sie nein, wenn Sie überfordert werden. Seien Sie hart, wenn Ihnen jemand Härten zumuten will. Keine Skrupel gegenüber Skrupellosen! Der Porzellanunternehmer Philipp Rosenberg sagte: »Erfolg im Leben ist etwas Sein, etwas Schein und sehr viel Schwein.« Und mit »Schwein« ist nicht unbedingt Glück gemeint …

Hochschule I

Hochschulen sollen Grundlagen vermitteln, kein Berufswissen

Der Uni-Präsident öffnet den Mund, um eine feierliche Ansprache zu halten; die Studenten öffnen ihre Münder, um zu gähnen. Wieder einmal preist er das Bildungsideal Wilhelm von Humboldts, schwärmt von Forschung und erklärt den Campus zum Mittelpunkt der Welt. Ein Thema fehlt in seiner Rede: der Bezug zur Berufspraxis.

Die Hochschulen präsentieren sich gern als Häuser der Wissenschaft, die Grundlagenwissen vermitteln und weit über die Niederungen der freien Wirtschaft hinausragen. Doch ihr gesetzlicher Auftrag fällt deutlich praxisnäher aus. In Paragraph 7 des Hochschulrahmengesetzes heißt es: »Lehre und Studium sollen den Studenten auf ein berufliches Tätigkeitsfeld vorbereiten und ihm die dafür erforderlichen fachlichen Kenntnisse, Fähigkeiten und Methoden dem jeweiligen Studiengang entsprechend so vermitteln, dass er zu wissenschaftlicher oder künstlerischer Arbeit und zu verantwortlichem Handeln in einem freiheitlichen, demokratischen und sozialen Rechtsstaat befähigt wird.« Das »berufliche Tätigkeitsfeld« steht an erster Stelle. Paragraph 8 fordert, »dass die Studieninhalte im Hinblick auf Veränderungen in der Berufswelt den Studenten breite berufliche Entwicklungsmöglichkeiten eröffnen«.

Wie kommt es, dass sich dennoch so viele Professoren im Elfenbeinturm der Theorie verschanzen? Warum sind sie mit verstaubten Büchern eher vertraut als mit der betrieblichen Praxis? Universitätsprofessoren kennen die freie Wirtschaft meist nur in kleinster Dosis: aus der Perspektive des Praktikanten. Ansonsten haben sie als Lebenszeit-Beamten kaum über den Tellerrand des Schul- und Hochschulbiotops geblickt.

Kleiner Trost: Immerhin brauchen angehende FH-Professoren fünf Jahre Berufspraxis, davon drei außerhalb der Hochschule; ein Grund, warum die Lehre an den Fachhochschulen oft praxisnäher ausfällt.

Quelle: Kamenz, U., Wehrle, M., *Professor Untat*, Econ 2007

Hochschule II

Uni-Abschlüsse sind Firmen *immer* lieber als FH-Abschlüsse.

Väterchen Staat macht es vor: Er verneigt sich vor Uni-Abschlüssen am tiefsten. Wer ein Studium an einer Universität, Technischen Hochschule oder Kunsthochschule abschließt, dem steht der Weg in den höheren Dienst offen, in die erste Gehaltsliga des Beamtentums. Dagegen reicht es mit einem FH-Abschluss nur zum gehobenen Dienst, der zweiten Liga.

Auch in der freien Wirtschaft bringt der Uni-Abschluss oft mehr Gehalt: So steigt ein Wirtschaftsingenieur als FH-Absolvent im Schnitt mit 40.400 Euro, als Uni-Abgänger dagegen mit 43.000 Euro ein. Und fürs gehobene Management werden immer noch Uni-Abschlüsse bevorzugt.

Aber längst nicht alle Arbeitgeber ziehen das Uni-Studium vor, denn gewöhnlich ist es eher forschungsorientiert, also praxisfern – während das FH-Studium fallstudienorientiert ist, also praxisnah. In einigen Berufen, etwa im sozialen Bereich, werden FH-Abgänger vorgezogen. So hat der FH-Sozialpädagoge in der Regel bessere Chancen als ein Uni-Pädagoge, der sich um dieselbe Stelle bewirbt.

Wichtiger als die Frage, ob Sie an einer Uni oder FH studieren (oder studierten), ist die Frage nach der Qualität Ihres Abschlusses: Eine 1,5 in BWL an der FH eröffnet bessere Chancen als eine 3,5 an der Uni. Letztlich kommt es nicht in erster Linie auf die Art der Hochschule, sondern auf das Potential des Hochschülers an!

Home Office

Man kann auch vom Home Office aus Karriere machen

Für die PR-Spezialistin Rita Gerke (48) steht fest, welche Erfindung die genialste des Jahrhunderts ist: das Home Office. Seit sie für ihre Firma von zu Hause arbeitet, steht sie nicht mehr im Stau, spart sich Benzin, Nerven und Ablenkung am Arbeitsplatz. Der Arbeitsweg beträgt ganze zwölf Schritte: von der Küche ins Arbeitszimmer.

Ihr Schreibtisch ist näher gerückt – doch wie steht es mit den Karrierechancen (gerne würde sie zur stellvertretenden Abteilungsleiterin aufsteigen)? Diese Beförderung rückt in die Ferne! Für den Aufstieg bräuchte sie ein hohes »Ansehen«. Dieser Begriff ist bezeichnend: Ein Mensch, der bewundert wird, zieht Blicke auf sich. Zum Beispiel, weil er bei der Sitzung mit einer Idee brilliert. Wer dagegen nur indirekt vor Ort ist, etwa durch ein Thesenpapier, tritt den Ruhm nicht selten dem Vortragenden ab – denn dessen Gesicht wird mit dem Geistesblitz verbunden.

Das Home Office führt zu einem Vitamin-B-Mangel: In der Kaffeeküche, in der Kantine oder bei einem Bier nach Feierabend werden Bündnisse geschmiedet, Strategien abgestimmt, Kompromisse ausgehandelt und heiße Informationen getauscht – zum Beispiel über vakant werdende Führungspositionen. Meist sind die Pfründe vor Ort schon vergeben, ehe der Heimarbeiter überhaupt das Gras wachsen hört.

Guter Kompromiss für Rita Gerke: Wie wäre es, zwei Tage von zu Hause aus und drei Tage vor Ort zu arbeiten? So könnte sie die Waage zwischen konzentrierter Arbeit auf der einen und Selbst-PR und Kontaktpflege auf der anderen Seite ins Gleichgewicht bringen. Denn zwölf Schritte reichen für eine Karriere nur selten aus …

I

Incentives

Incentives spornen Mitarbeiter an

Der Starverkäufer reckt die geballte Faust: Wieder einmal hat er es geschafft, mehr Umsatz als der Rest zu machen. Wieder einmal überschüttet ihn sein Chef mit Lob und drückt ihm mit feierlichem Trara einen Gutschein für einen Traumurlaub in die Hand.

Eine Reise in die Karibik, von der Firma bezahlt – ist das kein toller Anreiz? Spornt dieser Incentive, diese Belohnung für eine außerordentliche Leistung, nicht den gesamten Außen-

Abb. 6: *Einer kassiert, der Rest verliert: Incentives sind oft kein Anreiz, sondern eine Abschreckung.*

dienst an? Wer Chef ist, sagt ja. Wer ehrlich ist, sagt nein; von dreißig Mitarbeitern, die einen Incentive bekommen könnten, gehen laut Kopfrechnung 29 leer aus. Auf *einen* zusätzlich Motivierten kommen also 29 zusätzlich Frustrierte – eine verdammt schlechte Quote!

Incentives fördern nicht die Kooperation, den Austausch von Wissen, sondern die Konfrontation: Jeder will der Beste sein, die Kollegen abhängen. Es kann nur einen Sieger geben! Das Interesse der Firma kommt dabei genauso unter die Räder wie die Motivation der Mitarbeiter.

Die wahre Arbeitsfreude lässt sich nie von außen einimpfen, nicht über Incentives und nicht übers Gehalt: Sie kommt von innen heraus, gespeist von der Freude an einer Tätigkeit. Diese intrinsische Motivation zertrümmern viele Chefs mit Incentives. Dann geht die Reise der Mitarbeiter in eine ganz andere Richtung: in die innere Emigration.

Informatiker I

Allmählich herrscht Informatiker-Schwemme

»Mehr davon!« So schrie der Arbeitsmarkt Ende der 1990er Jahre, als das Internetgeschäft aufblühte und der Beruf des Informatikers so hoch im Kurs stand wie die Aktien am Neuen Markt.

Die unsanfte Landung ist bekannt: Die Kurse der Internet-Aktien stürzten ab, etliche Informatiker standen auf der Straße. Und es kam zu einem »Schweinezyklus«: Auf die Überproduktion von Informatiker-Nachwuchs (alle hatten ja gehört, wie groß der Bedarf sei!) folgte eine Unterproduktion (alle hörten, dass sie als Informatiker nichts, nur arbeitslos, werden könnten) – so wie bei den Lehrern: Erst war von einer »Schwemme« die Rede (in den 1990er Jahren), dann von einem »Mangel« (in den 2000er Jahren).

Seit 2002 ist die Zahl der Anfänger eines Informatik-Studiums um knapp ein Drittel gesunken. Und nur jeder Zweite, der sich einschreibt, bringt sein Studium zu Ende – der Rest geht so spurlos verloren wie ungesicherte Dokumente, wenn der Computer abstürzt. Der Branchenverband BITKOM schätzt: Bald gehen nur noch 14.000 Informatiker pro Jahr ab – obwohl rund 20.000 benötigt werden.

Wer jetzt die Gunst der Stunde nutzen und geschwind Informatik studieren will, könnte aber Pech haben: Denn wenn ein Mangel lauthals verkündet wird, steigt die Zahl der Studienanfänger mit großer Sicherheit wieder – und sorgt wahrscheinlich für einem Überschuss. Wer rechtzeitig *gegen* den Strom studiert, hat bessere Karten.

Quelle: Junge Karriere, 30.01.2007

Informatiker II

In der IT-Branche hat man einen lockeren Job

»Ich will in die IT-Branche. Dort geht's nicht so streng zu wie anderswo.«

»Kommt drauf an, was Sie unter streng verstehen. Wahr ist: Man trägt keine Krawatten, höchstens einen USB-Stick. Man siezt keine Kollegen, höchstens den Chef. Und wichtige Informationen fließen nicht in hochoffiziellen Meetings, sondern oft bei lockeren Fachsimpeleien auf dem Flur.«

»Genau das meine ich: ein lockerer Job.«

»Moment! Formlos heißt noch lange nicht ›locker‹. In der IT wird hart gearbeitet, verdammt hart. Weit über den regulären Feierabend hinaus.«

»Doch freiwillig, weil's Spaß macht.«

»Auch unter zeitlichem Druck: Vor allem die Projektarbeit ist wie ein Hamsterrad. Die Ressourcen sind oft zu knapp, die

Termine zu eng, die Tage zu kurz. Eine Studie fand heraus: Mitarbeiter der IT-Branche kämpfen viermal häufiger als andere mit psychosomatischen Beschwerden, etwa Schädelbrummen und Bauchschmerz.«

»Aber machen die ITler ihre Arbeit denn nicht gerne?«

»Gerade die Tatsache, dass sie ITler mit Leib und Seele sind, kann für Leib und Seele gefährlich sein. Die Grenze zwischen Arbeits- und Freizeit ist unscharf, die Arbeit dringt per Laptop bis ins Schlafzimmer vor. Drei von zehn Projektarbeitern können nach der Arbeit nicht abschalten, jeder vierte ist ausgebrannt.«

»Also raten Sie mir von einem Job in der IT ab?«

»Das nicht. Aber achten Sie darauf, dass Sie eine gesunde Grenze ziehen. Machen Sie mindestens zweimal in der Woche pünktlich Feierabend. Bringen Sie sich zu Hause auf andere Gedanken, das Leben in die Balance. Nicht beim Surfen im Internet – besser beim Windsurfen an der Nordsee …«

Quelle: Institut für Arbeit und Technik (IAT), Gelsenkirchen, *Zwischen Innovation und alltäglichem Kleinkrieg. Zur Belastungssituation von IT-Beschäftigten*, 2006

Ingenieure

In Deutschland fehlt es an Ingenieuren

Der Tagesschau-Sprecher macht ein Gesicht, als sei gerade sein Dackel gestorben. Und dann spricht er wieder mal von einer Plage, die das Wohl des Landes bedroht: dem angeblichen Ingenieursmangel. Aber wie kann es sein, dass es an Ingenieuren fehlt – während Anfang 2008 nicht weniger als 23.000 Ingenieure arbeitslos waren?

Dass die Königskinder nicht zusammenkommen, liegt an den Firmen; sie spielen »blinde Kuh«, sehen über die älteren Ingenieure hinweg. Gegenüber der Presse heißt es gern: »Wir ziehen Hochschulabgänger auf dem neusten Wissensstand vor.« Aber im Vier-Augen-Gespräch höre ich oft: Nicht der Stand des Wissens, sondern die Vergütung bremst die Altingenieure aus! Das Einstiegsgehalt eines Ingenieurs liegt bei rund 40.000 Euro. Ein langjähriger Ingenieur verdient mindestens die Hälfte mehr. Und wenn er vom Ross seines alten Gehaltsniveaus herabsteigen muss, ist er dann noch motiviert? Nicht Ingenieure, nur billige Ingenieure vermissen die Firmen.

Was bleibt den Arbeitslosen übrig? Kommen Sie nicht nur mit einer Bewerbung, sondern leibhaftig aus der Deckung. Nutzen Sie die Chance, einen persönlichen Eindruck zu hinterlassen: als Zeitarbeiter, als Praktikant, in einer kostenlosen Probewoche. Zeigen Sie, was Sie wissen, was Sie können, wer Sie sind. Zwar fehlt es in Deutschland nicht an (älteren) Ingenieuren – wohl aber an solchen, die es verstehen, einen Arbeitgeber für sich einzunehmen.

Quelle: Berliner Zeitung, 30.05.2008

J

Jahresgespräch

Das Jahresgespräch ist ein beliebtes Instrument der Personalführung

Die Tür des Konferenzraums klackt ins Schloss. Chef und Mitarbeiter unter vier Augen – das Jahresgespräch! Eineinhalb Stunden lang reden sie miteinander. Oder aneinander vorbei. Darüber gibt es geteilte Darstellungen. Eigentlich soll das Jahresgespräch eine Bilanz des abgelaufenen Jahres ziehen, um auf dieser Basis eine reizvolle Perspektive im Dialog zu entwickeln.

Aber fragen Sie Ihren Buchhalter: Eine Bilanz kann nicht übers Knie gebrochen werden; sie setzt eine gründliche Vorarbeit voraus. Hat der Chef im Laufe des Jahres die Entwicklung seines Mitarbeiters beobachtet? Hat er ihm regelmäßige Rückmeldungen gegeben? Wurden Zwischenziele und Fortbildungen vereinbart?

Und weiß der Mitarbeiter überhaupt, in welche Richtung er sich entwickeln will? Hat er sich Gedanken gemacht, wie sich seine persönlichen Ziele mit denen der Firma vereinbaren lassen? Welches Verhalten, welche Fortbildungen, welche Unterstützung wünscht er sich von seinem Chef, um noch effektiver arbeiten zu können?

Eine 364-tägige Unterlassungssünde, eine Funk- und Führungsstille zwischen Chef und Mitarbeiter kann nicht in einer Stunde behoben werden; das Mitarbeitergespräch kann nur Routineinspektion, nicht aber Generalüberholung sein. Und »beliebt« ist es erst recht nicht; Chefs fürchten dieses Treffen, weil es so viel Zeit auffrisst, lieber würden sie sich um ihre »eigentliche Arbeit« kümmern. Darunter verstehen sie merkwürdigerweise *nicht* die Mitarbeiterführung, sondern ihre Fachaufgaben. Mitarbeiter fürchten es, weil sie mit hohlen Phrasen und Kritik rechnen – weshalb das Jahresgespräch unter der Hand oft als »Kritikgespräch« bezeichnet wird.

Das Mitarbeitergespräch könnte ein effektives, vielleicht sogar ein beliebtes Instrument der Personalführung sein. In der Praxis ist es meist: eine vergebene Chance!

Jammern

Wer jammert, erträgt Missstände leichter

So manche Kaffeeküche gleicht einem Jammertal. Die Mitarbeiter tauschen sich über die schlimmsten Übel dieser Erde aus: den Chef, die Firma, ihre Arbeit. Wie soll man motiviert sein – wenn der Chef nie lobt! Wie sich identifizieren – wenn die Firma die Gehälter kürzt! Wie die eigene Arbeit mögen – wenn es nur um Masse, nicht um Klasse geht!

Diese Klagen mögen berechtigt sein. Aber letztlich wirkt das Jammern wie eine Lupe: Je genauer man ein Übel ins Visier nimmt, desto größer scheint es. Wer immerfort klagt, sein Chef sei ein Trottel, wird diesen Chef auch als Trottel behandeln, ja zum Trottel machen – indem er ihm zum Beispiel wichtige Informationen vorenthält. Das Thomas-Theorem, ein Kernsatz der Soziologie, bringt diese Wechselwirkung auf den Punkt: »Wenn Menschen Situationen als real definieren, so sind auch ihre Folgen real.« Jammern meißelt einen Zustand in Stein; Handeln kann ihn verändern: Was genau missfällt Ihnen? Was wünschen Sie sich stattdessen? Konzentrieren Sie sich auf den Wunsch, das positive Ziel. Lassen Sie Ihren Chef wissen, warum Sie sich von ihm eine detaillierte Rückmeldung wünschen und was er davon hat. Das konstruktive Gespräch ist der direkteste Weg aus dem Jammertal. Damit bei Kaffeepausen wieder geplauscht werden kann – und nicht nur gemeckert.

Jura-Studium I

Nach einem Jura-Studium sind Ihre Aussichten glänzend

Mit Jura gibt's Prokura – diese Formel geht nicht mehr auf. Früher war der Jura-Abschluss ein goldener Schlüssel, mit dem sich zahlreiche Türen öffnen ließen: zum öffentlichen Dienst, zu den Rechtsabteilungen der Konzerne, zu einer lukrativen Freiberuflichkeit. Mittlerweile funktioniert dieser Schlüssel nicht mehr. Waren im Jahr 1995 74.300 Anwälte zugelassen, so ist es heute etwa die doppelte Zahl. Der Wettbewerb hat sich verschärft; allein das Anwaltsschild an der Tür garantiert keinen Lebensunterhalt mehr.

Auf leisen Sohlen hat sich die Arbeitslosigkeit in den Paragraphendschungel geschlichen: Im August 2007 kamen auf eine offene Stelle mehr als 13 arbeitslose Juristen. Der Staat und auch die Firmen fahren einen rigiden Sparkurs. In den 1990er Jahren schuf man, heute streicht man vielerorts Juristen-Stellen.

Also keine Chance für Abgänger? Doch, sofern die Examensnote stimmt: Mit »Vollbefriedigend« stehen die Chancen auf einen Arbeitsplatz, aber nicht unbedingt auf ein Top-Gehalt gut: In Kanzleien mit unter zwanzig Mitarbeitern liegen die Einstiegssätze laut der Hamburger Vergütungsberatung Personalmarkt bei 35.100 Euro im Jahr. Wer einen Spitzenverdienst möchte, braucht zweierlei: ein Top-Examen und eine Anstellung in einer Großkanzlei. Dort kommt jeder vierte Berufsanfänger auf mindestens 70.000 Euro im Jahr – fast so gut wie Prokura …

Quellen: Spiegel-Online, *Gutes Examen, gutes Geld*, 16.08.2007
Institut der Deutschen Wirtschaft, Köln, iwd Nr. 48, 2007

Jura-Studium II

Jura-Studenten leben relativ diszipliniert

Später schlüpfen sie in die Robe, zitieren die Gesetze, halten die Flagge unseres Rechtsstaats hoch. Doch sind Juristen schon an der Uni Musterknaben? Fest steht: Kaum ein Studium ist so anspruchsvoll wie Jura; eine mittlere Examensnote setzt eine Leistung voraus, mit der man in Biologie locker den Nobelpreis bekäme. O.k., das war übertrieben, liebe Biologen, sagen wir also: vielleicht die Note 1.

Doch aus den hohen Anforderungen darf man nicht auf eine höhere Disziplin bei den angehenden Juristen schließen: Gerade sie, die später über Verkehrssünder zu Gericht sitzen, greifen mit Vorliebe zum Glas: Laut einer Studie der Universität Marburg trinken sie unter allen Studierenden den meisten Alkohol.

Studenten anderer Fachrichtungen sind kaum vorbildlicher: Jeder fünfte Erstsemestler schaut zu tief ins Glas, hängt an der Zigarette, ernährt sich ungesund und legt die Füße hoch, statt Sport zu machen. Sechs von zehn Studierenden gaben zu, regelmäßig an »Saufgelagen« teilzunehmen. Und sogar die Lehramt-Studenten führen ein Leben, das sie ihren Schülern später besser verschweigen: Beim Rauchen liegen sie vorne – dafür essen sie am wenigsten Obst und Gemüse.

Quelle: Focus-Online, *Trinkgelage statt Obst und Gemüse*, 29.04.2007

K

Kaffeepausen

Lange Kaffeepausen und Flurgespräche schaden der Firma

Zwei Anblicke verderben jedem Chef die Laune: rote Zahlen in der Bilanz und tratschende Mitarbeiter auf dem Flur. Einige Chefs behaupten sogar, zwischen beiden Phänomenen gebe es einen Kausalzusammenhang. Schließlich können Angestellte, die beim Kaffee plappern und lachen, nicht gleichzeitig am Computer in die Tasten hauen. Das riecht nicht nur nach Kaffee, das riecht nach verschwendeter Arbeitszeit.

Ein falscher Eindruck, denn der Amerikaner Pete Senge, Vater des Modells der »Lernenden Organisation«, fand heraus: Die meisten Informationen in einem Unternehmen fließen nicht auf dem Dienstweg, nicht in Hausmitteilungen, E-Mails und Ansprachen – sondern von Mitarbeiter zu Mitarbeiter. Vorzugsweise bei informellen Anlässen, etwa beim Kaffee oder beim Mittagessen.

Gerade bei diesen zwanglosen Gesprächen tauschen sich die Mitarbeiter aus über ihre Arbeitsbereiche, ihre Erfahrungen mit Kunden, ihre Ziele. Das Wissen der Einzelnen wird vernetzt – zu einem Kreislauf des Lernens, wie ihn Pete Senge allen Unternehmen ans Herz legt.

Seine Kernthese lautet: Das wichtigste Know-how für eine Firma findet sich nicht außerhalb, nicht bei Unternehmensberatern, Wirtschaftsautoren und anderen Gurus, sondern innerhalb der eigenen Organisation: bei den Mitarbeitern.

Wenn der Kaffee fließt, fließt auch das Wissen. Die Krönung für jede Firma.

Quelle: Senge, P. M., *Die fünfte Disziplin*, Klett-Cotta 2001

Karriereberatung

Karriereberatung ist dasselbe wie Coaching

»Gehe ich zum Coach oder zum Karriereberater?« Diese Frage scheint manchen Menschen so sinnlos wie: »Gehe ich zum Discounter oder in den Supermarkt?« Dabei arbeiten Coach und Karriereberater sehr unterschiedlich. Nur wer ihre Ansätze kennt, wählt richtig. Also:

- Coachs wenden sich überwiegend an Führungskräfte – Karriereberater an jeden Berufstätigen.
- Coachs arbeiten vor allem im Auftrag der Firma – Karriereberater werden direkt vom Arbeitnehmer angeheuert und bezahlt.
- Coachs führen mehrere Sitzungen durch, gestalten einen Prozess – Karriereberater bieten auch einmalige Termine an, so zur punktgenauen Vorbereitung von Schlüsselterminen (zum Beispiel Vorstellungs- und Gehaltsgesprächen).
- Coachs zeigen keine Lösungen auf, sondern helfen dem Klienten, den eigenen Weg zu finden. In der Karriereberatung, etwa beim Prüfen von Bewerbungsunterlagen, ist der Informationsanteil deutlich höher.

Die Karriereberatung boomt. In den USA ist sie schon Studienfach, bei uns aber noch ein junges Feld: Erst im Jahr 2007 habe ich unter dem Dach der Hamburger Karriereberater-Akademie die erste Ausbildung im deutschsprachigen Raum ins Leben gerufen – für Trainer, Coachs und langjährige Berufstätige, die ihr Wissen weitergeben wollen.

Quelle: Wehrle, M., *Karriereberatung*, Beltz 2007

Kleidung

Kleider machen Leute

Der Buchhalter Hans Schleier (36) überfiel mich in der Karriereberatung mit einem eigenwilligen Anliegen: Ich sollte mit ihm zum besten Herrenausstatter der Stadt fahren, um drei Sätze Kleidung auszusuchen, mit deren Hilfe er sich den Sprung in eine Führungsposition erhoffte. Bislang war er als Fachkraft eher blass geblieben. Durch exklusive Kleidung wollte er nun die Aufmerksamkeit der Vorgesetzten auf sich lenken.

War dem Mann zu helfen? Auf diesem Wege kaum! Nicht Kleider machen Leute – sondern Leute machen Kleider. Will heißen: Es bringt nichts, wenn Sie sich wie ein Generaldirektor kleiden, aber wie ein verschüchterter Azubi auftreten. Dann kommt es zu einer peinlichen Diskrepanz zwischen Verpackung und Inhalt – vor allem, wenn es sich nicht um einmalige Kurzauftritte handelt (etwa im Kunden- oder Vorstellungsgespräch), sondern um dauerhafte Präsenz am Arbeitsplatz. Dort wird die Maskerade durchschaut.

Idealerweise sollte die Kleidung nicht Ihre Mängel übertünchen, sondern Ihre Persönlichkeit unterstreichen. Wer sich besser als seine Kollegen kleidet, am besten so, wie es die nächsthöhere Position erfordern würde, der tut gut daran, auch bei der Arbeitsleistung eine Nasenlänge voraus zu sein. Denn der feine Zwirn weckt Erwartungen. Und Ihre Arbeit sollte sie einlösen.

Klugheit

Der Klügere gibt nach

Mit jedem Schritt, den ein Kluger zurückweicht, gibt er der Dummheit neuen Raum, sich auszubreiten. Wenn Sie es zum Beispiel zulassen, dass Ihr Kollege eine idiotische Arbeitsteilung durchsetzt, natürlich zu Ihrem Nachteil – was ist dann an diesem Verhalten klug? Solches Nachgeben ist eine Schrumpfkur für Ihr Selbstbewusstsein, ein Lockruf für Magengeschwüre, eine Rolltreppe abwärts für den Erfolg Ihrer Firma. Beim Untergang wären Sie live dabei. Dumm gelaufen!

Wer behauptet, er gäbe aus »Klugheit« nach, lügt sich was in die Tasche: Meist ist es Feigheit, die uns zurückweichen lässt wie die Maus vor der Schlange. Wir scheuen die Auseinandersetzung, den Kampf um unsere Interessen und vor allem die Möglichkeit, trotz besserer Argumente die schlechteren Karten zu haben. Doch Bertolt Brecht schrieb treffend: »Wer kämpft, kann verlieren. Wer nicht kämpft, hat schon verloren.«

Stellen Sie der Flut der Dummheit einen Damm aus Argumenten entgegen. Weichen Sie niemals zurück, nur weil ein Hohlkopf immer in dieselbe Kerbe schlägt; denn solche Wiederholungen gewöhnen sich gerade Menschen an, die im ersten Versuch, beim Abi und auch sonst, selten Erfolg hatten. Aber seien Sie diplomatisch, gönnen Sie dem Hartnäckigen seine Pyrrhussiege: Geben Sie dort nach, wo es nebensächlich ist. Dieser Trick funktioniert vorzüglich; die Dummen durchschauen ihn nicht.

Knigge

Ein Chef muss den Knigge beherrschen

Mit dem Gesichtsausdruck eines Axtmörders fuhr der Herstellungsleiter den Lithographen an: »Sind Sie wahnsinnig, Sie Pfuscher!« Dann schimpfte er los, dass die anderen im Raum rote Ohren bekamen. Alles nur, weil der Lithograph einen Werbe-Andruck mit leichtem Blaustich vorgelegt hatte.

Etliche Chefs beherrschen den Knigge genauso wenig wie sich selbst. Sie fluchen in Gegenwart von Frauen, teilen Kritik wie Boxhiebe aus, und wenn sie Mitarbeitern zehn Versprechen geben, hindert sie nur die Mathematik daran, elf davon zu brechen. Und natürlich landet das größte Stück von der Gehaltstorte immer auf ihrem eigenen Teller. Wenn der alte Knigge das wüsste: Er würde im Grab rotieren wie ein Grillhähnchen am Spieß!

Nicht selten fällt auf: Die Manieren, vor allem gegenüber Mitarbeitern, verschlechtern sich mit jeder Sprosse, die einer auf der Karriereleiter erklimmt. Wer noch unten ist, gibt sich höflich, besonders gegenüber Vorgesetzten (sie entscheiden über seine Beförderung). Doch gegenüber Aufstiegs-Konkurrenten hört die Gentleman-Tour auf: Welcher Mann würde – »Ladies first!« – seine Beförderung freiwillig an eine Kollegin abtreten?

Dass die meisten Chefs auf den Knigge pfeifen, ist sicher ein Fehler: Wer seine Mitarbeiter respektlos behandelt, darf auch nicht erwarten, respektiert zu werden. Wer dagegen in einer Führungsposition seine Manieren bewahrt, muss keinen Dolch im Nacken fürchten – sondern darf auf Mitarbeiter bauen, die ihm den Rücken stärken.

Kommunikation

In Kommunikations-Berufen wird besser kommuniziert

Es gibt Wirtschaftsgüter, die in keiner Statistik auftauchen. Zu ihnen gehört: das Wort. Agenturen, Verlage und Redaktionen verkaufen Kommunikation. Man sollte meinen: In solchen Häusern gehen die Mitarbeiter besonders gewählt mit Sprache um und verständigen sich besser als anderswo – so wie Angestellte eines Friseursalons durch ihre pfiffigen Frisuren für ihr Handwerk werben. Doch Kenner wissen: Ausgerechnet in der Medienbranche hakt die Kommunikation. Hier sitzen viele Stockfische, nicht nur im Management.

Regelmäßige Mitarbeiter- und Gehaltsgespräche sind oft noch so unbekannt wie die Mikrowelle im Spätmittelalter. Entscheidungen der Geschäftsführung schlagen wie Blitze bei den Mitarbeitern ein, völlig unverhofft. Und in etlichen Häusern kämpfen die Chefs mit solcher Energie gegen die Gründung eines Betriebsrates an, als wollte sich eine Sekte unterm eigenen Dach einnisten.

Wie wäre es, wenn Kommunikations-Unternehmen ihre Stärken auch nach innen ausspielen würden? Man könnte kreative Mitarbeiter eine Firmenvision entwickeln, eine flott gemachte Mitarbeiter-Zeitschrift entwerfen, einen Dialog von unten nach oben führen lassen. So manche Katastrophe ließe sich verhindern. Zum Beispiel hatten Dutzende von Gruner & Jahr-Redakteuren die Fälschung schon längst gerochen, als die »Stern«-Chefredaktion 1983 noch die Hitler-Tagebücher in ihren Händen wähnte. Aber ihre Stimmen drangen nicht durch; der »Stern« stürzte vom Medienhimmel.

Würde in den Medienunternehmen besser kommuniziert: Stunk und »Stonk« blieben ihnen erspart!

Kompromiss

Bei einem guten Kompromiss trifft man sich in der Mitte

Wenn der Partner die Wohnung rot, man selber sie gelb anpinseln will – wäre es dann eine gute Idee, sich auf Orange zu einigen? Nein, dann hätte keiner seine Wunschfarbe! Ebenso unbefriedigend sind Kompromisse in der Geschäftswelt, wenn man sich »in der Mitte trifft«. Dann muss jeder Partner seinen Standpunkt aufgeben. Es gibt vier Möglichkeiten, wenn zwei Positionen aufeinanderprallen:

Vermeidungsstrategie: Beide Parteien stellen ihre Bedürfnisse zurück, gehen einer (konstruktiven) Auseinandersetzung aus dem Weg, lassen sich auf einen »faulen Kompromiss« – sprich orange Wände – ein. Also treten die Beteiligten auf der Stelle, kommen in der Sache nicht vorwärts und verfallen schnell in Resignation. Meist kracht es später umso heftiger, wenn einem selbst die Zugeständnisse, die man gemacht hat, als Zumutungen bewusst werden. *Konstellation:* Verlierer – Verlierer.

Die Rambo-Methode: Eine Partei erklärt ihren Standpunkt für den einzig wahren und boxt ihn durch. Die Interessen der anderen Seite werden nicht berücksichtigt. Also bleibt der Übergangene als Verlierer zurück und rächt sich bei erster Gelegenheit. *Konstellation:* Gewinner – Verlierer.

Der »Klügere« gibt nach: Eine Partei wirft nach kurzem Meinungskampf das Handtuch, nimmt sich zugunsten der anderen zurück. Das führt zu einer moralischen Erhöhung. Dennoch kommt sich der »Klügere« am Ende doch wie der Dumme vor, weil er Zugeständnisse gemacht hat, aber die gleiche Währung nicht zurückbekam. *Konstellation:* Verlierer – Gewinner.

Kooperation: Die Interessen beider Seiten werden bei einer Verhandlung berücksichtigt. Man sucht keinen Kompromiss, sondern eine echte Lösung, den größtmöglichen Nutzen für beide Parteien. Dann sind alle Verhandlungspartner mit der Lösung zufrieden und können sich mit ihr identifizieren. *Konstellation:* Gewinner – Gewinner.

Im Zweifel sollten Sie solch eine phantasievolle Lösung, etwa drei gelbe und drei rote Wände, einem faulen Kompromiss in Orange vorziehen. Zum Beispiel wurde schon manche berufsbegleitende Promotion möglich, weil man sich auf ein Thema einigte, das die Firma voranbrachte. Dann gibt es zwei Gewinner – und keinen Kompromiss!

Konflikte

Aus Konflikten kann man als Sieger hervorgehen

Nehmen Sie den Versailler Vertrag. Die Alliierten hatten den Ersten Weltkrieg gewonnen und zwangen dem Verlierer in einem »Friedensvertrag« ihre Bedingungen auf. Deutschland musste unter anderem die alleinige Kriegsschuld bekennen, 70.000 Quadratkilometer abtreten, sich mit einem kleinen Heer von 100.000 Mann begnügen.

Auf dem Papier war der Konflikt gewonnen, doch in den Köpfen vieler Deutscher ging er weiter; sie fühlten sich gedemütigt. Bis 1923 die NSDAP gegründet wurde, ein gewisser Adolf Hitler seinen Propagandamotor mit dem angestauten Kollektivfrust speiste und die angeblich »offene Rechnung« durch den nächsten Weltkrieg begleichen wollte.

Auch abseits der Weltpolitik gilt: Man kann sich in Konflikten durchsetzen – gewinnen kann man sie nie. Denn wer sich »durchsetzt«, zahlt einen hohen Preis: Er bringt den Besiegten gegen sich auf. Darum: Vermeiden Sie es, Ihre Konfliktpartner in die Knie zu zwingen, auch wenn Sie die Stärke dazu hätten. Machen Sie dort Zugeständnisse, wo es Ihnen nicht weh tut. Beispiel: Ein Lieferant muss sich zähneknirschend auf den von Ihnen geforderten Preis einlassen. Dann sollten Sie auf einem Nebenschauplatz, etwa beim Liefertermin (falls die Sache nicht eilig ist), Zugeständnisse machen. So wahrt Ihr Konfliktpartner das Gesicht – und wird den Spieß nicht umdrehen, wenn er eines Tages die Chance dazu hätte.

Kopie

Nichts ist ärgerlicher, als kopiert zu werden

Im Jahr 2000 hatte ich Gelegenheit, mit Karl Lagerfeld in Paris zu plaudern. Er hatte gerade ein neues Parfüm kreiert, eine völlig neue Duftnote, und die Modewelt lag ihm zu Füßen. Im Gespräch gab sich Lagerfeld als großer Junge: Er griff zum Flakon, als wäre es eine Wasserpistole, besprühte meine Begleiterin und lachte schallend. Meine zahlreichen Fragen beantwortete er in der Geschwindigkeit eines Maschinengewehrs.

Da wollte ich wissen: »Fürchten Sie denn keine Plagiate, Herr Lagerfeld?« Schlagartig verstummte er. Sein Blick wanderte zur Decke, als wäre die Antwort im Stuck der Pariser Altbauvilla zu lesen. Erst nach einer gefühlten Ewigkeit entspannten sich seine Gesichtszüge, und er rief fröhlich aus: »Kopie ist immer ein Kompliment!«

Wie wahr! Ob Sie eine Ablage optimieren, eine Dienstleistung erfinden, ein Tool einführen oder einen bestimmten Führungsstil prägen – sobald andere auf Ihren Spuren wandeln, in Ihrem Unternehmen oder anderswo, dürfen Sie sicher sein: Sie machen etwas richtig! Ein Vorreiter hat frischen Wind im Gesicht, seine Verfolger dagegen werden von seiner Staubwolke umnebelt. Allerdings müssen Sie Ihrer Umgebung deutlich machen, an welcher Position Sie reiten! Sorgen Sie durch Selbst-PR, also durch Vorträge, durch Meeting-Auftritte, durch Fachartikel und E-Mails mit entsprechendem Verteiler dafür, dass Innovationen mit Ihrem Namen verbunden werden – so wie Lagerfelds Erfindungen mit seinem Label.

Plagiatoren sind Ihr Glück; sie bestätigen Ihre Richtung, und sie verhelfen Ihnen zu besserer Qualität. Denn nie dürfen Sie stehen bleiben, nie sich auf Innovationen ausruhen. Vielmehr müssen Sie das Gute ständig verbessern, die Umsetzung neuer Ideen wagen. Kopien sorgen für bessere Originale!

Körpergröße

Die Körpergröße hat auf die Karriere keinen Einfluss

»Kleiner Mann, was nun?« Als Hans Fallada 1932 diesen Romantitel erdachte, konnte er nicht ahnen, wie wörtlich man ihn im Jahr 2004 nehmen würde. Denn eine Studie des Deutschen Instituts für Wirtschaftsforschung fand heraus: Je kleiner ein Mann ist, desto weniger verdient er. Der Bruttolohn wächst mit der Körpergröße: Jeder zusätzliche Zentimeter

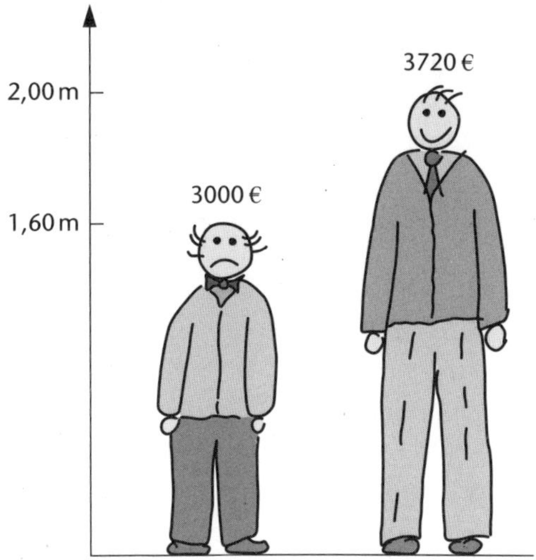

Abb. 7: *Mit der Körpergröße wächst bei Männern das Gehalt: Jeder Zentimeter bringt 0,6 Prozent.*

bringt 0,6 Prozent. Wenn der 1,60-Meter-Mann am Monatsende mit 3.000 Euro nach Hause geht, darf sich der 2-Meter-Riese laut Statistik über 3.720 Euro freuen.

Psychologen haben für alles eine Erklärung, natürlich auch hierfür: Große Männer strahlen angeblich Größe aus. Sie wirken stark, selbstbewusst, durchsetzungsfähig. Als Bewerber ragen sie im wahrsten Sinne aus der Masse heraus. Der Wirtschaftspsychologe Guido Heineck vermutet, dass sich die ihnen zugeschriebenen Qualitäten »bei großen Menschen sogar tatsächlich zu den am Arbeitsmarkt honorierten Persönlichkeitsmerkmalen entwickeln«. Das hieße: Ein großer Körper zieht große Leistungen nach sich.

Doch ehe alle Leser dieses Textes, die nicht über 1,75 Meter hinausragen, vor Wut in die Höhe hüpfen: Die Zahl der Ausnahmen ist groß. Diego Maradona überragt die Grasnarbe nur um Haaresbreite – dennoch kassierte »die Hand Gottes« eine Million nach der anderen. Auch der Sänger Peter Maffay (1,68 Meter) musste nicht auf Stelzen, nur über sieben Brücken gehen, um ein Vermögen zu verdienen. Der US-Schauspieler Danny DeVito (1,52), der Fernsehstar Dirk Bach (1,68) und der Ex-Kanzler Gerhard Schröder (1,74) machen es vor: Große Gehälter sind auch für kleine Männer drin. Manchmal hilft eine große Klappe …

Quelle: Spiegel-Online, *Große Männer verdienen mehr*, 26.04.2004

Körpersprache

Nicht die Körpersprache, das gesprochene Wort zählt

Ehe Ihr Mund sich öffnet, haben Sie schon gesprochen – durch Ihre Körpersprache! Bis zu neunzig Prozent aller Botschaften, die wir anderen übermitteln, kommen wortlos an: durch Gestik, durch Mimik, durch den Ton der Stimme. Wenn Sie zum Beispiel mit Ihren Fingern im Haar nesteln, fluchtbereit auf der Kante Ihres Stuhls sitzen und dem Blickkontakt mit Ihren Gesprächspartnern ausweichen – dann werden Sie als unsicher wahrgenommen. Ganz egal, welche souveränen Reden Sie auch schwingen.

Im Zweifel vertrauen wir der Sprache des Körpers, dem ältesten aller Kommunikationsmittel. Die Worte sind ein Kunstprodukt des Geistes, vom Willen geformt. Die Körpersprache ist nur bedingt steuerbar. Zwar können Sie sich selbstsichere Gesten aneignen – etwa indem Sie mit nach oben gedrehten Handflächen sprechen (Offenheit), weite Gesten bevorzugen (Sicherheit), ruhig stehen oder sitzen (Souveränität) und mit einer eher tiefen Stimme sprechen (Glaubwürdigkeit).

Aber gerade in Stresssituationen bricht die natürliche Körpersprache durch. So kann es passieren, dass Sie bei einer kritischen Äußerung Ihre Hand ans Ohr führen (Sie wollen's nicht hören!), bei einer Lüge den Blick senken (Sie schämen sich!) oder bei einem Angriff Ihre Faust unbewusst ballen (am liebsten würden Sie Ihren Gesprächspartner wie im Boxring bearbeiten).

Darum: Wenn Sie ein wichtiges Gespräch üben, dann immer vor dem Spiegel. Wer seine eigene Körpersprache sieht, kann ein Bewusstsein dafür entwickeln – und zumindest in weniger stressigen Situationen verhindern, dass sein Körper zum Verräter wird.

Quelle: Wehrle, M., *Die Geheimnisse der Chefs*, Hoffmann & Campe 2004

Kosten

Chefs sind notorische Kostensenker

Die Anweisung kam von höchster Stelle, vom Geschäftsführer eines süddeutschen Familienbetriebs: Er forderte seine Belegschaft auf, die elektrische Jalousie nicht öfter als nötig zu betätigen (Stromverbrauch!), die Diensthandys nur in Ausnahmefällen zu benutzen (Gebühren!) und jede Art von Papier, auch

Briefbögen, beidseitig zu bedrucken (Papierverbrauch!). Manche Chefs gelten als zweibeinige Sparschweine: Kein Groschen ist vor ihnen sicher.

Aber ihre Sparsamkeit konzentriert sich oft auf die Mitarbeiter. Spendierlaune kommt dann auf, wenn sie die Wände des eigenen Büros mit Gemälden pflastern, repräsentative Firmengebäude in die Innenstadt pflanzen und den eigenen Dienstwagen grundsätzlich so groß wählen, dass er in keine Parklücke passt.

Doch erinnern Sie das Sparschwein nie daran, dass es sich selbst gegenüber ein Krösus ist – als Überbringer dieser Nachricht könnten Sie gehängt, das heißt: bei nächster Gelegenheit weggespart werden. Eher sollten Sie den Spartrieb unterstützen. Fragen Sie sich: Wo wird Geld in der Firma verschwendet, wo ließe sich etwas sparen? Zum Beispiel: Müssen wirklich zwei neue Farbkopierer für zwei Abteilungen angeschafft werden – würde es nicht einer an der räumlichen Schnittstelle tun?

So werden Sie zum besten Freund des Sparschweins und können einen fairen Anteil von der Beute fordern. Wozu schließlich gibt es Prämien?

Krankheit I

Deutsche Arbeitnehmer machen gern mal krank

Der Chef sagt nicht: »Herr Müller ist krank.« – Der Chef sagt: »Herr Müller hat sich krankschreiben lassen.« Im ersten Fall wird die Arbeitslust von einer Angina gebremst, im zweiten nur vom ärztlichen Attest. Womöglich ist der Mitarbeiter kerngesund, räkelt sich im Freibad und rechnet feixend aus, wie viel Krankengeld ihm seine Firma fürs Nichtstun überweist.

Wer als Chef auf diesem Dampfer fährt, hat keine Ahnung von seinen Mitarbeitern. In einer Studie der Bertelsmann

Stiftung bekennen sieben von zehn Deutschen, sie seien 2006 krank zur Arbeit gegangen, jeder fünfte sogar mehrfach. Ein Drittel schleppte sich zum Arbeitsplatz, obwohl der Arzt davon abgeraten hatte.

Und was treibt die Mitarbeiter in die Firma? Kommen sie aus Eigeninteresse, also um sich berufliche Nachteile zu ersparen? Das gibt nur jeder Vierte an. Etwa die Hälfte spricht von »Pflichtgefühl«, von »Rücksicht auf die Kollegen«. Das lässt auf eine hohe Eigenverantwortung und unternehmerisches Handeln schließen – aber auch darauf, dass die Personaldecken dünn sind, der Druck auf den Einzelnen groß ist.

Kluge Chefs fragen sich, wenn Mitarbeiter häufig krank sind, was diese *krank macht*. Nur törichte Chefs fragen sich, warum die Mitarbeiter *krankmachen*.

Quelle: Bertelsmann Stiftung, Gütersloh. *Gesundheitsmonitor zur Gesundheitsversorgung in Deutschland*, 2007

Krankheit II

Die Firma profitiert, wenn Kranke zur Arbeit kommen

Ihre Nase lief. Na und? Der Hals kratzte. Halb so wild! Die Reisekauffrau Sabine Hilkers (26) schleppte sich mit fieberndem Kopf ins Büro, denn sie wusste: Ihr Chef sah jede Krankheit außer dem Ebolavirus und der Maul- und Klauenseuche als Vorwand zum Blaumachen, als »Zipperlein«. Zuletzt war (kaum zufällig!) der Arbeitsplatz einer Kollegin gestrichen worden, die drei- oder viermal im Jahr mit Migräne gefehlt hatte.

Das Ende vom Lied: Nach drei Tagen lag nicht nur Sabine Hilkers mit einer schweren Mandelentzündung flach, sondern auch zwei Kolleginnen, die sich angesteckt hatten. Kein Einzelfall, wie das *Journal of the American Medical Association* berichtet: Wenn Kranke sich zur Arbeit schleppen, kostet das die Firmen dreimal mehr Geld, als wenn sie Fehltage nehmen und sich auskurieren. Weil sie Fehler machen. Weil sie andere anstecken. Weil das, was als kleine Krankheit beginnt, chronisch werden und dramatisch enden kann: Das Hüsteln wächst sich zur Lungenentzündung aus, die Niedergeschlagenheit zur Depression.

Ein Chef, der es fördert oder gar fordert, dass Kranke zur Arbeit kommen, macht sich zum Lazarett-Vorsteher. Grippeviren sind eben doch ansteckender als übertriebener Arbeitseifer, das wird er bald merken. Spätestens im Krankenbett!

Quelle: Süddeutsche Zeitung, 29.07.2008

Krankheit III

Ältere Arbeitnehmer sind öfter krank als jüngere

Wer der Meinung war, die ältesten Mitarbeiter seien öfter krank als die jüngsten, muss sich bei einem Blick in den »Gesundheitsreport« der Techniker-Krankenkasse korrigieren: Mitarbeiter zwischen 15 und zwanzig Jahren legen 17 Krankschreibungen vor, über 60-Jährige im gleichen Zeitraum zehn. Die Jungen sind also zu siebzig Prozent häufiger krank – ein Phänomen, für das es keine medizinische Erklärung gibt, solange man »Diskofieber« nicht als akute Krankheit ansieht.

Offenbar haben die Älteren den Jungen nicht nur die Lebensjahre, sondern auch Arbeitslust und Verantwortungsgefühl voraus. Ihr Geist ist willig. Doch ihr Fleisch ist schwächer: Die Jungen kommen im Schnitt nach 5,6 Tagen wieder zur Arbeit, die über 60-Jährigen nach 23 Tagen – ältere Mitarbeiter sind also insgesamt *länger* krank.

Quelle: Süddeutsche Zeitung, 12./13.04.2008

Kreativität

Kreativität lässt sich nicht organisieren

»Alle Menschen haben die Anlage, schöpferisch tätig zu sein. Nur merken es die meisten nie«, schrieb der US-Autor Truman Capote. Tatsächlich gibt es Mitarbeiter, für die sich Kreativität darin erschöpft, der Spesenabrechnung noch ein paar Reisekilometer anzudichten. Dabei können gute Ideen der Schlüssel zu vielen Herausforderungen sein. Ließe sich der Musenkuss doch anlocken! Er lässt sich.

Erste Voraussetzung: Das Klima muss angstfrei sein. Wer bei der Frage nach Lösungsvorschlägen meint, dass er nicht alles sagen darf, was er denkt, der läuft Gefahr, auch nicht alles zu denken, was er sagen dürfte. Er hat eine Schere im Kopf, seine Kreativität wird beschnitten durch die Furcht, kritisiert oder ausgelacht zu werden.

Aber nicht nur die äußeren Kritiker, vor allem die inneren bremsen die Kreativität aus. Ein wirksames Gegenmittel ist die Walt-Disney-Technik. Schlüpfen Sie in drei verschiedene Rollen: die des Träumers, des Realisten und des Kritikers. In der Träumer-Phase dürfen Sie spinnen: Welche Möglichkeiten und vor allem Unmöglichkeiten gibt es, ein Problem zu lösen? Phantasieren Sie, stellen Sie Bewährtes in Frage, kühne Verbindungen her, die Welt auf den Kopf – ganz aus dem Bauch, nicht aus dem Kopf heraus.

In der zweiten Phase nehmen Sie die Rolle des Realisten ein: Prüfen Sie die Ideen des Träumers so, als hätte Sie ein schwieriger Auftraggeber engagiert, diese Pläne umzusetzen. Welche Ansätze sind gut? Wie lassen sie sich weiterentwickeln? Wo sehen Sie die Brücke zwischen Kreativität und Realität? Und schließlich nehmen Sie die Rolle des Kritikers ein: Was ist wirklich dran an den Ideen? Welche sind ein Fall für den Papierkorb? Und bei welchen lohnt es sich, sie umzusetzen? Welches sind die Vor-, welches die Nachteile?

Halten Sie die einzelnen Rollen streng auseinander (vor allem der Träumer darf nie kritisiert werden!). Diese Übung funktioniert im Team, wenn sich alle an die Abfolge der drei Phasen halten, aber auch im Alleingang.

Plazieren Sie dann drei Stühle im Raum, setzen Sie sich für jede Rolle auf einen anderen. Das erleichtert die Rollenwechsel – und erhöht die Wahrscheinlichkeit, dass die Muse Sie küsst.

Kritik

Kritik wehrt man am besten ab

»Bitte trainieren Sie meine Schlagfertigkeit; ich möchte die Kritik meines Chefs besser kontern.«

»Was kritisiert er denn?«

»Neulich hat er mich angemacht: ›Wie konnten Sie nur einen so schlechten Einkaufspreis akzeptieren? Derselbe Lieferant hat vor kurzem zwanzig Prozent weniger verlangt.‹ Ich habe geantwortet: ›Aber das können Sie doch nicht vergleichen, Sie wissen doch genau, dass die Rohstoffpreise …‹ Weiter komm' ich nicht. Da haut er mir schon wieder die zwanzig Prozent um die Ohren.«

»Und nun wollen Sie Ihrem Chef durch Schlagfertigkeit einbläuen: Ihre Arbeit ist sehr in Ordnung – aber sein Urteil darüber sehr verfehlt?«

»So kann man das sagen!«

»Das liefe auf denselben Fehler wie bisher hinaus: Sie würden die Botschaft Ihres Chefs abwehren. Das ist, als ob er Ihnen ein Paket zustellen will – also seine Kritik –, aber Sie verweigern die Annahme und strecken ihm ein eigenes Paket hin. Also Ihren Widerspruch.«

»Sie meinen, ich müsste ihm sein Paket erst mal abnehmen?«

»Richtig. Erst wenn er seine Botschaft loswird, hat er den

Kopf frei für Ihre Entgegnung. Wer Kritik abwehrt, verstärkt sie. Wer sie annimmt, entschärft sie.«

»Aber warum sollte ich Kritik annehmen, wenn ich anderer Meinung bin?«

»Annehmen heißt nicht zustimmen. Ich spreche vom aktiven Zuhören: Wiederholen Sie in eigenen Worten den Angriff Ihres Chefs und sein mögliches Gefühl, etwa: ›Sie sind der Meinung, der Preis für die Lieferung ist zu hoch. Und Sie fürchten, dass dieser Preis unsere Gewinnmarge schmälert.‹ Geben Sie damit einen Fehler zu? Nein, Sie nehmen nur die Botschaft Ihres Chefs an. Er merkt: Sie hören ihm zu, Sie haben verstanden.«

»Aber wenn er das als Zustimmung missversteht?«

»Das wird er nicht. Denn jetzt hört er Ihnen zu. Endlich können Sie ihm sachlich schildern, wie es zu dem Preis gekommen ist. Vielleicht legen Sie ihm eine Statistik vor, wie sich die Rohstoffpreise seit dem letzten Abschluss entwickelt haben. Lassen Sie die Fakten sprechen, ohne Rechtfertigung. Die Chancen stehen gut, dass Ihr Chef seine Kritik zurücknimmt.«

»Und was ist mit Ihrem Schlagfertigkeits-Training?«

»Das sparen wir uns für einen anderen Anlass. Denn rhetorische Schläge, die Sie in einem Kritikgespräch austeilen, fallen mit doppelter Wucht auf Sie zurück.«

Kunde

Der Kunde ist König

Von etlichen Herrschern weiß man, dass sie nicht königlich behandelt, sondern von hinten erdolcht wurden. Ähnlich ergeht es dem Kunden, angeblich König der Geschäftswelt. Wehe, er möchte als Versicherungsnehmer einen Schaden ersetzt bekommen, als Bankkunde einen Sonderzins aushandeln oder auch nur als Restaurantgast eine Beilage bestellen, die nicht auf der Karte steht. Schon läuft er gegen Wände, schon heißt es: »Wir können doch nicht für jeden eine Extrawurst braten.«

Von etlichen Behörden wird der Bürger, von etlichen Redaktionen der Leser, von etlichen Kaufhäusern der Käufer als Feind gesehen, als ein lästiges Etwas, das reklamiert, protestiert und ansonsten nichts kapiert. Günter Rexrodt, der ehemalige Wirtschaftsminister, sagt mit Recht: »Wenn ein Deutscher eine Maschine bedient, dann leuchten seine Augen. Wenn er einen Menschen bedienen soll, sträuben sich ihm die Haare.«

Dass der Kunde der wahre Arbeitgeber ist, dass er aus seiner Tasche die Gehälter bezahlt: Diese Erkenntnis erscheint nicht nur den Mitarbeitern, sondern vor allem den Managern exotisch. Nicht die Kunden, sich selbst nehmen die hohen Herren wichtig!

Wer entscheidet über die Qualität der Arbeit, über das Erreichen der Jahresziele? Wer kann Gehaltserhöhungen verteilen, kann befördern, belobigen oder feuern? Nicht der Kunde – der Chef! Wer in Deutschland einen Kunden verprellt, kann damit durchkommen. Wer seinen Chef verprellt, hat ein ernstes Problem.

Aber warum sollten Sie weiteren Sand in die deutsche Servicewüste streuen? Behandeln Sie Ihre Kunden so, wie Sie selbst als Kunde behandelt werden wollen – also möglichst königlich. Zufriedene Gesichter sind der schönste Lohn. Und spätestens dann, wenn Ihre Kundenfreundlichkeit auf die Geschäftszahlen durchschlägt, wird Ihr Chef die Leistung auch honorieren – hoffentlich königlich!

Kündigungsschutz

Kündigungsschutz gilt für alle Arbeitnehmer

Als der Mann sich aus dem Flugzeug stürzt, schwebt es 4.000 Meter über der Erde. Ein Selbstmörder? Nein, ein Fallschirmspringer. Über einen solchen rettenden Schirm verfügen auch die meisten Arbeitnehmer. Er heißt »Kündigungsschutz« und soll sie vor dem tiefen Sturz in unberechtigte Arbeitslosigkeit schützen. Allerdings sollten Sie genau wissen, in welchen drei Fällen sich dieser Fallschirm nicht öffnet, der Kündigungsschutz also ins Leere greift:

- Ein Betrieb beschäftigt *nicht* mehr als zehn Mitarbeiter, wobei Teilzeitkräfte anteilig gerechnet werden. Nur für Arbeitnehmer, die schon am 31.12.2003 beschäftigt waren, gilt eine Grenze von 5,5 Arbeitnehmern; Neueinstellungen zählen nicht mit.
- Der Mitarbeiter war weniger als sechs Monate im Betrieb beschäftigt. Dann hat er noch keinen Anspruch auf Kündigungsschutz erworben.
- Der Mitarbeiter versäumt es, seine Klage innerhalb von drei Wochen nach Zugang der Kündigung zu erheben. In diesem Fall gibt es keine Möglichkeit, seine Ansprüche gegen die Firma durchzusetzen – auch dann nicht, wenn er nachweislich zu Unrecht entlassen wurde.

Quelle: Vgl. § 23 Abs. 1 KSchG, § 1 Abs. 1 KSchG; §§ 4, 7 KSchG

L

Lästern

Jeder Mitarbeiter lästert *gelegentlich* über seinen Chef

Angeregtes Tuscheln in der Kaffeeküche. Die Mitarbeiter kichern, feixen, schütteln die Köpfe. Als der Chef um die Ecke biegt, verstummen sie wie ein Radio bei Stromausfall. Eine Umfrage von *stern.de* ergab: Der durchschnittliche Arbeitnehmer zieht nicht nur gelegentlich, sondern pro Woche vier Stunden über den Chef her. Das sind 48 Minuten am Arbeitstag.

Die Hochrechnung auf 230 Arbeitstage erschreckt: Jeder Mitarbeiter lästert pro Jahr 184 Stunden (!) über seinen Chef. 23 komplette Arbeitstage verpuffen, während die Mitarbeiter sich den Spitznamen des Chefs zuraunen, seine Entscheidungen durch den Kakao ziehen, sich an seinen Schwächen weiden oder darunter leiden, je nachdem. In einem Betrieb mit tausend Mitarbeitern gehen pro Jahr läppische 23.000 Arbeitstage verloren.

Dieses Dampfablassen sorgt nicht immer für Erleichterung, im Übermaß kann es den Blick für die eigene Verantwortung vernebeln: An einem schlechten Verhältnis sind immer zwei beteiligt – nicht nur der Chef, auch der Mitarbeiter. Schließlich lässt sich jede Lästerei auch in konstruktive Energie umsetzen, indem Sie einen Wunsch daraus ableiten. Ein Beispiel: Statt zu jammern, dem Chef könne man keine Arbeit recht machen, selbst durch Nachfragen klären: Wie sehen die Ansprüche des Chefs aus? Worauf kommt es ihm besonders an? Wie kann ich auf diese Wünsche eingehen?

Dieses konstruktive Vorgehen kann die Atmosphäre verbessern – auf beiden Seiten, denn auch in Chefmeetings wird mit Vorliebe gelästert. Dann über Mitarbeiter.

Quelle: Wehrle, M., *Der Feind in meinem Büro*, Econ 2005

Lebenslauf I

Der Lebenslauf beginnt mit der Schul- oder Ausbildungszeit

Was halten Sie von der Idee, Ihren Lebenslauf mit einem Foto von Ihnen als Schulkind zu schmücken? Absurd, sagen Sie? Das gilt aber nicht nur für das Foto – das gilt auch für den Text. An erster Stelle sollte etwas Spannendes stehen. Und mittlerweile haben Sie doch größere Erfolge als Ihre Einschulung vorzuweisen – oder?

Der »amerikanische Lebenslauf« stellt die Chronologie auf den Kopf: Er beginnt mit der letzten Station Ihres Berufslebens, dem interessantesten Punkt für eine Firma – und er endet mit der Schulzeit. Halten Sie im Lebenslauf nicht nur fest, welche Position Sie bekleidet haben, sondern nennen Sie die Schwerpunkte Ihrer Arbeit – möglichst solche Leistungen, die auch am neuen Arbeitsplatz erwünscht sind.

Auf Ihre Grundschulzeit können Sie im Lebenslauf komplett verzichten. Es reicht, wenn Sie mit der weiterführenden Schule enden. Nur in einem Fall sollten Sie bei der konventionellen Chronologie bleiben: wenn Ihre letzten Jahre von unübersehbaren Misserfolgen geprägt waren. Dann doch besser mit der »guten, alten Zeit« einsteigen …

Lebenslauf II

Ein Deckblatt ist heutzutage ein Muss

In den großen Glaubensfragen war die Menschheit schon immer gespalten: Die einen schwören auf Nutella, die anderen auf Nusspli.

Ähnlich fundamental sind die Standpunkte beim Deckblatt. Auch wenn die einschlägigen Ratgeber so tun, als sei es unentbehrlich, als ginge nichts mehr ohne eine Eröffnung der Bewerbungsmappe mit Foto, Adressdaten und Inhaltsangabe – einige Personalchefs und Headhunter reagieren darauf allergisch.

Die Begründung ist ein Musterbeispiel für Pragmatismus: Das Deckblatt transportiere keine bewerbungsrelevanten Inhalte. Legt der Personaler fünf Deckblätter nebeneinander, kann er die Adressen und Frisuren, nicht aber die Werdegänge der Bewerber vergleichen. Genau das ist mit Leichtigkeit möglich, wenn der Lebenslauf obenauf liegt. Aber woher sollen Sie wissen, welche Glaubensrichtung in einem Unternehmen angesagt ist? Rufen Sie in der Personalabteilung an, holen Sie ein paar Informationen zur Stelle ein und fragen Sie abschließend: »Ich weiß, dass einige Unternehmen Bewerbungen mit Deckblatt, andere solche ohne Deckblatt bevorzugen – wie ist das bei Ihnen?« Dann kennen Sie die Glaubensrichtung. Und können mit Ihrer Bewerbung Berge versetzen.

Lebenslauf III

Ein Lebenslauf soll Berufsstationen aufzählen

Ein Lebenslauf bietet Ihnen zwei Möglichkeiten: Sie können aufzählen (was langweilt!). Oder erzählen (was unterhält!). Viele Bewerber belassen es bei der drögen Aufzählung, ein Punkt sieht etwa so aus:

»05/98 – 03/06 Pierrette GmbH, Biel Alleinsekretärin.«

Kein Wort zur Firma, kein Wort zur Tätigkeit. Das ist so, als würde der Zug an einem Bahnhof einfahren, ohne dass der Personaler die Landschaft sehen kann. Verdunkelte Scheiben! Sorgen Sie für Licht, für mehr Erzählung. Wie das geht, zeigt Christoph Kühnhanss in seinem originellen Ratgeber »Bewerben ist Werben«:

»05/98 – 03/06 Pierrette GmbH, Biel Alleinsekretärin.

Unternehmen mit 50 Angestellten. Ich war als Assistentin des Geschäftsleiters zuständig für sämtliche Belange der Administration: Korrespondenz in D und oft in F, Vorbereitung der Lohnzahlungen, Debitorenbuchhaltung, Mahnwesen, Organisation von Messen und Ausstellungen auf dem lokalen Markt, Organisation des alljährlichen Betriebsausfluges, Unterstützung des Geschäftsführers in allen Bereichen.«

Merken Sie den Unterschied? Der zweite Lebenslauf macht die Landschaft sichtbar, zeichnet ein anschauliches Bild von der Bewerberin und spricht den Leser im wahrsten Sinne an. Erst jetzt wird der Lebenslauf das, was er sein sollte – lebendig! Und eine gute Werbung für Sie.

Quelle: Kühnhanss, C., *Bewerben ist Werben*, Econ 2004

Lebenslauf IV

Geschwindelte Lebensläufe sind selten

Sherlock Holmes ist umgezogen: von der Baker Street in die Personalabteilungen. Nach eigener Einschätzung kommen die deutschen Personaler fast jeder Lüge eines Bewerbers auf die Spur. Gar nicht mal viel Arbeit, so die Personaler – die Zahl der Schwindeleien sei erfreulich gering.

Doch als man die Probe aufs Exempel machte und 5.000 Bewerbungen von echten Detektiven untersuchen ließ, folgte das böse Erwachen: Ein Drittel der Unterlagen, vor allem die

Lebensläufe, sind geschönt, gefälscht, erlogen. Etliche Bewerber dichten sich Sprachkenntnisse an, als wären sie Dolmetscher. Sie beherrschen Computerprogramme, von denen sie noch nie gehört haben. Und jede Lücke im Lebenslauf, ob Arbeitslosigkeit oder Knastaufenthalt, kitten sie mit einer »umfangreichen Fortbildung«.

Zwei Fragen drängen sich auf. Erstens: Wie kommt es, dass sich die Personaler so gnadenlos überschätzen? Die Psychologie-Professorin Jeanette Schmidt hat über Lügen im Alltag habilitiert und sagt: Jede Schwindelei, die ein Personaler *nicht* entdeckt, werte er als Wahrheit. Als seien nur enthüllte Unwahrheiten auch Lügen! Dabei weiß die Professorin aus Studien: Nicht einmal Psychiater und Polizisten decken mehr Lügen auf als Laien.

Frage zwei: Sind die Schönfärbereien der Bewerber vertretbar? Wer das Wasserglas halbvoll statt halbleer präsentiert, wer statt der Arbeitslosigkeit die gleichzeitige Fortbildung, statt der schlechten Aussprache einer Fremdsprache die guten Schriftkenntnisse betont, folgt den Spielregeln der Geschäftswelt: Er rückt seine Fähigkeiten ins beste Licht. Nichts anderes tut ein Unternehmen, wenn es sich einem Bewerber oder gar den Kunden in der Werbung präsentiert.

Wer sich dagegen mit Titeln schmückt, die er nie erworben hat, oder bei Zeugnissen auch nur das Datum ändert, begeht eine handfeste Straftat: Urkundenfälschung. Für einen Job einen Knastaufenthalt riskieren? Keine gute Idee – auch mit Blick auf den künftigen Lebenslauf …

Quelle: faz.net, *Das Ich als Mogelpackung*, 20.03.2006

Leistung I

Leistung spricht für sich

Leistung ist stumm, sie spricht nicht. Hätte Otto Hahn die erste Atomspaltung geheim gehalten, Wilhelm Conrad Röntgen über die Entdeckung der »X-Strahlen« geschwiegen oder Günter Grass »Die Blechtrommel« nie veröffentlicht: Keiner von ihnen wäre berühmt, keiner mit dem Nobelpreis ausgezeichnet worden. Stets war es nötig, die Bühne zu besteigen, den Vorhang aufzureißen, die Leistung der Öffentlichkeit zu zeigen – und den eigenen Namen an sie zu heften.

Genau dieses Prinzip gilt in jeder Firma: Es bringt Sie nicht vorwärts, wenn Sie in Ihrem stillen Kämmerlein Bäume ausreißen. Keine Innovation, kein Sparvorschlag, keine Spitzenleistung wird zwangsläufig Ihrem Karrierekonto gutgeschrieben. Mal wird eine Leistung erst gar nicht wahrgenommen, mal geht ein Kollege oder der eigene Vorgesetzte mit der Leistung eines genialen »Stillarbeiters« hausieren.

Wo haben Sie einen Durchbruch geschafft, ein Problem gelöst, einen neuen Weg erschlossen? In welcher Nische gelten Sie als Nummer eins, firmen- oder branchenintern? Machen Sie Ihre Leistung publik: in E-Mails, in Aktennotizen, in Fachartikeln, in Gesprächen. Vor allem: Lassen Sie Ihren direkten Chef und möglichst auch dessen Vorgesetzte davon wissen, zum Beispiel bei Meetings. Erst durch diese Vorarbeit dringt Ihr Name auf die Nominierungsliste vor. Zwar nicht für den Nobelpreis. Aber immerhin für eine Beförderung!

Leistung II

Zufriedene Mitarbeiter leisten mehr

Warum sitzen wir Menschen nicht mehr auf Bäumen? Warum haben wir die Höhlen hinter uns gelassen und uns beheizbare Häuser gebaut? Geschah dies, weil wir mit der Ausgangssituation zufrieden waren? Nein, die Unzufriedenheit mit dem Status quo ist die größte Triebfeder der Evolution, der Motor alles menschlichen Fortschritts.

Für die Mitarbeiterführung lässt sich aus dieser Einsicht

schließen: Es kommt darauf an, die richtige Balance zwischen Zufriedenheit und Herausforderung zu finden. Herrscht nur Zufriedenheit, werden die Mitarbeiter satt und träge. Herrscht nur Herausforderung, fühlen sie sich wie im Hamsterrad, sind irgendwann kraftlos und ausgebrannt.

Ein guter Vorgesetzter sorgt dafür, dass seine Mitarbeiter immer wieder vor Aufgaben stehen, an denen sie wachsen können. Wer sich als Spargelstecher immer nur bückt, sprich durch Routine unterfordert wird, bekommt einen Buckel. Wer dagegen etwa als Ingenieur auch neue Produkte entwirft, sich also nach den Früchten am Baum der Erkenntnis strecken darf, der wächst über sich hinaus.

Mit der Chance, sich zu entwickeln, wächst auch die Arbeitsfreude, anders als durch ein Übermaß an Zufriedenheit. Der österreichische Schauspieler Attila Hörbiger schrieb: »Kein Mensch kann wunschlos glücklich sein, denn das Glück besteht ja gerade im Wünschen.«

Lernen

Man lernt einen Beruf durch die Ausbildung

Vor einigen Jahrzehnten stimmte es tatsächlich: Man füllte sich in den Ausbildungsjahren seinen Rucksack mit so viel Wissen, dass der Vorrat für ein ganzes Berufsleben reichte. Heute ist das unmöglich. Jener Beruf, auf den man vorbereitet wird, existiert am Ende der Ausbildung nicht mehr. Das Rad der technischen Entwicklung dreht sich schneller als je zuvor. Die Globalisierung zwingt die Unternehmen, immer rasanter, immer pfiffiger und immer kostengünstiger zu agieren. Und so bleibt in den Berufsbildern kein Stein auf dem anderen, so verändern sich die Anforderungen laufend.

Das Weltwissen verdoppelt sich alle fünf Jahre. Wenn Sie sich auf dem ausruhen, was Ihnen Ihre Ausbildung vermittelt hat, wissen Sie in fünf Jahren nur noch die Hälfte, in zehn Jahren nur noch ein Viertel und in dreißig Jahren fast nichts mehr. Wer seine Laufbahn in den 1980er Jahren als Schreibmaschinen-Mechaniker begann, sitzt heute entweder auf der Straße oder, bestens dotiert, als EDV-Spezialist vor einem Rechner.

Nur wenn Sie offen für Neues sind, schnell dazulernen, sich heute schon aneignen, was die Märkte morgen vielleicht brauchen werden (sei es eine Fremdsprache, eine soziale Kompetenz oder eine fachliche Fertigkeit): Dann können Sie bis in die hohen Jahre eine gefragte Arbeitskraft sein. Man lernt einen Beruf nicht mehr durch Ausbildung oder Studium: Man lernt ihn ein Leben lang.

Lob

Wer gelobt wird, darf sich freuen

Von Sigmund Freud stammt der Ausspruch: »Gegen Angriffe kann man sich wehren, gegen Lob ist man machtlos.« Lob wird nicht selten als Mittel zum Zweck verwendet. Etwa wenn Ihr Chef mit einem riesigen Aktenstapel in Ihr Büro taumelt, Ihre »grandiose Leistung beim letzten Projekt« lobt – und dann den Arbeitsberg auf Ihrem Schreibtisch ablädt. In diesem Fall ist das Lob nur ein Zuckerguss, der Ihnen eine Zumutung versüßen soll.

Überhaupt ist das Lob ein beliebtes Werkzeug aus der Motivationswerkstatt. Etliche Vorgesetzte preisen ihre Mitarbeiter aus eigennützigen Motiven: Der Lobgesang soll handfeste Wünsche übertönen, so den nach einer Gehaltserhöhung oder einer Beförderung. Das Lob dient als Ersatzbefriedigung, als Trostpflaster für Wünsche, die nicht nur einen feuchten Händedruck, sondern Geld kosten würden.

Und schließlich kann es Ihnen passieren, dass Sie »weggelobt« werden – womöglich auf eine Stelle, wo die Arbeit langweiliger und die Perspektive schlechter ist. Gegen einen Angriff hätten Sie sich wehren können – gegen das Lob, Sie seien für Ihre Stelle überqualifiziert, waren Sie (fast) machtlos.

Darum: Freuen Sie sich über Lob nur dann, wenn es mit dem Handeln Ihres Chefs Hand in Hand geht. Wenn er immer wieder sagt, er sei von Ihrer Arbeit begeistert, darf er Ihrem Gehaltswunsch nicht als tauber Mann begegnen. Ansonsten sollten Sie es wie Odysseus in der Sage halten: Er kam nur deshalb an den Sirenen vorbei, weil er sich an einen Mast binden ließ und seinen Männern die Ohren verstopfte. Falsches Lob kann Sie auf den falschen Kurs locken. Achten Sie auf die Taten!

Loyalität

Loyalität wird belohnt

Götter werden gerne angebetet. Das gilt auch für ihre selbsternannten Stellvertreter auf Erden: die Chefs. Loyalität, die den Chefwillen geschehen lässt, wissen sie zu schätzen: Der treue Adlatus bietet sich für Beförderungen an. Für den Chef würde er durch die Hölle gehen! Würde? Oft muss er! Zum Beispiel, wenn der Chef nach einem schweren Fehler ein Bauernopfer präsentieren muss. Schon etliche Manager aus der zweiten Reihe haben ihren Hut genommen, um dem verehrten Chef seinen Kopf zu retten. Diese Loyalität hat sich gelohnt. Allerdings nur für den Chef!

Das zweite Risiko: Wer sich auf Gedeih und Verderb an eine Firma oder einen Chef bindet, erlebt nicht nur deren Höhenflüge mit – sondern auch die Abstürze. Wenn ein Chef im hohen Bogen rausfliegt, werden ihm nicht selten seine treuen Diener hinterhergeschleudert.

Und Loyalität eines Mitarbeiters gegenüber der Firma bedeutet oft: Er bleibt an Bord, auch wenn der Dampfer sinkt.

Am Ende steht er mit seinen Gehaltsansprüchen irgendwo auf der Liste des Insolvenzverwalters. Kollegen, die sich rechtzeitig gelöst haben, sitzen derweil schon wieder an neuen Arbeitsplätzen.

Der österreichische Erzähler Arthur Schnitzler hat auf den Punkt gebracht, in welchen (seltenen) Fällen sich Loyalität lohnt: »Treue hat nur Wert als ein Gegengeschenk, sonst ist sie die größte Verschwendung.«

Lügen

Lügen haben kurze Beine

Hätten Lügen kurze Beine: Mancher Chef käme nicht mehr ans Gaspedal seines Dienstwagens. Mancher Vorstandsvorsitzende würde bei der Aktionärsversammlung hinter seinem Rednerpult versinken. Und mancher Bewerber bräuchte Stelzen, um nach einem Vorstellungsgespräch im zweiten Stock die Treppen wieder hinabzusteigen.

Die Geschäftswelt ist ein Reich der Illusionen. Was die Personalchefs den abgelehnten Bewerbern schreiben (»Die Absage ist nicht als Geringschätzung Ihrer Person oder Qualifikation zu werten«) – gelogen! Was Vorgesetzte den Mitarbeitern an rosaroten Karriere- und Gehaltschancen ausmalen – gelogen! Was Mitarbeiter erzählen, die sich bewerben (siehe *Lebenslauf*) oder wenn sie morgens zehn Minuten zu spät dran sind – gelogen!

Die Firmen machen das Flunkern in der Werbung vor. Ein Waschmittel wäscht »weißer als weiß«. Ein winziges Schokostäbchen gibt sich als »längste Praline der Welt« aus. Und jede Bank, die langweilige Bausparverträge mit miserabler Rendite verkauft, stellt eine Yacht vor der Haustür in Aussicht.

Sich größer, stärker und prächtiger darzustellen, als man in Wirklichkeit ist, kann ein evolutionäres Programm sein; in der

Natur spricht man von Signalfälschung. Es gibt Käfer, die zwar keinen Stachel, aber das Aussehen von Wespen haben; das schreckt hungrige Vögel ab. Es gibt eine Eule in Mittelamerika, die Erdhöhlen baut und Eindringlinge verjagt, indem sie perfekt das Geräusch einer Klapperschlange imitiert.

Schwindeln in Maßen erhöht die Überlebenschance, auch im Business. Zumal es oft höflicher als die Wahrheit ist. Welcher Bewerber wollte schon in einer Absage lesen: »Bitte belästigen Sie uns nie wieder. Wir halten Sie für einen Schwachkopf, und übrigens: So sehen Sie auf Ihrem Automatenfoto auch aus!«

Quelle: Die Weltwoche, 28/2006

M

Manager I

Manager haben einen sicheren Job

Was haben Militärpiloten und Topmanager gemeinsam? Den Schleudersitz! CEOs sind nicht nur Meister im Entlassen, sondern auch im Entlassenwerden! Im Jahr 2006 räumte weltweit fast jeder siebte CEO seinen Sessel, in Europa sogar jeder sechste – eine Hälfte »unfreiwillig«, die andere im gegenseitigen Einvernehmen (also auch unfreiwillig, siehe *Einvernehmen*). Die Quote der Abgänge ist seit 1995 um siebzig Prozent gestiegen – offenbar nimmt der Druck zu, die Chef-Piloten geraten immer öfter in Turbulenzen.

Woran scheitern die Top-Manager? Jeder Dritte an dem, was er lauthals von seinen Mitarbeitern verlangt hat: an (seiner) Leistung. Andere kommen bei Fusionen unter die Räder, wieder andere laufen ins Messer einer Intrige. Und sicher gibt es auch einige, die nichts gegen ihren Abgang haben: Denn während die Militärpiloten hart aufschlagen, fallen etliche Manager in ein weiches Abfindungs-Netz, das sie ein Leben lang trägt. Nun können sie sich mit interessanteren Problemen beschäftigen. Etwa ihrem Handicap beim Golfen!

Quelle: Unternehmensberatung Booz Allen Hamilton. *CEO Succession 2007*

Manager II

Gute Manager entscheiden nach Faktenlage

Viele Manager funktionieren wie Kaffeeautomaten: Oben kommen harte Fakten rein, unten kommen Entscheidungen heraus. Allerdings sind Beschlüsse, die sich nach Zahlen, Märkten und Experten richten, höchst vorhersehbar – lauwarmer Kaffee. Ein Computerprogramm könnte solche Entscheidungen zuverlässiger fällen.

Wer mit dem Strom seiner Zeit schwimmt, entscheidet mittelmäßig. Mit exzellenten Managern verhält es sich wie mit exzellenten Eishockey-Spielern: Sie stehen nicht dort, wo der Puck *ist*, sondern dort, wo er *sein wird*. Sie sind ihrer Zeit so weit voraus, dass die Mehrheit der Kollegen sie im Abseits wähnt. Die ersten Manager, die auf den Einzug der Computer in die Privathaushalte setzten, die dem »Funkgerät« Handy eine Zukunft abseits der Feuerwehreinsätze voraussagten, die den MP-3-Player für mehr als ein technisches Spielzeug hielten – sie alle mussten viel Spott von ihren Kollegen ernten (denn der Puck lag ja noch ganz woanders), ehe sie ans Ernten der Millionengewinne gehen konnten (dann lag der Puck vor ihren Füßen, und die Fakten-Manager hechelten hinterher). Mit dem amerikanischen Autor Mark Twain gesprochen: »Ein Mann mit einer neuen Idee ist unausstehlich, bis er der Idee zum Erfolg verholfen hat.«

Buchhalter entscheiden nach der Faktenlage. Erstklassige Manager entscheiden aus dem Bauch heraus. Sie haben genau das, was ein Computerprogramm nicht haben kann: Instinkt.

Manager III

Manager haben ein erhöhtes Herzinfarkt-Risiko

Was würden Sie sagen, wenn der Hausarzt einen Kranken nicht zur Kur, sondern ins gehobene Management schickte: »Dort können Sie sich eine Weile erholen.« Was wie ein Witz klingt, ist dicht an der Realität: Eine Manager-Position ist die beste Medizin; sie schützt vor schweren Krankheiten, auch vorm Herzinfarkt. Eine breit angelegte Studie in Großbritannien ergab: Wer ein Büro leitet, lebt im Schnitt 4,4 Jahre länger als seine Mitarbeiter. Je höher ein Mensch in der Hierarchie steht, desto größer die Chance, dass er seinen 80., 90. oder 100. Geburtstag feiern darf.

Diesen Hauch von Unsterblichkeit erklärt der britische Epidemologe Sir Michael Marmot mit dem »Status-Syndrom«: Wer in der Hackordnung oben steht, muss weniger Fremdbestimmung, weniger Kommandos anderer und damit weniger Stress erdulden. Er teilt sich seine Arbeit selbst ein, wird fürstlich entlohnt, genießt Ansehen. Das tut dem Ego, aber auch der Gesundheit gut.

Anders der »kleine Mitarbeiter«: Er ist den Entscheidungen seiner Vorgesetzten wie Naturkatastrophen ausgeliefert. Ständig muss er mit neuen Arbeitsfluten, mit schwierigen Aufträgen, mit Unvorhersehbarem rechnen. Die Folge ist Dauerstress, endlose Bereitschaft zu Kampf oder Flucht. Diese Anspannung kurbelt die Produktion des Stresshormons Cortisol an und lässt das Krankheitsrisiko nach oben schießen. Gerade Arbeit, die schlecht belohnt wird, steigert das Risiko, einen Herzinfarkt zu bekommen (wie der Düsseldorfer Medizinsoziologe Johannes Siegrist nachweist). Chefs, die mit Anerkennung und Gehalt geizen, können ihre Mitarbeiter nicht nur frustrieren, sondern geradezu liquidieren.

Dagegen stehen Manager unter positivem Stress. Zwar jammern sie über ihren vollen Terminkalender, die vielen

Reisen und die endlosen Meetings. Aber zwischen den Zeilen schwingt mit: »Seht her: Ich bin wichtig!« Das dürfte auch der Grund sein, warum etliche Manager ihren Renteneintritt hinauszögern. Kein Problem, sie werden ja steinalt …

Quelle: Brand Eins, 02/06

Managertitel

Ein Manager-Titel ist Gold wert

Früher war der »Manager« ein Konzernlenker, hochbezahlt und hochangesehen. Heute wird dieser Titel so ziemlich jedem ans Hemd geheftet, der nicht schnell genug zur Seite springt. Wer einst als Hausmeister die Mülleimer an die Straße stellte, tut es heute als »Facility Manager«. Und wer einst als Staubsauger-Vertreter an den Haustüren läutete, klingelt heute als »Sales Manager«.

Was diese Euphemismen sollen? Beschönigen sollen sie! Jeder Manager-Titel ist ein Köder, den die Unternehmen in Stellenanzeigen auslegen, vorzugsweise bei langweiligen Jobs. Ein »Facility Manager« findet sich leichter als ein Hausmeister. Und so manche Beförderung lässt weder das Gehalt noch die Verantwortung wachsen, sondern lediglich den Titel auf der Visitenkarte – um das Zauberwort »Manager«.

Diesen Blödsinn haben sich natürlich echte »Manager« ausgedacht – eine Spezies, die man übrigens daran erkennt, dass sie hierarchische Verantwortung für Mitarbeiter trägt und über einen Etat verfügt. Die Jahresgehälter beginnen zwischen 60.000 und 75.000 Euro im mittleren Management – und reichen hinauf bis in Ackermann'sche Höhen, also zweistellige Millionenbeträge.

MBA

Ein MBA-Abschluss bringt zwangsläufig Gehaltssprünge

Wäre es klug, bei McDonald's nachzufragen, wie gesund ein Big Mac ist? Wohl kaum, denn dort verkauft man solche Burger. Ist es klug, bei Business Schools nachzufragen, welche Gehaltssprünge ein MBA-Abschluss bringt? Wohl kaum, denn dort verkauft man solche Abschlüsse.

Die Schulen rühren die Werbetrommel: Der MBA sei ein Sprungbrett fürs Gehalt, Absolventen bekämen im Schnitt über 80.000 Euro. Aber wie sehen das die angeblichen Financiers dieser Gehälter, die Unternehmen? Eine Studie der Goethe Business School ergab: Nur vier von hundert deutschen Arbeitgebern betrachten ein höheres Gehalt als Folge der Zusatzausbildung.

Die Wahrheit liegt in der Mitte: Zwar gibt es kein Naturgesetz, dass der MBA Gehälter ebenso zwangsläufig steigen wie die Schwerkraft Äpfel vom Baum fallen lässt. Doch öffnet der MBA die Tür zu Positionen, hinter denen stattliche Gehälter warten.

Doch Achtung: MBA ist nicht gleich MBA! Allein das Renommee der Schule bestimmt den Wert des Titels. Wer sich an einem namenlosen Institut einschreibt, verdirbt sich die Gehaltschancen. Die Investment-Banken und Beratungsfirmen zahlen die höchsten Vergütungen, sie suchen Absolventen von Häusern mit internationaler Akkreditierung: Harvard, Wharton, Kellogg, Stanford, Insead oder die London Business School. Dort sind die Dozenten erstklassig, die Netzwerke legendär und die Ansätze höchst international – diese Vorzüge treiben das Gehalt nach oben; 80.000 Euro (oder mehr) sind tatsächlich drin.

Dagegen liegt das Einstiegsgehalt mit einem guten deutschen MBA bei 60.000 bis 70.000 Euro. Keine schlechte

Summe – aber doch etliche »Big Macs« weniger als von den Schulen versprochen.

Quellen: FTD.de, *Wann der Master am Doktor vorbeizieht*, 10.02.2006
FTD.de, MBA-Studie: *Bessere Karrierechancen, aber nicht mehr Gehalt*, 03.05.2007
Handelsblatt, 23.11.2006

Meeting I

Je mehr Meetings, desto besser ist eine Firma organisiert

Mit hoher Wahrscheinlichkeit saß der Münchener Komiker Karl Valentin gerade in einem Chef-Meeting, als er auf ein Blatt kritzelte: »Es ist schon alles gesagt, nur noch nicht von allen.« Viele Sitzungen zeichnen sich dadurch aus, dass Probleme nicht gelöst, sondern zerredet werden. Dabei geht die Diskussion oft am Kern vorbei, wie der britische Soziologe Cyril Parkinson beobachtet hat: Die Teilnehmer besprechen nicht, was am wichtigsten ist, sondern nur, womit sie sich am besten auskennen. Wenn es um eine Fusion geht, befasst man sich eher mit der künftigen Aufteilung der Chefparkplätze vor dem Haus als mit der undurchschaubaren Frage, ob das ganze Vorhaben sinnvoll ist.

Management-Kenner wie der St. Gallener Professor Fredmund Malik sagen: Eine hohe Anzahl von Meetings deutet nicht auf eine gute, sondern auf eine schlechte Organisation hin. Wo eine Hand fragen muss, was die andere gerade tut, wo Kompetenzen und Ziele unklar sind, wo Marktschreierei vor Effektivität kommt, dort werden die Meetings als Reparaturbetrieb oder als Zirkusarena missbraucht.

Umgekehrt gilt: Je mehr die Mitarbeiter und Abteilungen selbst entscheiden können, je selbstverständlicher ein Rädchen ins andere greift, je besser eine Firma organisiert ist, desto weniger Sitzungen sind erforderlich. Und desto mehr Arbeit wird geschafft.

Quelle: Malik, F., *Führen, Leisten, Leben*, Heyne 2001

Meeting II

Beim Meeting trifft sich der geballte Sachverstand

Eines Tages war Zeus, der oberste griechische Gott, gnädiger als sonst: Er ließ Tantalos, seinen Sohn, an der Tafel der Götter speisen. Und was tat dieser? Er stahl Nektar und Ambrosia. Er verriet die Geheimnisse der Götter an die Menschen.

Vielleicht ist das der Grund, warum die Chefs bei Sitzungen unter sich bleiben wollen. Hunden (sofern sie nicht dem Chef gehören) und Mitarbeitern (sofern sie nicht den Kaffee servieren) ist der Zutritt verboten. Der geballte Sachverstand bleibt also vor der Tür.

Oder haben Sie je gehört, dass die Manager eines Einzelhandels-Konzern einen einfachen Verkäufer an ihren Konferenztisch gebeten hätten, um zu hören: »Was wollen die Kunden zurzeit?« Haben Sie je gehört, dass die Manager einer Spedition einen Lkw-Fahrer in ihre Sitzung gerufen hätten, um ihn vor der Anschaffung eines neuen Fuhrparks zu fragen: »Welche Lkws haben sich bewährt?« Und auch im Frankfurter Turm der Deutschen Bank saß wohl keine einfache Schalter-Angestellte einer Kleinstadt-Filiale am Sitzungstisch, als man vor einigen Jahren auf die kühne Idee kam, einen Teil der Privatkunden in ein hauseigenes Arme-Leute-Institut (»Deutsche Bank 24«) abzuschieben – erst die Reaktion der Öffentlichkeit machte die weltfremden Manager auf ihren Fehler aufmerksam und ließ sie ihn Jahre später korrigieren.

Die Ausgrenzung der Belegschaft ist eine zweifache Dummheit. Nicht nur, weil man die Quellen des Sachverstands im eigenen Haus erst gar nicht anzapft. Auch weil Mitarbeiter auf

Entscheidungen, die sie nicht beeinflussen konnten, wie auf nicht bestellte Postpakete zu reagieren pflegen: mit Annahmeverweigerung. Und was bringen Beschlüsse, wenn sie nicht mit ganzem Herzen umgesetzt werden? Diskussionsstoff fürs nächste Meeting!

Mitarbeitergespräch

Das Mitarbeitergespräch findet im Chefbüro statt

»Morgen bin ich um 10 Uhr im Chefbüro. Dann habe ich mein Mitarbeitergespräch.«

»Warum im Chefbüro?«

»Weil das bei uns schon immer so ist.«

»Man kann eine Sache auch zwanzig Jahre lang falsch machen, sagt Tucholsky. Das Chefbüro ist nicht der richtige Ort für ein Mitarbeitergespräch.«

»Warum denn das?«

»Weil Sie in die Höhle des Löwen müssten. Ihr Chef hat Heimvorteil. Er ist der Hausherr, thront womöglich hinterm Schreibtisch. Sie dagegen sind nur ein gelittener Gast. Wie soll da ein Gespräch auf einer Augenhöhe zustande kommen?«

»Ein anderer Raum macht noch keinen anderen Chef!«

»Aber er kann die Atmosphäre entspannen. Zumal im Chefbüro die Ablenkung größer sein kann: Telefonate werden durchgestellt, Unterschriften-Mappen hereingereicht, und mit etwas Pech platzt auch noch der Geschäftsführer ins Büro. Im Konferenzraum haben Sie absolute Ruhe.«

»Aber wie bewege ich meinen Chef dorthin?«

»Laden Sie ihn in den Konferenzraum ein. Betonen Sie seinen eigenen Vorteil: die Ungestörtheit. Ich verspreche Ihnen: Das Gespräch wird ruhiger und konstruktiver verlaufen.«

»Und Sie sind sicher, dass der Löwe nicht brüllen wird?«

»Jedenfalls nicht so leicht wie in der eigenen Höhle!«

Mittelständische Betriebe

Mittelständische Firmen bieten schlechtere Perspektiven als große

Alle Sportvereine wollen in die Bundesliga, alle Gläubigen in den Himmel, und (fast) alle Berufseinsteiger wollen in einen DAX-Konzern. Dabei übersehen sie eine interessante Chance: die Laufbahn im Mittelstand. Hier sind Führungskräfte eine begehrte Mangelware, wie das Institut der deutschen Wirtschaft betont: Bei jedem zweiten Mittelständler kommt es in den nächsten zehn Jahren zu einem Wechsel an der Geschäftsspitze – zwei Drittel aller Positionen werden *nicht* von Familienangehörigen besetzt.

Mittelständler suchen Führungskräfte. Die Hierarchien sind nicht so steil, die Wege nicht so lang und die Chefs nicht so unnahbar wie in Konzernen. Für eine Idee, die Ihnen beim Frühstück einfällt, können Sie vor dem Mittagessen schon grünes Licht vom Chef bekommen, dessen Büro nur ein paar Schritte neben Ihrem liegt. Solche Entscheidungen ziehen sich in Konzernen nicht selten von Ostern bis Weihnachten hin, ehe die Ideen im Sande verlaufen – oder als Geniestreiche konzernweit gefeiert werden, nur plötzlich unter dem Namen Ihres Vorgesetzten.

Die Mittelständler vergeben sieben von zehn Arbeitsplätzen in Deutschland, darunter 600.000 Positionen für Führungskräfte. Im Gegensatz zu den Großunternehmen haben sie die letzten Jahre nicht gefeuert, sondern geheuert. Vielleicht ist es nicht unklug, sich bei der Karriereplanung an einen Vers Friedrich Nietzsches zu erinnern: »Bleib nicht auf ebnem Feld! Steig nicht zu hoch hinaus! Am schönsten sieht die Welt von halber Höhe aus.«

Quelle: Junge Karriere, Newsletter, 03.07.2007

Mobbing I

Unfaire Anfeindungen am Arbeitsplatz sind »Mobbing«

»Ich bin Mobbing-Opfer!« Mit diesen Worten eröffnete Martha Blum (55) die Karriereberatung. Auf meine Nachfrage hin stellte sich heraus, dass sie von einer Kollegin seit zwei Wochen nicht mehr gegrüßt wurde. Weitere Vorfälle? Fehlanzeige.

Wer von einem Büronachbarn mal gestichelt, von seinem Chef schlecht informiert oder von einem Konkurrenten für ein paar Wochen geschnitten wird, denkt schnell, er stehe im Mobbing-Feuer. Doch wie ein Schnupfen noch keine Lungenentzündung ist, sind diese Konflikte noch kein Mobbing. Der Begriff stammt aus dem Englischen: »Mob« steht für Pöbel, Gesindel, Horde; »to mob« für anpöbeln, über jemanden herfallen. Der schwedische Arbeitsmediziner Heinz Leymann, Pionier der Mobbing-Forschung, hat den Sachverhalt an fünf klare Voraussetzungen geknüpft:

1. Ein Mensch ist Angriffen ausgesetzt – Angriffen auf die Möglichkeit, sich mitzuteilen, auf seine sozialen Beziehungen, auf sein soziales Ansehen, auf seine (berufliche) Lebensqualität oder auf seine Gesundheit.
2. Diese Angriffe finden mindestens einmal pro Woche statt.
3. Die Attacken erstrecken sich über mindestens ein halbes Jahr.
4. Das Opfer wird isoliert und eingeschränkt.
5. Es gibt einen (oder mehrere) Täter, die zum Angriff blasen.

Erst wenn alle diese fünf Bedingungen erfüllt sind, vor allem die lange und kontinuierliche Einschränkung, kann man sagen: Das ist kein Foppen – das ist Mobben! Diese Erkenntnis kann Ihnen helfen, vorübergehende Verstimmungen richtig einzuordnen. Konflikte sind notwendig, sie können die Luft reinigen. Mobbing lässt sich oft abwenden, wenn Sie das Strohfeuer austreten, ehe es zum Flächenbrand wird, also schnell ein klärendes Gespräch suchen. Diesen Weg nahm schließlich auch Martha Blum, indem sie auf ihre Kollegin zuging. Schnell ließ sich der Grund für Verstimmung, ein missverstandener Scherz, aus der Welt schaffen. Vorschnelle Mobbing-Vorwürfe wären Öl ins Feuer gewesen.

Quelle: Leymann, H., *Mobbing*, Rowohlt 1993

Mobbing II

Frauen werden vor allem von Männern gemobbt

Laura Burney lebt in der Hölle, will heißen: unter demselben Dach wie ihr tyrannischer Ehemann. Der schikaniert sie, wo er nur kann. Sogar die Anordnung der Lebensmittel im Kühlschrank schreibt er ihr vor. »Der Feind in meinem Bett« heißt dieser Film, das Verhaltensmuster lautet: Mann triezt Frau. Gilt das auch an den Arbeitsplätzen?

Alle Mobbing-Studien sprechen die Männer von dem Vorwurf frei, ihre weiblichen Kolleginnen besonders zu mobben. Nachweisen lässt sich ein anderes Phänomen: Stutenbissigkeit. Wenn Frauen am Arbeitsplatz angegriffen werden, dann vor allem von anderen Frauen. Der Feind in meinem Büro: für Frauen meist eine Feindin!

Beim Mobbing gilt dasselbe wie bei Gewaltverbrechen: Die Männer gehen recht plump ans Werk (»Erschlagen«), die Frauen ziehen subtilere Angriffe vor (»Giftmord«). Sie streuen Gerüchte, machen süß-bittere Komplimente, sagen durch ein Augenrollen mehr als durch Schimpftiraden. Oder sie lassen nebenbei Bemerkungen fallen wie: »Du siehst aber kaputt aus heute Morgen – schlecht geschlafen?«

Wer sich als Mann über diese »Stutenbissigkeit« lustig macht, dem bleibt bei einem Blick in die Statistik das Lachen im Halse stecken: Die »tollen Hengste« sind auch nicht besser; Männer werden vor allem von Männern gemobbt. Ausgleichende Gerechtigkeit? Nein, denn Mobbing ist grundsätzlich ungerecht!

Quelle: Leymann, H., *Mobbing*, Rowohlt 1993

Mobbing III

Alle Altersklassen werden gleichermaßen gemobbt

Man sollte mal untersuchen: Macht Mobbing graue Haare? Oder machen graue Haare Mobbing? Tatsache ist: Mit dem Lebensalter steigt das Risiko, ein Mobbing-Opfer zu werden. Eine Umfrage des Markt- und Sozialforschungsinstituts *Ifak* in Taunusstein ergab: Von den über 50-Jährigen fühlen sich 16 Prozent gemobbt, doppelt so viele wie unter Arbeitnehmern, die noch keine dreißig sind.

Ziehen ältere Mitarbeiter dicke Luft an? Oder haben sie nur eine dünnere Haut? Sicher ist: Die eiserne Hand der Massenentlassung greift vor allem nach den Älteren. Und wer ohnehin auf der Abschussliste steht, sich aber gegen den Rauswurf wehrt, wird nicht selten zum Freiwild: Der Chef wirft den ersten Stein, die Kollegen folgen seinem Vorbild, und bald ist eine teuflische Treibjagd im Gange.

Wer die Nerven verliert, kündigt von sich aus; das kostet ihn seinen Anspruch auf eine Abfindung. Wer klug ist, führt ein Mobbing-Tagebuch, um vor Gericht die Hetzjagd dokumentieren und seine Rechte durchsetzen zu können.

Quelle: Focus-Online, *Jeder Achte ist Mobbing-Opfer*, 09.01.2008

Mobbing IV

Der Chef ist der Mobber Nummer eins

Der Mörder ist nicht immer der Gärtner, der Mobber ist nicht immer der Chef! Die meisten Mobbing-Konflikte werden auf derselben Hierarchieebene ausgetragen, zwischen Kollegen und Kolleginnen. Mal rangeln zwei Mitarbeiter um dieselbe Position und fahren die Ellbogen aus. Mal stempelt ein Team jenen, der (vermeintlich) einen Bock geschossen hat, zum

Sündenbock. Und mal bekommt ein besonders begabter Mitarbeiter, der vorm Chef gern auftrumpft, dauerhaft Klassenkeile wie der Streber in der Schule.

Dass Menschen gerne mobben, hängt damit zusammen, dass sie selbst nicht gemobbt werden wollen (eine Gefahr, die für Chefs deutlich geringer ist). Wer mit der Meute einen anderen durchs Dorf treibt, kann derweil nicht getrieben werden. Lieber Täter als Opfer sein! Vom US-Psychologen Stephen Karpman stammt das »Drama-Dreieck«. Dieses Modell soll erklären, warum sich die Menschen immer wieder in die Haare kriegen. Danach nehmen wir wechselweise drei Rollen ein: Verfolger, Opfer, Retter.

Wer nun hofft, die Chefs seien Retter in der Mobbingnot, will den Bock zum Gärtner machen. Denn ganz so unschuldig sind die Bosse nicht. Der Frankfurter Psychologe Prof. Dieter Zapf nahm rund 400 Mobbing-Fälle unter die Lupe und fand heraus: In siebzig Prozent der Fälle mischt bei diesem schmutzigen Spiel ein Vorgesetzter mit, direkt oder indirekt. Manchmal schlägt der Gärtner nicht selbst mit seiner Hacke zu, sondern drückt sie anderen in die Hand ...

Quelle: dpa, 02.11.2005

Montag

Montag geht's gut erholt an die Arbeit

1919 machte der Psychologe Sandor Ferenczi eine kuriose Entdeckung: Auffallend viele Menschen, denen bei der Arbeit nichts fehlte, klagten an den Wochenenden über Kopfschmerz, Übelkeit und Depression. Ferenczi sprach von der »Sonntagsneurose«. Dasselbe Phänomen wird bis heute beobachtet, man spricht von »Entlastungsdepression«.

Der Körper verhält sich wie ein Bizeps: Solange er angespannt ist, solange ihn die Stresshormone zu höchster Leistung treiben, hält er fast alles aus. Doch sobald er sich entspannt, wird er verletzbar. Das erklärt die Krankheiten und Krisen am Wochenende und im Urlaub.

Achtzig Prozent der Deutschen bezeichnen den Montag als schlimmsten Tag der Woche, fand das Schlafmedizinische Zentrum der Uni Regensburg heraus. Die Arbeit überschattet schon die Nacht von Sonntag auf Montag: Dann leidet jeder achte Arbeitnehmer an Schlafstörungen. Seine Gedanken sind bereits dort, wo er am nächsten Tag sein wird – bei der Arbeit.

Wenn am Montag also übernächtigte Gestalten in die Firma taumeln, muss das nicht unbedingt an Party-Exzessen liegen (wie der Chef vermutet), sondern daran, dass die Mitarbeiter schon nachts bei der Arbeit waren. Unbezahlt. In Gedanken.

Quelle: Wehrle, M., *Der Feind in meinem Büro*, Econ 2005

Motivation I

Der Chef ist für die Motivation zuständig

Der Chef hielt sich für eine Motivationskanone: Er warf mit Lob nur so um sich, kürte einen »Mitarbeiter des Monats«, winkte mit Reise-Gutscheinen, versprach Prämien und saß beim Betriebsausflug gleich neben dem Busfahrer, um in jeder Ansage den Teamgeist zu beschwören.

Aber ist es wirklich die Aufgabe eines Vorgesetzten, seinen Mitarbeitern ein Motivations-Implantat zu verpflanzen? Nein, denn mit der Motivation von außen, auch extrinsische Motivation genannt, verhält es sich wie mit Seife: Je öfter ein Chef sie benutzt, desto kleiner wird sie.

Das erste Lob in der Woche treibt den Mitarbeiter noch zu Höchstleistungen, aber das zehnte verpufft. Im ersten Jahr lässt eine Prämie von 1.000 Euro den Arbeitsmotor noch auf Höchsttouren laufen – doch im zweiten Jahr sollten es schon 2.000 Euro sein …

Wer Spaß an seiner Arbeit hat und einen Sinn darin sieht, muss nicht zum Jagen getragen werden; er ist intrinsisch motiviert. Fast alle Höchstleistungen kommen ohne äußere Motivation zustande: Wer auf den Mount Everest klettert, sich durch den Iron Man auf Hawaii quält oder mit dem Motorrad durch die Wüste knattert, der schöpft seine Motivation von innen. Diese Leistungen in der Freizeit zeigen, welche Motivations- und Willenskräfte in Mitarbeitern schlummern.

Daher kam US-Psychologe Frederick Herzberg zu der Erkenntnis: Gute Chefs kümmern sich in erster Linie nicht darum, Mitarbeiter aktiv zu motivieren – sondern sie sorgen dafür, dass die demotivierenden Faktoren, etwa bürokratische Hindernisse oder zu niedrige Gehälter, aus dem Weg geräumt werden (Herzberg sprach von »Hygienefaktoren«).

Als Chef sollten Sie Ihren Motivationstropf abstellen und das darin enthaltene Dopingmittel durch ehrliche Rückmeldung ersetzen. Sie werden staunen, wie schnell sich Ihre Leute von siechenden Patienten zu aktiven Arbeits*kräften* entwickeln.

Als Mitarbeiter sollten Sie sich immer wieder fragen: Was brauche ich, um den größten Spaß an meiner Arbeit zu haben? Mehr von Ihrer Lieblingsaufgabe? Größere Entscheidungsfreiheit? Grünes Licht für eine Innovation? Machen Sie Ihrem Chef klar, dass er Sie auf diese Weise in Ihrer *Eigenmotivation* unterstützen und damit noch bessere Ergebnisse erwirken kann.

Motivation II

Schlechte Arbeit lässt meist auf schlechte Motivation schließen

Der Abteilungsleiter legt seine Stirn in Gewitterfalten: Die Leistung des Mitarbeiters hinkt der Erwartung hinterher. Woran es liegt? Keine Frage: »Er ist schlecht motiviert!« Als käme es bei der Arbeit nur auf die Leistungsbereitschaft, nur auf den Willen des Mitarbeiters an. Diese Annahme ist falsch, denn die Leistung setzt sich aus zwei weiteren Faktoren zusammen: der »Leistungsfähigkeit« und der »Leistungsmöglichkeit«.

Leistungsfähigkeit: So mancher junge Ingenieur, der ein Projekt leitet, ist Feuer und Flamme. Doch weil er von Projektmanagement herzlich wenig versteht, bekommt er nichts auf die Reihe. Seine Fähigkeiten hätten gestärkt werden müssen, etwa durch eine Fortbildung in Projektmanagement. Ebenso scheitern viele Neuchefs kaum daran, dass sie nicht führen wollen, sondern daran, dass sie nicht führen können.

Leistungsmöglichkeit: Bekleidet der Mitarbeiter überhaupt eine Position, in der er seine Talente einbringen kann? Wie Franz Beckenbauer, der seine Karriere als Linksaußen begann, aber erst als Libero so richtig glänzen konnte, werden viele Mitarbeiter an der falschen Stelle eingesetzt. Oder die äußeren Umstände verhindern den Erfolg. Sogar der beste Verkäufer scheitert mit einem Produkt, das der Markt so wenig braucht wie der Hecht eine Taucherbrille. Wollen ist das eine – Können das andere!

Multitasking

Multitasking ist ein gefragtes Talent

»Gerade fiel mir auf, dass Sie während unseres Gespräches einen Blick auf Ihre SMS geworfen haben.«

»Seien Sie bitte nicht gekränkt! Ich bin nun mal ein Talent im Multitasking. Ich kann zwei, drei Dinge zur selben Zeit tun. Wenn ich zum Beispiel an einem Konzept schreibe, fällt es mir leicht, nebenbei E-Mails zu beantworten, einen Download abzuschließen oder den Kollegen etwas zu erklären.«

»Und wissen Sie, was ich kann? Ich kann als Autofahrer bei Tempo 160 mit einer Hand SMS schreiben, mit einem Auge Zeitung lesen und mit der Stirn einen Morsecode hupen.«

»Sie wollen mich veralbern!«

»Haben Sie eine Ahnung, warum ich all das – obwohl ich es *könnte!* – nicht tue?«

»Na weil Sie sich aufs Fahren konzentrieren müssen!«

»Richtig, ich konzentriere mich aufs Wesentliche. Und das sollten Sie bei der Arbeit auch tun. Multitasking zeigt, dass Ihre Prioritäten nicht stimmen. Die wichtigen Aufgaben leiden immer, wenn sie von unwichtigen unterbrochen werden. Unser Gehirn kann zur gleichen Zeit nur einen Gedanken denken.«

»Aber was soll ich machen, wenn mir ein Kollege dazwischenfunkt?«

»Wie wäre es mit einem Satz wie: ›Ich sitze gerade an einer wichtigen Sache – kommen Sie bitte in einer Stunde noch mal auf mich zu, wenn es wichtig ist.‹ Sie werden staunen, wie viele Vorgänge sich in der Zwischenzeit erledigen.«

»Und die E-Mails? Soll ich das Eingangsgeräusch etwa ignorieren?«

»Stellen Sie es ab! Und schauen Sie nur zu geregelten Zeiten in Ihren Posteingang. Je seltener, desto besser.«

»Und Sie sind sicher, dass ich mit einer solchen Arbeitsweise nicht ins Schleudern gerate?«

»So wenig wie ich auf der Autobahn, wenn ich mich ganz auf die wichtigste Sache konzentriere: das Fahren!«

Mutter

Muttersein qualifiziert nicht für den Beruf

Mütter im Beruf? Machos denken an Halbtagskräfte, die körperlich zwar im Büro, in Gedanken aber immer bei den Kindern sind – weil der Kindergarten gleich aus, die Pocken-Impfung fällig oder ein Geburtstagskuchen zu backen ist.

Doch Kinder müssen keinen Karriereknick, sie können auch einen Karrierekick bedeuten. Eine Studie der Bertelsmann Stiftung, die das Arbeitsleben von 500 Frauen unter die Lupe nahm, kommt zu dem Ergebnis: Mütter sind die besseren Führungskräfte! Die Familie wirkt wie eine Management-Schule: Jede Mutter weiß, wie man blitzschnell auf Krisensituationen reagiert (Lisa stürzt!), wie man schwierige Köpfe führt (Max will nicht ins Bett!), wie man Großereignisse organisiert (Kindergeburtstag!) und pragmatische Entscheidungen durchsetzt (Gummibärchen nur in Maßen!).

Wenn eine Frau es schafft, als Mutter einen guten Job zu machen, wird sie auch mit wählerischen Kunden, mit schwierigen Mitarbeitern, ja mit jeder Herausforderung fertig. Oft besser als Väter, die ihren Kindern nur am Wochenende, zwischen Golfplatz und Stammtisch, durch die Haare wuscheln. Jede Mutter sollte einmal prüfen, wie viele Parallelen es zwischen Erziehung und Arbeitsplatz gibt. Damit lässt sich in einem Bewerbungs- oder Beförderungsgespräch offensiv argumentieren. Um nicht zu sagen: kinderleicht!

Quelle: Bertelsmann Stiftung, Gütersloh. *Karrierek(n)ick Kinder: Mütter in Führungspositionen – ein Gewinn für Unternehmen*, 2006

N

Namen

»Namen sind wie Schall und Rauch.«

Mit diesem Satz (aus dem »Faust«) irrt Herr Goethe! Im Business macht es einen erheblichen Unterschied, ob ein Bewerber sagt: »Ich kenne den Vorstand eines wichtigen Kunden von Ihnen.« Oder: »Herr Wenger – also Karl-Heinz – ist ein Golfkollege von mir.« Die Namen wichtiger Persönlichkeiten färben auf den ab, der sie in den Mund nimmt; man spricht von »Namedropping«.

Das fängt beim Studium an: Wer bei Professor Paul Kirchhof Steuerrecht studiert, steigert seine Berufschancen. Zwar wissen wir nicht, ob der Ex-Bundesverfassungsrichter seine Studenten besser ausbildet als andere Professoren. Aber wir wissen, dass sein Name bekannt ist und mit ihm eine hohe Kompetenz verbunden wird.

Auch der Name einer Universität kann bestenfalls ein Güte-, schlimmstenfalls ein »Meine Güte«-Siegel sein: Es macht einen großen Unterschied, ob man an der TU in München (die jeder kennt) oder der TU in Ilmenau (die auch gut, aber weniger bekannt ist) studiert hat. Ein Name kann Licht oder Schatten werfen.

Das gilt auch im fortgeschrittenen Berufsleben: Wer wichtige Menschen kennt, wer ihre Namen in Gespräche einstreut, gilt selber als wichtig. Das funktioniert auch mit Prominenten. So hat es der leitende Angestellte eines Rückversicherers geschafft, auf der Frankfurter Buchmesse ein längeres Gespräch mit Frank Schirrmacher zu führen, dem Autor des Buches »Das

Methusalem-Komplott«. Bei einer Begegnung mit den gehobenen Managern seiner Firma berichtete er davon, fand höchste Aufmerksamkeit und wurde ein paar Monate später befördert. Das Namedropping war zumindest der Türöffner.

Netzwerke I

Gutes Netzwerken heißt: sich Helfer suchen

»Was verstehen Sie unter einem Netzwerk?«, frage ich in den Vortragsraum. Eine blonde Frau in der letzten Reihe ruft: »Das sind Menschen, die mich in schwierigen Situationen unterstützen.« Ein graumelierter Herr pflichtet murmelnd bei: »Hier bekomme ich wichtige Informationen, die mich im Beruf voranbringen.«

Diese Antworten sind nicht falsch, aber sie zielen an der entscheidenden Hälfte der Wahrheit vorbei: Gutes Netzwerken heißt nicht nur, sich unterstützen zu lassen; es heißt auch: zu unterstützen! Man kann sich das wie bei einem Konto vorstellen: Auf Dauer steht nur zur Verfügung, was man vorher eingezahlt hat; das Verhältnis zwischen Geben und Nehmen muss ausgewogen sein.

Ehe Sie jemanden in Ihr Netzwerk aufnehmen, fragen Sie sich nicht nur, wie er Ihnen nützlich sein kann – sondern auch umgekehrt. Gehen Sie in Vorleistung, unterstützen Sie die Menschen in Ihrem Netzwerk, pflegen Sie den Kontakt durch Anrufe und E-Mails – und zwar ehe Sie etwas wollen.

Ein so gepflegtes Netzwerk sprudelt oft wie von alleine. Ihre Netzwerk-Partner werden Ihnen alle relevanten Informationen zutragen, ohne dass Sie ständig danach fragen.

Netzwerke II

Die besten Jobtipps kommen von Freunden und Bekannten

»Ich habe sämtliche Freunde und Bekannte schon gefragt: Niemand weiß einen Job für mich.«

»Das war zu erwarten.«

»Wie bitte? Sie haben mir doch gepredigt, dass ich mein Netzwerk nutzen soll!«

»Erzählen Sie mal, woher Sie Ihre Freunde und Bekannten kennen.«

»Viele arbeiten in derselben Firma wie ich. Einige kenne ich aus unserem örtlichen Tennisclub. Andere sind wie ich im Gemeinderat aktiv.«

»Das bedeutet doch: Sie alle bewegen sich im selben Dunstkreis – in derselben Firma, derselben Gemeinde, womöglich demselben Freundeskreis. Ihre Ohren werden mit denselben Neuigkeiten gespeist, Ihre Augen nehmen dieselben Bewegungen wahr. Warum sollten die anderen von einer Stelle wissen, ohne dass Sie schon davon wüssten?«

»Wenn das so ist, kann ich mein Networking wohl einstellen.«

»Nicht einstellen – umstellen! Sorgen Sie dafür, dass der Ballon Ihrer Stellensuche über den Dunstkreis Ihres Bekanntenkreises hinausschwebt. Sprechen Sie Menschen an, zu denen Sie nur eine lockere Bindung haben. Bitten Sie Ihre Freunde und Bekannten, wiederum Bekannte einzuspannen.«

»Hören Sie mal! Das ist doch absurd, dass Fremde für mich auf die Jobsuche gehen.«

»Nein, es ist effektiv. Diese Menschen sind weit genug von Ihnen weg, um andere Chancen zu sehen: Jobs in Gegenden, wo Sie niemanden kennen; Jobs in Branchen, zu denen Sie noch keinen Zugang haben; Jobs über Kontakte, die weiter reichen als die Ihrer direkten Bekannten.«

»Und das soll funktionieren?«

»Der Soziologe Mark Granovetter hat in Studien nachgewiesen: Wer beim Netzwerken über Bande spielt, hat deutlich bessere Chancen als einer, der nur unmittelbare Kontakte nutzt. Die schwachen Verbindungen sind die effektivsten.«

»Vielleicht doch kein schlechter Tipp.«

»Klar, er kommt ja von mir – und ich gehöre bislang auch nicht zu Ihrem Bekanntenkreis …«

Quelle: Granovetter, M. S., *The Strength of Weak Ties.* American Journal of Sociology 78, 1973

Niederlassung

Wer in einer Niederlassung brilliert, landet im Top-Management

Stellen Sie sich vor, eine Sprinterin läuft Weltrekord. Aber niemand, bis auf ihre lokale Trainerin, hat auf die Stoppuhr gedrückt. Was bringt ihr die Spitzenleistung dann? Ähnlich kann es brillanten Mitarbeiterinnen in Niederlassungen gehen: Sie sind zu weit vom Schuss, zu weit vom Top-Management in der Zentrale entfernt, um mit ihren Leistungen den *Richtigen* aufzufallen. Zumal ihre direkten Vorgesetzten in der Niederlassung kein Interesse daran haben, ihre »Top-Athleten« an die Zentrale abzutreten; das würde den eigenen Geschäftsbereich schwächen.

Wer Karriere machen will, sollte nicht im Beiboot reisen, sondern möglichst rasch auf den Hauptdampfer klettern. Und je näher er der Kapitänsbrücke in der Zentrale, je vertrauter er den Unternehmenslenkern ist, desto größer die Wahrscheinlichkeit, dass er entdeckt und in eine spannende Position befördert wird. Besonders aussichts-, aber auch risikoreich sind daher Assistenz-Posten (siehe *Assistent der Geschäftsleitung*).

O

Öffentlicher Dienst

Man kann vom öffentlichen Dienst nicht in die Wirtschaft wechseln

Mancher sieht die Arbeitswelt wie einen Fluss mit zwei Ufern: Auf der einen Seite stehen die Beamten als Diener des Staates, auf der anderen die Beschäftigten der freien Wirtschaft. Ein Überqueren des Wassers? Scheint vor allem den Beamten unmöglich. Ist es aber nicht.

Wer aufs falsche Pferd gesetzt hat und nun nicht mehr nach Dienstjahren, sondern nach Leistung Karriere machen will, kann manchmal eben doch wechseln: wenn er Kenntnisse oder Kontakte erworben hat, die in Unternehmen begehrt sind.

Beispiele: Finanzbeamte werden mit offenen Armen in Steuerkanzleien, aber auch in großen Unternehmen empfangen. Bauamtsmitarbeiter können ideal für eine Wohnungsbaugesellschaft oder ein Architekturbüro sein. Wer in einem Ministerium als Referent tätig war, hat bei einer PR-Agentur oder als Redenschreiber für einen Wirtschaftsboss gute Chancen.

Geht es also darum, den alten Arbeitgeber zu verkaufen? Besser nicht; denn aus der Art, wie Sie mit Ihrem alten Arbeitgeber umgehen, wird auf Ihren Umgang mit dem neuen geschlossen.

Optimismus

Optimismus allein hilft im Job nicht weiter

Es war laut, verdammt laut. Stimmen redeten durcheinander, Schreibmaschinen klapperten. Vor dieser Geräuschkulisse musste die erste Versuchsgruppe komplizierte Aufgaben lösen. Eine zweite Gruppe tat dasselbe, aber in einem ruhigen Raum. Natürlich schnitten die »Stillarbeiter« besser ab. Nun zogen die Wissenschaftler David C. Glass und Jerome E. Singer eine dritte Gruppe hinzu. Sie musste die Aufgaben ebenfalls bei Lärm lösen, aber mit einer Option: Jeder Teilnehmer konnte auf Knopfdruck den Lärm ausschalten (was aber keiner tat).

Verblüffendes Resultat: Die dritte Gruppe löste die Aufgaben ebenso gut wie die echten Stillarbeiter. Das schlimmste Störgeräusch war nicht der Lärm an sich: Es war die Annahme, ihn nicht abstellen zu können!

Erfolg hängt im hohen Maße davon ab, ob Sie (wie der Optimist) glauben, eine Situation beeinflussen zu können oder ihr ausgeliefert zu sein (wie der Pessimist) – unabhängig davon, ob diese Erwartung zutrifft. Der US-Psychologe Martin Seligman hat vielfach nachgewiesen: Optimisten sind gesünder, glücklicher und machen eher Karriere. Wo Pessimisten schmollen, da wollen Optimisten; wo Pessimisten resignieren, da probieren sie; wo Pessimisten sich runterreißen lassen, da reißen sie mit. Positives Denken zieht erfolgsdienliches Verhalten nach sich – etwa bei der Jobsuche, wenn der Optimist ein breites Netzwerk für sich einspannt (denn er hält sich für empfehlenswert!), unermüdlich seine Unterlagen verschickt, Absagen sportlich nimmt und auch dann noch selbstbewusst ins Vorstellungsgespräch geht, wenn er schon Hartz IV bezieht.

Dagegen werfen Pessimisten die Flinte zu schnell ins Korn. Seligman attestiert ihnen eine »erlernte Hilflosigkeit«. Sie verhalten sich wie ein Barsch in einem Aquarium, durch dessen Mitte man eine unsichtbare Glasscheibe zieht: Der Fisch stößt sich ein paarmal den Kopf. Danach respektiert er die Grenze – auch dann, wenn man die Scheibe wieder entfernt! Dagegen haben Optimisten den Mut, zu neuen Ufern aufzubrechen.

Quellen: Hofmann, E., *Weniger Stress erleben*, Luchterhand 2001
Seligman, M., *Erlernte Hilflosigkeit*, Beltz 2000

P

PC

Wichtige Führungskräfte arbeiten viel am PC oder Laptop

Den Laptop auf dem Schoß, den Blick gesenkt, die Finger huschen über die Tastatur – so zeigt sich die moderne Führungskraft in der Öffentlichkeit. E-Mails werden so schnell retourniert wie Aufschläge beim Tennis, Dokumente rund um die Uhr bearbeitet. Computerarbeit gilt als Zeichen von Wichtigkeit und Effizienz.

Aber: Haben Sie je den Vorstandsvorsitzenden eines DAX-Konzerns in der Öffentlichkeit auf seinen Laptop einhacken sehen? Oder vielleicht die Bundeskanzlerin? Ist von Top-Managern wie Uli Hoeneß von Bayern München nicht sogar bekannt, dass sie Computerarbeit systematisch meiden, im Büro und unterwegs?

Die eigentliche Manager-Arbeit passiert nicht am Computer, sie passiert im Kopf. Am Laptop (oder PC) findet meist nur die Umsetzung statt – ein Feld, das echte Top-Manager ihren Hilfskräften überlassen. Schon mal überlegt, woher das Wort »Diktator« kommt? Die wirklich Mächtigen diktieren ihre Schriftstücke! Wer am Flughafen noch 15 unwichtige E-Mails beantwortet, agiert nicht, sondern reagiert nur. Er beraubt sich des freien Kopfs fürs Wesentliche, etwa um eine Verhandlungsstrategie zu entwickeln, seine Mitarbeiterführung zu reflektieren oder eine neue Geschäftsidee aus der Taufe zu heben.

Hinzu kommt: Dass eine Führungskraft ständig (per E-Mail) erreichbar ist, wird kaum als Arbeitseifer, eher als Zeichen mangelnder Wichtigkeit interpretiert. Probieren Sie öfter mal, Ihren Laptop und die Alltagsarbeit aus-, dafür Ihre Kreativität und das strategische Denken einzuschalten. Der beste Computer sitzt auf Ihrem Hals!

Perfektionismus

Je perfekter eine Arbeit, desto besser ihr Ansehen

»Meine größte Stärke? Ich würde sagen: mein Perfektionismus. Die Kollegen nennen mich einen 150-Prozentigen. Jede Aufgabe, auch die kleinste, erledige ich so gut wie möglich.«

»Das braucht viel Zeit – oder?«

»Stimmt, da bleibt öfter mal ein Termin auf der Strecke. Aber ich sage mir: Besser verspätet höchste Qualität liefern – als pünktlich etwas Unausgegorenes.«

»Muss Ihre Firma wirklich perfekt sein? Nein, nur *etwas* besser als die Konkurrenz. Müssen Sie perfekt sein, um befördert zu werden? Nein, nur *etwas* besser als Ihre Kollegen. Und vor allem: *etwas* schneller.«

»Aber Qualität ist doch wichtiger als Tempo!«

»Was bringt es, wenn Sie ein perfektes Marketing-Konzept nach sechs Monaten endlich fertig haben – dieselbe Idee aber von einer anderen Firma zwar nicht perfekt, aber vier Wochen früher auf den Markt gebracht wurde?«

»Dann kann ich immerhin nachweisen, dass mein Konzept funktioniert hätte.«

»Kalten Kaffee will keiner mehr trinken – auch wenn er perfekt zubereitet ist!«

»Dann lautet Ihr Rat an mich: Arbeiten Sie schlechter!«

»Nein: so gut wie nötig, so schnell wie möglich. Suchen Sie die richtige Balance zwischen Geschwindigkeit und Qualität. Winston Churchill sagte: ›Perfektion ist Lähmung.‹ Man kann endlos nach ihr streben – erreicht sie jedoch nie.«

Personalakte

In der Personalakte müssen Abmahnungen nach einiger Zeit automatisch gelöscht werden

Angeblich gilt das »Verkehrssünder-Prinzip« auch für die Personalakte: Nach einer gewissen Zeit werden die »Punkte« automatisch gelöscht, so wie in Flensburg. Wahr ist: Der Gesetzgeber zwingt die Firmen nicht, Abmahnungen aus der Personalakte zu tilgen. Jede Arbeitssünde kann konserviert werden. Anders verhält es sich bei unberechtigten oder fehlerhaften Abmahnungen: Der Mitarbeiter kann verlangen, dass sie aus der Personalakte entfernt werden.

Bei jeder Abmahnung steht Ihnen das Recht zu, dass Sie eine Gegendarstellung in die Personalakte aufnehmen lassen, um Ihre Sicht der Dinge darzustellen. Diese Chance sollten Sie immer nutzen, am besten mit Unterstützung eines guten Fachanwalts. Falls es später zu einem Kündigungsschutz-Prozess kommt, werden die Vorwürfe der Abmahnung noch einmal geprüft. Ein guter Widerspruch ist eine Steilvorlage für den Richter.

Quellen: Vgl. § 83 Abs. 2 BetrVG, § 13 BAT.

Personalentwicklung

Moderne Firmen zeichnen sich durch Personalentwicklung aus

Schon der Begriff ist verräterisch: Nicht Menschen sollen entwickelt werden – sondern »Personal«. Ein Individuum wird auf seine Nützlichkeit für das Unternehmen reduziert. Wie der Autoingenieur eine neue Karosserie entwickelt, will der Personaler am Reißbrett den idealen Mitarbeiter entwerfen. Und was bei der Karosserie die einzelnen Fertigungsschritte sind, sind beim Mitarbeiter die einzelnen Fortbildungen. Das

Ergebnis scheint berechenbar. Scheint! Denn Menschen sind kein Material, das sich immer so verhält, wie es das Laborergebnis vorhersagt. Ein modernes Unternehmen presst Mitarbeiter nicht in die Schablone der Personalentwicklung, etwa indem alle Hochschulabgänger denselben Fortbildungs-Parcours, alle Führungskräfte dieselben Assessment Center und alle Manager dieselben Motivations-Seminare durchlaufen. Vielmehr sorgt es für ein gedeihliches Klima, das Wachstum fördert, sowie für *individuelle Entwicklungsunterstützung*, etwa durch Coaching- und Mentoring-Programme.

Eine Personalabteilung kann Geschäftsbereiche entwickeln, aber niemals einzelne Menschen. Die entwickeln sich immer von selbst. Oder gar nicht.

Quelle: Förster, A., Kreuz, P., *Alles, außer gewöhnlich*, Econ 2007

Personalkosten

Das deutsche Lohnniveau ist zu hoch

»Alles zu hoch für mich!« Diesen Satz unterschreibt jeder deutsche Unternehmer – in Bezug auf die Lohnkosten. Aber ist die Klage über das astronomisch hohe Lohnniveau in Deutschland überhaupt berechtigt? Eine bewährte Vergleichsmethode: Man rechnet aus, was ein produziertes Stück kostet. Diese Lohnstückkosten sind in der EU von 1995 bis 2006 um beachtliche 22 Prozent nach oben geschossen. Aber ausgerechnet in Deutschland, wo die Unternehmer am lautesten jammern, lag der Anstieg bei nur 1 Prozent (oder bei 0,083 Prozent pro Jahr). Das ist ein Zweiundzwanzigstel des Anstieges in der EU.

Ähnliches gilt für die Lohnentwicklung: Den deutschen Arbeitnehmern ist vor lauter Nullrunden schon ganz schwindlig. Während sich die Reallöhne in der EU von 1995 bis 2005 um 7,5 Prozent erhöht haben, sind sie in Deutschland um 0,9 Prozent gesunken. Insofern verwundert es nicht, dass

Ulrich Kater, Chefvolkswirt der *DekaBank*, sagt: »Zwar ist und bleibt Deutschland ein Hochlohnland, doch sind die Löhne nicht generell zu hoch.«

Deutlicher gesagt: Deutsche Arbeitnehmer sind so günstig wie nie zuvor. Das ist ein Grund, warum wir Exportweltmeister sind – und die deutschen Unternehmer bis vor kurzem Rekordgewinne eingefahren haben, ohne dass auch nur einer gesagt hätte: »Zu hoch für mich!«

Quellen: Initiative Mindestlohn, *Die wichtigsten Argumente der Mindestlohn-Gegner. Und warum sie nicht zutreffen*, Juni 2007
Wehrle, M., *Karriereberatung*, Beltz 2007

Praktikum

Das Praktikum ist eine Karrierefalle

Als Deutschland die Sklaverei abschaffte, die Kinderarbeit verfemte und die Zwangsarbeit verbot, ließen sich die finsteren Unternehmensfürsten ein neues Folterinstrument einfallen: das Praktikum. Junge Akademiker wurden hinter die Firmentore gelockt, wie Hänsel und Gretel ins Hexenhaus. Nur, dass sie nicht die Chefs verheizten – sondern sie selbst als Praktikanten verheizt wurden. Ohne Gehalt und ohne Perspektive.

Diese Geschichte ist gruselig. Der einzige Fehler: Sie stimmt nicht! Das Praktikum ist in der Regel keine Karrierefalle – sondern eine Karrierechance! Wer seinen Fuß erst mal in der Tür hat, ist bei guter Arbeitsleistung der erste Kandidat für eine Festanstellung. Aus einer Studie des Instituts für Arbeitsmarkt und Berufsforschung (IAB) geht hervor: 300.000 Deutsche haben 2004 und 2005 ein Praktikum als Sprungbrett in die Festanstellung genutzt. Nicht nur Jünglinge: 45 Prozent der übernommenen Praktikanten waren zwischen dreißig und vierzig Jahre alt, 35 Prozent zuvor arbeitslos.

Der scheinbare Nachteil des Praktikums, die Unverbindlichkeit, ist zugleich ein Vorteil: Als Praktikant haben Sie die Chance, ein Unternehmen von innen kennenzulernen. Passen die Firmenkultur, die Chefs und die Aufgaben zu Ihnen? Wenn nicht, können Sie Ihre Zelte ohne Flurschaden für den Lebenslauf wieder abbrechen. Wenn doch, sollten Sie weder auf Godot noch auf das freiwillige Angebot einer Festanstellung warten – sondern diesen Vorschlag selbst auf den Weg bringen, mit Nachdruck und mit Zieldatum.

Quellen: IAB-Kurzbericht, 07/2007
Briedis, K., Minks, K. H., *Generation Praktikum, Mythos oder Massenphänomen*, HIS-Projektbericht, 2007

Privatpost

Es ist ein Kavaliersdelikt, Privatpost über die Firma zu verschicken

Wer gelegentlich mal – frank und portofrei – einen Privatbrief auf Firmenkosten verschickt, hält sich bestimmt nicht für einen Dieb. Und doch: Seine Tat kann wie ein Diebstahl gewertet werden. Unabhängig von der Schadenshöhe.

Ein Versicherungsmakler bekam das zu spüren. In der Poststelle seines Unternehmens waren mehrere Umschläge, die er von Hand beschriftet hatte, als Privatpost aufgeflogen. Das Porto lag unter fünf Euro, doch die Firma sagte: Diebstahlversuch! Sie gab ihrem Mitarbeiter den Laufpass. Der klagte gegen die Kündigung, aber das Hessische Landesarbeitsgericht ließ ihn abblitzen. Er habe seine arbeitsvertraglichen Nebenpflichten verletzt, hätte die Betriebsmittel der Firma nicht privat nutzen dürfen.

Das Gericht sprach nicht von einem Kavaliersdelikt, sondern davon, dass der Mitarbeiter »in erheblicher Weise das Vertrauen des Arbeitgebers in seine Redlichkeit gebrochen« habe.

Die sprichwörtliche »Portokasse« ist eben doch kein Selbstbedienungsladen!

Quelle: Vgl. Hessisches Landesarbeitsgericht, Frankfurt, Az.: 16 Sa 1865/06

Probezeit

In der Probezeit kann sich der Arbeitgeber entscheiden

Die Designerin Katja Michels (38) hatte ein festes Ziel im Blick, als sie ihre Probezeit in einer Werbeagentur antrat: Sie wollte ihre Vorgesetzten von sich überzeugen, von ihrer Kreativität, von ihrer Einsatzfreude. Kein dummer Gedanke, denn im Handumdrehen hätte sie wieder draußen sein können; die Kündigungsfrist betrug nur 14 Tage.

Aber vor lauter Mühe, die Firma zu beeindrucken, vergaß sie fast, sich einen Eindruck von der Firma zu bilden. Die Probezeit gilt beidseitig: Nicht nur die Mitarbeiterin soll sich bei der Firma bewähren, sondern auch die Firma bei ihr. In der Karriereberatung schärfte ich Katja Michels' Bewusstsein: »In dieser Firma werden Sie Jahre, vielleicht den Rest Ihres Berufslebens verbringen: Ist sie der richtige Partner? Sagt Ihnen die Arbeit zu? Sind die Kollegen nett? Und die Chefin?«

Probezeit funktioniert wie Flitterwochen: Beide Partner zeigen sich (noch) von ihrer Schokoladenseite. Wenn sich jetzt schon Probleme abzeichnen, Ihr Chef sich als Choleriker und die Arbeit sich als unerträglich langweilig entpuppt, dann werden diese Schwierigkeiten mit den Jahren wachsen.

Tatsächlich wurde Katja Michels immer klarer, dass sie das Betriebsklima nicht vertrug. Die Kollegen standen so unter Arbeitsdruck, dass sie kaum miteinander sprachen. Das Konkurrenzdenken war groß, Ideenaustausch fand nicht statt. Und ihre Chefin wurde erst gesprächig, als Michels das Büro nicht um 19.30, sondern »schon« um 18.00 Uhr verließ: Sie fragte nach den Gründen für den frühen Feierabend.

Katja Michels reagierte auf diese Warnsignale: Sie schickte neue Bewerbungsmappen los. Prompt kam die Zusage einer Zeitarbeitsfirma. Nun wurde die knappe Kündigungsfrist zum Vorteil: Sie konnte schnell aus ihrem Vertrag heraus. Besser ein Ende mit Schrecken – als ein Schrecken ohne Ende.

Quelle: Vgl. BGB, § 622 IV

Promotion

Ein Doktortitel wird von Unternehmen *immer* positiv bewertet

In kaum einem Land, Österreich ausgenommen, ist der Titelglaube so groß wie in Deutschland. Doch die »Gläubigen« sitzen nicht unbedingt in den Personalabteilungen. Das Kürzel »Dr.« vor dem Namen kann sogar zum Stolperstein werden. Die Firmenvertreter interessiert vor allem, mit welcher Zielsetzung ein Kandidat promoviert hat. Ist er ein Zauderer, der nach dem Studium nicht wusste, wie es weitergehen soll? Ein weltfremder Theoretiker, der möglichst lang im akademischen Biotop verweilen und eigentlich Professor werden wollte? Ist die freie Wirtschaft für ihn nur ein Notnagel?

Wer diesen Eindruck vermittelt, hat einen schweren Stand. Er wird bestenfalls in der Forschungsabteilung eines Unternehmens landen, denn hier stehen der Doktor und das wissenschaftliche Denken noch hoch im Kurs. Anders im Alltagsgeschäft, etwa im mittleren Management: In diese rauen Gefilde topft man keine *weltfremden* Universitätsgewächse um. Hier sind Praktiker gefragt, geschäftstüchtig und erdverbunden.

Auch wenn der intellektuelle Anspruch und das Gehaltsniveau einer Stelle nur mäßig hoch sind, ist der Doktortitel oft ein Warnsignal für Überqualifikation. Wer will schon einen Freischwimmer im Nichtschwimmer-Becken planschen sehen?

Zum Trumpf wird der Titel, wenn ein High Potential durch seine Promotion gezielt Anlauf für eine Karriere in der Wirtschaft genommen und eine Probe seiner Exzellenz geliefert hat (oder im Vorstellungsgespräch zumindest diesen Eindruck vermittelt!). Das gilt auch fürs Gehalt: Während High Potentials in der Regel 46.000 Euro pro Jahr als Einstiegsvergütung bekommen, bringt es der promovierte High Potential auf knapp 57.000 Euro. Vorschuss auf eine große Karriere!

Quelle: Süddeutsche Zeitung, 28/29.01.2006

Protokoll

Ums Protokollschreiben sollte man sich nicht reißen

»Wer schreibt das Protokoll?«, fragt der Chef. Die Sitzungsteilnehmer senken ihre Blicke und schrumpfen um gefühlte 1,75 Zentimeter. Stimmt, ein Protokoll bereitet Arbeit. Aber bedenken Sie, welche Macht das Protokollschreiben verleiht!

In George Orwells Roman »1984« gibt es eine Abteilung, die für Geschichtsschreibung zuständig ist, das »Wahrheitsministerium«. Wer ein Protokoll schreibt, ist »Wahrheitsminister«.

Der Schreiber entscheidet, was er ins Protokoll aufnimmt (bleibt im Gedächtnis!) und was er weglässt (wird vergessen!). So kann er Akzente setzen und die eigenen Interessen wahren. Einen Randaspekt zum eigenen Nachteil würde kaum jemand festhalten (etwa, dass ein Liefertermin, der in seiner Verantwortung liegt, um einen Tag überzogen wurde) – einen Randaspekt zum eigenen Vorteil aber sehr wohl (»Liefertermin übertroffen«).

Außerdem ist die »Formulierung« – wie das Wort schon sagt – ein Gefäß, das den Inhalt *formt*. Dasselbe Diskussionsergebnis kann, je nach Protokollant, so oder so klingen: »Der Vertrieb wird seine neue Produktlinie im Herbst einführen«. Oder: »Die Geschäftsleitung forderte den Vertrieb auf, seine neue Produktlinie im Herbst ...«. Oder: »Der Vertrieb denkt an, im Herbst ...«

Hinzu kommt: Wenn Sie das Protokoll zügig und gut formuliert an die Kollegen verschicken, gelten Sie als wortgewandt, gut organisiert und zuverlässig. Kann es eine Selbst-PR mit größerem Verteiler, oft inklusive Geschäftsleitung, geben?

Prozesskosten

Wer vor dem Arbeitsgericht gewinnt, trägt keine Prozess- und Anwaltskosten

Beim Zivilprozess ist der Gewinner fein raus: Er kann die Gerichts- und Anwaltskosten auf den Verlierer abwälzen. Anders vor der ersten Instanz des Arbeitsgerichts: Hier trägt jede Partei ihre Kosten selbst, der Gewinner genauso wie der Verlierer.

Wer jetzt aufschreit, das sei ungerecht, sollte bedenken: Diese Regelung schützt auch die Mitarbeiter. Denn welcher Privatmann, der den Prozess verliert, hätte Lust, für eine fette Anwaltsrechnung der Firma sein Sparschwein zu schlachten?

Vor dem Arbeitsgericht besteht keine Anwaltspflicht: Man kann sich von der Rechtsantragsstelle des Arbeitsgerichts unterstützen lassen – was sich aber nur empfiehlt, wenn es um sehr kleine Summen geht. Wer knapp bei Kasse ist, kann staatliche Prozesskostenhilfe beantragen. Sofern seine Klage Aussicht auf Erfolg hat, bekommt er Geld für einen Anwalt.

Quellen: Vgl. §§ 91 ff. ZPO, § 12a Abs.1, ArbGG

Pünktlichkeit

Pünktlichkeit ist die Höflichkeit der Könige

Wenn Pünktlichkeit die Höflichkeit der Könige ist, wie der französische Herrscher Ludwig XVIII. meinte, bleiben viele Chefs auf ewig ungekrönt. Wer hat nicht schon im Vorzimmer Däumchen gedreht, während der Chef noch »kurz« einen Brief diktierte, ein Gespräch beendete, in ein Meeting sprang. »Kurz« meint einen Zeitraum, der unter zwei Stunden, aber weit über den Grenzen der Höflichkeit liegt.

Etliche Machtmenschen verspäten sich mit Kalkül: Der Wartende soll sich der Gnade bewusst werden, dass ihn der König überhaupt empfängt! Kühlt das Mütchen eines Mitarbeiters, der mehr Gehalt will, in der Wartezeit nicht merklich ab? Schrumpft ein Unglückswurm, der zum Kritikgespräch gebeten wurde, in dieser Wartezeit nicht noch weiter in sich zusammen? Vor allem: Muss ein Chef, der so lange warten lässt, nicht eine sehr begehrte, sehr wichtige, sehr beschäftigte Persönlichkeit sein? Eine, die man nur in dringenden Fällen und in stenographischer Kürze ansprechen sollte?

Etliche Chefs pflegen ein solches Image. Dagegen empfiehlt es sich für jeden, der noch weiter unten auf der Karriereleiter steht, der Pünktlichkeit den gleichen Wert wie Ludwig XVIII. beizumessen – dann als Höflichkeit des Dieners …

Q

Qualifikation

Eine hohe Qualifikation ist immer ein Türöffner

Für einen Hilfsarbeiter lässt sich immer eine Stelle auftreiben, auch in kleineren Firmen. Nicht so für Bewerber, die mehrere Studienabschlüsse, eine Promotion, einen MBA oder Führungserfahrung vorweisen. Für sie braucht es zweierlei: eine hochdotierte Stelle und eine anspruchsvolle Aufgabe, die diesen Etat rechtfertigt. Beides ist eher selten.

Außerdem tun etliche Chefs bei der Personalsuche das Gegenteil von dem, was US-Präsident John F. Kennedy einst empfahl: »Ein gescheiter Mann muss so gescheit sein, Leute einzustellen, die viel gescheiter sind als er.« Doch sie suchen nach Dümmeren, wollen Einäugige unter Blinden sein! Denn ein Mitarbeiter, dessen Qualifikation hell erstrahlt, könnte sie als kleine Lichter erscheinen lassen.

Je höher Ihre Qualifikation ist, desto besser sollten Sie sich informieren, ehe Sie an eine Firmentür klopfen. Blindbewerbungen sind nur in Branchen sinnvoll, wo hoch Qualifizierte gesucht werden, und in Firmen, die groß genug sind, dass ein solcher Posten zufällig vakant sein kann. Ansonsten lohnt die gezielte Suche, über Stellenausschreibungen, über Kontakte und vor allem über Headhunter. Diese Personalvermittler haben sich auf die Platzierung von hoch Qualifizierten spezialisiert. Das kostet Sie keinen Pfennig; nur der spätere Arbeitgeber zahlt für den Service.

R

Referenzen

Referenzen bringen nicht viel

»Referenzen sind moderner Firlefanz. Davon halte ich beim Bewerben nichts.«

»Überlegen Sie mal: Wie oft haben Sie ein neues Restaurant besucht, einen Kinofilm geschaut oder einen Arzt aufgesucht, nur weil er Ihnen von einem Bekannten empfohlen wurde? Aus dem Marketing ist bekannt: Kaum ein Trumpf sticht so zuverlässig wie die persönliche Empfehlung. Beim Bewerben ist das nicht anders.«

»Aber die Referenz gehört bei uns doch gar nicht zum Standard!«

»Eben deshalb ist sie so erfolgreich! In England legt jeder Referenzen bei – in Deutschland tun es vor allem die Top-Bewerber. Offenbar haben sie eine Extra-Portion an Kontakten und Kompetenzen zu bieten.«

»Oder sie sind nur Wichtigmacher!«

»Wohl kaum. Neulich hat mich der Personalchef eines Computerkonzerns mit einem Bonmot erheitert: ›Eine Fürsprache ist wertvoller als drei Fremdsprachen!‹ Da ist was dran; ehemalige Chefs, Kunden oder Mentoren bürgen nur dann für Ihre Leistung und für Sie als Person, wenn sie von Ihnen wirklich überzeugt sind. Vorzügliche Arbeitszeugnisse können vorzügliche Heuchelei sein: Mit einem solchen Rückenwind wird man einen ungeliebten Mitarbeiter schneller los.«

»Und wie funktioniert das mit einer Referenz?«

»Entweder legen Sie Ihrer Bewerbung einen Referenzbrief bei; je persönlicher er gehalten ist, desto besser. Oder Sie nennen die Adressen der Fürsprecher und bitten die Firma, mit ihnen in Kontakt zu treten. Vorher sollten Sie Ihre Referenzen kontaktieren, denn es wäre peinlich, wenn sich einer nicht an Sie erinnern würde. Oder nur negativ.«

»Vielleicht kann ich ja auch ein paar Bekannte um Statements bitten …«

»Vorsicht: Verwandte, Bekannte und Kegelbrüder sind als Referenz zwar auch aussagekräftig – aber nur dahingehend, dass Sie offenbar im Geschäftsleben keine Fürsprecher haben. Womöglich aus gutem Grund …«

Regeln

Wer sich an alle Regeln hält, macht eher Karriere

Das Verkaufsgebiet von Klaus Meiers (56) reichte von Dortmund bis Bochum, keinen Quadratmeter weiter. Da ergab sich für den Vertriebsmitarbeiter die Chance, über Kontakte einen Großkunden in Hannover an Land zu ziehen. Hätte er das lassen, sich streng an die Regeln halten sollen? Er verstieß gegen die Vorschriften. Das brachte der Firma einen großen Umsatzzuwachs. Die Geschäftsleitung bedankte sich mit einer vierstelligen Provision.

Sandra Klein (33), leitende Angestellte einer Immobilienfirma, hatte die Möglichkeit, in einer Nacht-und-Nebel-Aktion ein begehrtes Gewerbeobjekt zu erwerben, das ihrer Firma hohe Gewinne bringen würde. Allerdings musste sie ihren Etat dafür massiv überschreiten. Sie tat es. Das Objekt erwies sich als große Gewinnquelle, das Image der Maklerin setzte zum Höhenflug an.

Beide Mitarbeiter haben die Regeln gebrochen – und sich selbst damit genützt. Wer immer lässt, was verboten ist, kann manchmal nicht tun, was geboten wäre. Gerade der *erfolgreiche* Verstoß gegen Regeln, ein Verstoß, von dem die Firma profitiert, fällt als Glanzlicht auf den Mitarbeiter zurück. Sein Handeln wird als »Husarenstreich«, er als Unternehmertyp wahrgenommen – und entsprechend gefördert. Diese kalkulierte Risikobereitschaft führt nicht selten dazu, dass neue Regeln definiert werden. Spitzen-Arbeitskräfte halten sich nicht an Regeln, sie machen welche!

Jedoch gilt bei Regelverstößen dasselbe wie bei spekulativen Aktiengeschäften: Je mehr Sie riskieren, desto mehr können Sie nicht nur gewinnen – sondern auch verlieren. Wenn Sie danebenliegen …

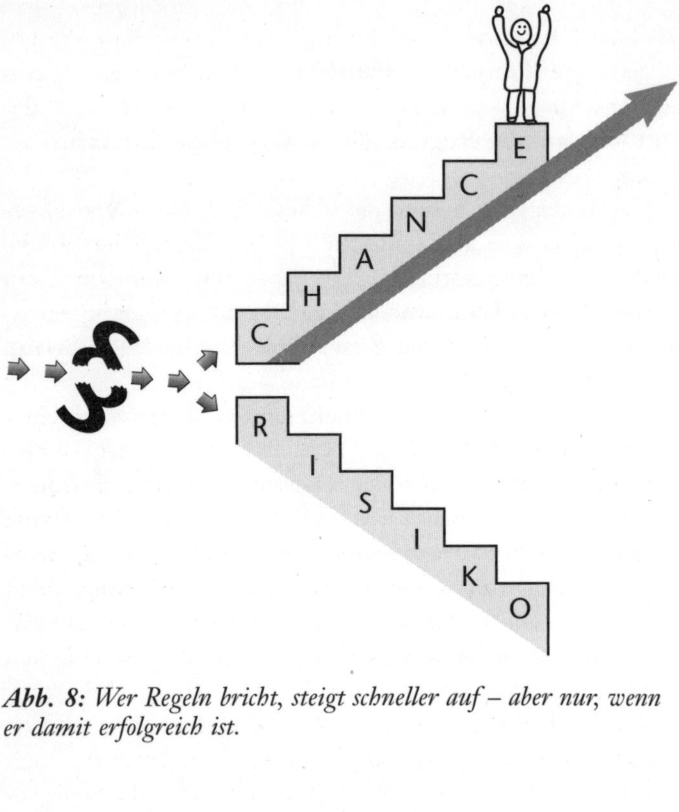

***Abb. 8:** Wer Regeln bricht, steigt schneller auf – aber nur, wenn er damit erfolgreich ist.*

S

Schuld

Einer ist immer schuld, wenn Fehler durch menschliches Versagen passieren

Der Geschäftsführer des Handelskonzerns tobte: Eine Werbebeilage seiner Firma war nicht erschienen. Und das vor Weihnachten! Die Chance, am besten Verkaufswochenende des Jahres zu werben, war vertan. Das Geschäft lief tatsächlich schleppend.

Nun hallten die Schreie des Chefs durch die Flure: »Wer hat's verbockt?« Wütend machte sich der Chefindianer auf die Suche nach *einem* Schuldigen. Im Handumdrehen wurde ein Marketing-Mitarbeiter an den Marterpfahl der Kritik gebunden. Er hätte dafür sorgen müssen, dass die Beilage erscheint. Er war der »Täter«!

Keiner fragte nach den systemischen Zusammenhängen. Zum Beispiel: Aus welchen Gründen konnte der Mitarbeiter die Beilage nicht rechtzeitig erstellen? War er überlastet (Personalkürzungen!)? Hatte die Geschäftsleitung bis zur letzten Minute Änderungen in der Anzeige? Und war der Ablauf überhaupt richtig organisiert – hätte es nicht ein Vier-Augen-Prinzip, einen zweiten Verantwortlichen für die Anzeigenschaltung geben müssen? Und: Gab es überhaupt einen Zusammenhang zwischen dem Nicht-Erscheinen der Werbung und dem schlechten Umsatz vor Weihnachten? Oder kam die Panne ganz recht, um von den schlechten Geschäftszahlen des Jahres abzulenken?

Ein Unternehmen ist ein vernetzter Kreislauf; die Stelle, an der ein Fehler passiert, ist selten mit der Stelle identisch, an der er verursacht wurde. Ein Fehler hat gewöhnlich mehrere Väter. Meist gehören auch diejenigen dazu, die ihn am lautesten beklagen!

Schwächen

Wer die eigenen Schwächen minimiert, wird erfolgreich

Don Quijote hatte keine Chance gegen die »Riesen«: Die Windmühlen waren schwerlich in die Knie zu zwingen! Einen ähnlichen Kampf fechten Sie aus, wenn Sie Ihre persönlichen Schwächen bezwingen wollen; dieser Gegner ist nicht zu besiegen.

Natürlich können Sie Ihre Mängel in die Defensive drängen. Wem es an Talent für Fremdsprachen fehlt, der kann Vokabeln pauken, bis ihm der Kopf raucht. Wer ein miserabler Organisator ist, kann sich von seinem inneren Diktator zu einem Mindestmaß an Ordnung verdonnern lassen.

So können Sie Schwächen mindern – aber nicht bezwingen, nicht zu Stärken machen. Das ist wie in der Schule: Wer kein Talent für Mathe hatte, der konnte seine Note zwar mit größtem Lernaufwand von einer 5 auf eine 3 verbessern. Aber zu einer 2 oder gar einer 1, wie sie anderen in den Schoß fiel, hätte es nicht mal mit Nachhilfe durch Albert Einstein gereicht.

Außerdem verhält es sich mit geminderten Schwächen oft wie mit abgeschlagenen Eidechsen-Schwänzen: Sie wachsen nach. Diese Erfahrung machte auch Mark Twain: »Mit dem Rauchen aufzuhören ist kinderleicht. Ich habe es schon hundertmal geschafft.«

Wer clever ist, konzentriert sich auf seine Stärken. Nehmen Sie Michael Schumacher, den Rennfahrer. Eine Zeitlang stand er zwischen zwei Sportarten: Er spielte Fußball, und er fuhr Autorennen. Als Fußballspieler zeigte er jedoch ein paar

Schwächen, verglichen mit Riesentalenten. Als Rennfahrer war er ein offensichtliches Genie. Hat er nun seine Fußball-Schwächen bekämpft? Nein, er nutzte die Zeit, seine Stärken auf der Rennstrecke auszubauen. So wurde er Weltmeister.

Stärken Sie Ihre Stärken. Verbessern Sie Ihre Leistung von Note 2 auf eine glatte 1. Es gilt das Prinzip des italienischen Ökonomen Vilfredo Pareto: Zwanzig Prozent Ihrer Leistung machen achtzig Prozent Ihres Erfolges aus. Suchen Sie sich einen Arbeitsplatz, wo Sie Ihre Stärken ausspielen können. Und entwickeln Sie diese Stärken systematisch weiter, bis Sie aus der Masse ragen. Ihre kleinen Schwächen sind dann vergessen. Wer Rennen fährt, muss keine Bälle mehr treten.

Sekretärin

Chefs kommen heutzutage gut ohne Sekretärinnen aus

Auf flinke Finger, die für sie Briefe und E-Mails tippen, können heute fast alle Chefs zurückgreifen. Nur: Diese Finger befinden sich immer öfter an den eigenen Händen. Anders als in den 1980er Jahren hat nicht mehr jeder mittlere Manager, jeder Gruppen- oder Abteilungsleiter eine eigene Sekretärin.

Und stimmt es nicht, dass heute kaum noch Briefe zu diktieren sind, dass jeder seine E-Mails selber schreibt? Mag sein, aber die Hauptaufgabe einer Chefsekretärin bestand noch nie im Tippen – eher im Organisieren, im Koordinieren, im »Office-Management«. Und der Bedarf an dieser Tätigkeit steigt umso mehr, je rasanter sich das Karussell der Arbeit dreht; nie war es schneller als heute.

Wer es für ein Zeichen der Unabhängigkeit hält, dass er Chef ohne Sekretärin ist, hat nicht erkannt: Das Sekretariat kann ihm den Rücken fürs Wesentliche freihalten. Und die Sekretärin ist ein wichtiges Statussymbol. Wie die Villa zum Millionär und der Leibwächter zum Promi, so gehört auch die

Sekretärin zum Chef. Es lohnt sich, schon vor der eigenen Ernennung um einen Etat für sie zu kämpfen.

Selbständigkeit I

Wer sich selbständig macht, will mehr verdienen

Wie der Tellerwäscher zum Millionär wird, ist im Detail noch nicht geklärt. Aber eine Gemeinsamkeit fällt auf: Viele Reiche von heute sind die Firmengründer von gestern. In den USA folgen dreißig Prozent der Gründer dem Lockruf des Geldes: Sie stampfen eine Firma aus dem Boden, weil sie mehr verdienen wollen.

Aber in Deutschland liegt der Optimismus wieder einmal auf dem Sterbebett: Nur 2,6 Prozent der Gründer geben an, dass sie ihr Einkommen steigern wollen. Wichtiger ist den meisten, die eigene Existenz zu sichern, oft mangels Alternativen auf dem Arbeitsmarkt. Bei jedem zweiten Erwachsenen ist die Angst vorm Scheitern so groß, dass er schon deshalb keine Firma aufziehen würde. Mit derselben Logik könnte ein Mittelstürmer auf jeden Schuss verzichten, weil er keine Torgarantie hat. Lediglich in Griechenland, Frankreich und Thailand sind die Menschen noch risikoscheuer (34 Länder wurden untersucht).

Aber: Das Risiko einer Gründung kann sich lohnen, auch finanziell. Im Durchschnitt verdienen die deutschen Unternehmer im Monat ein Vielfaches von dem, was einfache Arbeitnehmer bekommen – nicht nur fürs Tellerwaschen.

Quelle: Global Entrepreneurship Monitor (GEM). *Unternehmensgründungen im weltweiten Vergleich, Länderbericht Deutschland 2005*

Selbständigkeit II

Selbständige leiden öfter unter Stress

Geregelte Arbeitszeiten? Feierabend um 16 Uhr? Jedes Jahr sechs Wochen Urlaub? Davon können viele Selbständige nur träumen. Rund um die Uhr krempeln sie die Ärmel hoch, sind sie im Einsatz. Das klingt nach Dauerstress. Ist es aber nicht!

Stress entsteht vor allem durch Fremdbestimmung: Wer nicht Herr seines Handelns, sondern als Angestellter nur Marionette seines Chefs ist, steht jeden Arbeitstag unter Dauerstress. Dagegen fühlt sich der Selbständige weniger ausgeliefert: Er hat sein Arbeitsleben selbst in der Hand.

Fragt man zehn Angestellte, ob es bei ihrer Arbeit unangenehme Belastungen gebe, heben sechs die Hand; bei den Selbständigen sind es nur drei. Die meisten Arbeitnehmer klagen, ihr Einfluss im Job sei gering; dagegen fühlen sich die meisten Selbständigen als Kapitäne ihres Arbeitsdampfers. Und anders als zwei Drittel der Angestellten, die ihre Beziehung zum Vorgesetzten als Belastung empfinden, haben die Selbständigen in dieser Hinsicht wenig zu klagen. Wenn doch, lässt sich das auf dem einfachsten Weg klären: im Selbstgespräch.

Quelle: Initiative Neue Qualität der Arbeit (INQA), Dortmund. *Was ist gute Arbeit?*, 2006

Selbstkritik

Selbstkritische Menschen kommen weiter

Der Fußballprofi Andreas Möller sagte einmal: »Mein Problem ist, dass ich sehr selbstkritisch bin, auch mir selbst gegenüber.« Damit hat er, wenn auch unfreiwillig komisch, eine wichtige

Wahrheit des Geschäftslebens angedeutet: Viele Erfolgreiche lassen sich fast alles, den anderen aber fast nichts durchgehen.

Selbstkritische Menschen setzen hinter das eigene Handeln Fragezeichen, statt es mit Ausrufezeichen hervorzuheben; sie neigen zum Grübeln und zum Zaudern. Aber genau das ist in der Unternehmer- und Chefetage wenig gefragt. Hier findet sich ein hoher Anteil von Typen, denen Selbstzweifel so fremd sind wie einem Bergsteiger die Höhenangst.

Sie sind überzeugt von sich, von ihren Ideen, ihren Entscheidungen, ihrem Eau de Toilette. Jede Bauchlandung sehen sie als Chance, schnell wieder auf die Beine zu kommen. Weil sie überzeugt sind, können sie überzeugen. Weil sie nicht zaudern, eilen sie voraus und reißen andere mit. Und dass sie oft danebenliegen, spielt überhaupt keine Rolle – solange der durch ihre Treffer erwirtschaftete Ertrag den Verlust durch ihre Fehlschüsse um eine Winzigkeit übersteigt.

Dagegen finden sich Grübler, Intellektuelle und Zauderkönige öfter in Fachpositionen. Dort haben sie die Möglichkeit, nicht nur Schwarz oder Weiß, sondern auch Grau zu sehen – eine Farbe, die jedoch auf ihr Charisma abfärbt. Dagegen gehen Führungskräfte oft bewusst über die Details hinweg und geben die Marschrichtung vor.

Allerdings kann Selbstgefälligkeit nicht nur auf den Thron, sondern auch in den Abgrund führen. Das musste einst Krösus erfahren, der sprichwörtlich reiche König von Lydien. Das Orakel von Delphi hatte ihm vor dem Krieg gegen die Perser prophezeit, wenn er den Fluss Halys überschreite, werde er ein großes Reich zerstören. Das Perserreich, dachte Krösus. Gemeint war: sein eigenes.

Smalltalk

Smalltalk ist überflüssig

»Kommen wir gleich zur Sache!« Mit diesen Worten steigen Naturwissenschaftler gern in Besprechungen ein. Smalltalk halten sie für Zeitverschwendung. Sie wollen gleich zum Wesentlichen kommen, zu Zahlen und Fakten. Diese Haltung übersieht: Im Geschäftsleben regieren nicht nur die Fakten, wie in der Wissenschaft, sondern vor allem die Menschen. Sympathie ist für die Karriere ein Treibsatz, Antipathie kann ein Sprengsatz sein.

Smalltalk sorgt für Sympathie. Wer es schafft, vor einer schwierigen Verhandlung mit seinem Gegenüber zu lachen, kann das Eis schneller schmelzen als ein Bunsenbrenner. Wer es schafft, mit dem Vorstand im Aufzug angeregt zu plauschen, kann sich als Kandidat für eine Beförderung im Gedächtnis einnisten. Und indem ein Chef nicht nur über die Arbeit spricht, sondern auch mal über das Wetter oder die Bundesliga, schwört er die Mitarbeiter eher auf sich ein als mit einem geschäftlichen Tunnelblick.

Das Prinzip des Smalltalks: kein »anspruchsvolles«, sondern ein naheliegendes Thema, eine Gemeinsamkeit suchen. Sprechen Sie an der Haltestelle ruhig über den immer verspäteten Bus, beim Geschäftsessen über Ihr Verhältnis zum Gastgeber oder nach einem gemeinsam besuchten Seminar über amüsante Situationen, die Sie dort erlebt haben.

Zurückhalten sollten Sie sich mit Äußerungen über Politik (vielleicht wählt Ihr Gesprächspartner jene Partei, über die Sie schimpfen), mit Fragen nach seiner Privatsphäre (vielleicht hat er sich gerade von jener »reizenden Frau« geschieden, nach der Sie sich erkundigen) und mit dem Lästern über Dritte (vielleicht ist derjenige, über den Sie herziehen, sein bester Freund). Sonst kann auch der Smalltalk zum Sprengsatz werden …

Sperrvermerk

Wer sich aus fester Anstellung auf Chiffre-Anzeigen bewirbt, sollte einen Sperrvermerk verwenden

Viele Unternehmen sind Geheimniskrämer: Sie wollen Bewerber suchen, ohne dass die Konkurrenz davon Wind bekommt. Also schalten sie Chiffre-Anzeigen oder beauftragen Headhunter. Als Bewerber erfahren Sie dann alles Mögliche über die ausgeschriebene Position – aber bei welchem Unternehmen Sie sich eigentlich bewerben, davon haben Sie keinen blassen Schimmer.

Nun stellen Sie sich vor, Ihre Bewerbung würde an Ihr eigenes Unternehmen weitergeleitet, womöglich noch mit einem Tätigkeitsprofil, das Sie nach Lust und Laune aufgepeppt haben. Dann wird Ihr Chef Sie kaum zum Vorstellungs-, eher zum Entlassungsgespräch bitten. Das wäre im äußersten Maße peinlich. Ein Sperrvermerk auf Ihrem Umschlag soll verhindern, dass Ihre Unterlagen an bestimmte Unternehmen weitergeleitet werden. Allerdings sollten Sie solche Vermerke nicht generell, sondern nur im Ausnahmefall verwenden. Zum Handwerk des Bewerbens gehört die Recherche: Was verrät Ihnen die Anzeige des Personalvermittlers über das suchende Unternehmen? Trifft das in jedem Detail auf Ihre Firma zu? Deckt es sich mit früheren Ausschreibungen? Können Sie firmeninterne Quellen anzapfen?

Wenn Sie unsicher sind, ob es sich um Ihre eigene Firma handelt, können Sie den Headhunter anrufen und fragen: »Gehe ich recht in der Annahme, dass es kein Unternehmen in einer norddeutschen Kleinstadt ist?« Solche Fragen kann er beantworten, ohne seinen Auftraggeber zu enttarnen.

Dagegen können unnötige Sperrvermerke als Kainsmal auf Ihrer Stirn gewertet werden: als Zeichen übermäßiger Vorsicht und schlechter Recherche. So sperren Sie sich nur aus dem Kreis der chancenreichen Bewerber aus.

Stechuhr

Stechuhren führen dazu, dass die Leute mehr arbeiten

Wie hält man jemanden fest, der fliehen will? Gefängnisse sind der eine Weg, Stechuhren der andere. Mit ihnen gehen die Firmen in Sachen Arbeitszeit auf »Nummer sicher«, eine Formulierung, die nicht umsonst aus dem Strafvollzug stammt.

Doch je mehr die Mitarbeiter sich kontrolliert fühlen, sich dem Generalverdacht der Fluchtgefahr in den frühen Feierabend ausgesetzt sehen, desto geringer ihr Engagement. Je genauer es die Firmen mit den vereinbarten Arbeitszeiten nehmen, desto genauer nehmen es die Mitarbeiter mit dem pünktlichen Feierabend. Einer Firma, die sich als Überwachungsstaat geriert, wollen sie keine Minute, keinen Handgriff und erst recht kein Vertrauen schenken.

Den umgekehrten Effekt beobachte ich in Firmen, die den Mitarbeitern mehr Freiheit bei den Arbeitszeiten geben: Die Arbeitnehmer tun alles, um das in sie gesetzte Vertrauen zu rechtfertigen. Sie arbeiten über die vereinbarte Arbeitszeit hinaus. Hier liegt auch die Gefahr von Vertrauensarbeitszeit: Sie kann zu einem Fluss ohne Ufer, zu einem selbsterrichteten Gefängnis werden.

Stellenabbau

Wer Stellen abbaut, spart Geld

Was für den Chirurg das Skalpell, ist für Firmenlenker der Rotstift: Mit ihm gehen sie gegen Auswucherungen im Personalbestand, gegen »überflüssige Mitarbeiter« vor. Solche »Überkapazitäten« fallen vor allem dann auf, wenn das Management mal wieder ein paar Millionen in den Sand gesetzt hat, der Aktienkurs auf Sinkflug geht und scheinbar nur ein Abwerfen von Ballast den Firmenballon wieder auf die nötige Flughöhe bringt.

Management by Milchmädchen funktioniert so: »Wir setzen von 10.000 Mitarbeitern mal eben 2.500 vor die Tür – und sparen 25 Prozent Personalkosten!« Woran keiner denkt: Nun sitzen die verbliebenen 75 Prozent der Mitarbeiter so gelähmt an ihren Arbeitsplätzen wie das Kaninchen vor der Schlange. Wer jeden Tag mit seiner Entlassung rechnen muss, ist nicht mehr bei der Arbeit, auch wenn er an seinem Arbeitsplatz sitzt.

Eine von der Hans-Böckler-Stiftung geförderte Studie hat ergeben: Nach Entlassungen fährt etwa jeder dritte Mitarbeiter sein Engagement herunter. Außerdem klagt er über eine schlechtere Zusammenarbeit mit den Kollegen. Kommt es zu Lohnkürzungen, verringern sogar 45 Prozent ihre Leistung für den Betrieb.

Der Ausspruch des Schriftstellers Theodor Fontane, dass Geizhälse die Plage ihrer Zeitgenossen, aber das Entzücken ihrer Erben seien, gilt für Firmenbesitzer nicht; es ist höchst fraglich, ob der Abbau unterm Strich Geld spart. Das sollte mal ein Personalfachmann nachrechnen (sofern er nicht schon entlassen ist!).

Quelle: Struck, O., Stephan, G. u.a., *Arbeit und Gerechtigkeit – Entlassungen und Lohnkürzungen im Urteil der Bevölkerung*, VS Verlag 2006

Stellenausschreibungen I

Stelleninserate sind das erfolgreichste Instrument der Personalsuche

Firmen sind wie Wohngemeinschaften: Wenn ein Platz frei wird, inseriert man nicht gleich, sondern hört sich erst mal um: Wer kennt jemanden, der zu uns passt? Folgt man der Vitamin-B-Spur, ist man deutlich effektiver als mit Anzeigen: In acht von zehn Fällen führen Empfehlungen dazu, dass ein Kandidat tatsächlich eingestellt wird. Dagegen kommen Zeitungsinserate nur auf eine Erfolgsquote von 58 Prozent. Noch weiter abgeschlagen, mit 28 Prozent, sind die Online-Inserate.

Aus Sicht einer Firma spricht viel dafür, die eigenen Mitarbeiter als »Headhunter« auf die Pirsch zu schicken. Erstens kostet diese Vermittlung fast nichts – während ein Headhunter schon mal 20.000 oder 30.000 Euro kassiert. Und zweitens stehen die Mitarbeiter mit ihrem guten Ruf dafür ein, dass der Neue hält, was sie von ihm versprochen haben.

Etliche Firmen, zum Beispiel Accenture, Citibank, Motorola und Microsoft, belohnen ihre Mitarbeiter für Anwerbungen mit Prämien von bis zu 5.000 Euro. Doch nicht nur dieses Geld sollte Sie dazu motivieren, neue Kollegen zu suchen; so stärken Sie auch Ihre Hausmacht. Die Firma nimmt Sie als loyal und engagiert wahr. Und der neue Mitarbeiter kann ein wertvoller Partner in Ihrem firmeninternen Netzwerk werden. Sofern er seinen Job meistert. Denn nicht nur gute, auch schlechte Empfehlungen fallen auf Sie zurück.

Quelle: Junge Karriere, Newsletter vom 11.07.2006

Stellenausschreibungen II

Ausgeschriebene Stellen geben die Realität in der Firma wieder

»Ihr neuer Arbeitsplatz ist eine Schlüsselposition in unserem Unternehmen. Ein motiviertes Team, eine anspruchsvolle Aufgabe sowie ein hohes Maß an Entscheidungsfreiheit, Führungsverantwortung und Rückendeckung durch die Geschäftsleitung erwarten Sie …«
Wer die Profile ausgeschriebener Stellen liest, könnte meinen: An den deutschen Arbeitsplätzen gibt es keine Routine mehr, nur noch »Herausforderungen«. Überall sind Eigeninitiative, Verantwortung und Kreativität gefragt. Überall scheinen die Spielräume groß, die Einschränkungen klein, die Chefs demokratisch. Jeder Job ein Abenteuerspielplatz, auf dem sich der neue Mitarbeiter austoben kann.

Doch am ersten Arbeitstag: aus der Traum! Oft besteht die einzige Herausforderung darin, acht Arbeitsstunden ohne einzuschlafen zu überstehen. Wer Eigeninitiative ergreift, wird von seinem Chef ausgebremst. Wer kreativ sein will, rennt sich an den Steilwänden der Hierarchie den Kopf ein. Von der Verantwortung bleibt nichts übrig, da jede Entscheidung, die über die Wahl des Bildschirmschoners hinausgeht, vom Vorgesetzten sofort zur Chefsache erhoben wird. Und an die »Rückendeckung« durch die Geschäftsleitung erinnert am Ende nur ein durch Buckeln ausgelöster Muskelkater.

Die Stellenausschreibung ist das Balzen der Firma: Sie zeigt sich dem Bewerber von der allerbesten, einer nur im Traum und in der Jubiläumsbroschüre vorhandenen Seite. Kluge Bewerber tun zweierlei: Sie halbieren in Gedanken die Ausschreibungsversprechen. Und sie stellen ihre eigene Leistung ebenso optimistisch dar. Nur dann ist es ein Kampf mit gleichen Waffen.

Stress

Arbeitsstress ist schädlich

Arbeitsstress kann eine Wohltat sein. Jeder von uns ist schon mal zu Höchstform aufgelaufen, weil er wirklich gefordert war. Das ist wie beim Bergsteigen: Ein Gipfel, der vollen Einsatz fordert, bereitet nicht nur mehr Stress, sondern auch mehr Spaß als ein Hügel von der Höhe einer Eiskugel. Reizvolle Ziele mobilisieren unsere Kräfte. Die Zeit vergeht schnell, wir gehen auf in der Tätigkeit.

Es gibt zwei Arten von Stress: den »Disstress« und den »Eustress«. Der Disstress ist wie ein Blutegel: Er saugt aus. Der Eustress – die griechische Vorsilbe »Eu« steht für »gut« oder »wohl« – ist wie Rückenwind: Er spornt zu Höchstleistungen an. Disstress entsteht, wenn man *dauerhaft* unterfordert oder überfordert ist. Unterfordert etwa, weil die Arbeit Ihren Geist so wenig fordert wie das Kuppeln beim Autofahren. Überfordert etwa, weil der Arbeitsberg nicht zu bewältigen, Ihre Mühe also vergeblich ist.

Eustress erleben Sie, wenn die Anforderungen einer Arbeit in einem gesunden Verhältnis zu Ihren Fähigkeiten und Ihren Zielen stehen: Sie müssen (stark) herausgefordert, dürfen aber nicht überfordert sein. Die Bergwand muss noch bezwingbar, der Auftrag kein Himmelfahrtskommando sein.

Gegen unangenehmen Stress hilft gute Arbeitsorganisation: Erobern Sie den Berg mit System! Ordnen Sie Ihre Aufgaben nach Wichtigkeit. Tun Sie nicht zuerst, was am meisten Spaß macht, sondern was die höchste Priorität hat. Indem Sie Zeitpuffer bei der Arbeit und Ausgleich in Ihrer Freizeit einbauen, zum Beispiel durch Sport, können Sie den negativen Stress bekämpfen. Und den positiven wahrscheinlicher machen.

Quelle: Csikszentmihalyi, M., *Lebe gut!*, dtv 2001

Studium I

Ein abgebrochenes Studium ist ein Karrierehindernis

Was haben Günther Jauch, Steven Spielberg und Bill Gates gemeinsam? Sie haben es weit gebracht – aber nicht zu einem abgeschlossenen Studium. Sie gehören, wie jeder vierte Student in Deutschland, zum Heer der Studien-Abbrecher. Ein abgebrochenes Studium *muss* kein Karrierehindernis sein. Wer sich selbständig macht (wie Bill Gates), wird von seinen Kunden nicht an seinen Abschlüssen, sondern an der Qualität seines Angebots gemessen. Er muss sein Geschäft verstehen, die Konkurrenz übertreffen. Mehr nicht.

Wer eine Karriere als Angestellter plant (wie Günther Jauch), hat es schwerer: Niemand kann Arzt ohne Medizin-, Richter ohne Jurastudium werden. Doch in den meisten Berufen gibt es Nischen: Wer etwa eine Stelle als Journalist, Betriebswirt oder Ingenieur anstrebt, braucht die entsprechenden Fähigkeiten. Niemand kann eine Firma zwingen, dass sie einen zweitklassigen Absolventen einem erstklassigen Abbrecher vorzieht.

Die Herausforderung besteht darin, den Abbruch zu *kompensieren*. Welchen Vorteil bringt es der Firma, den Abbrecher einzustellen? Bringt er mehr Praxiserfahrung, mehr Sprachtalent, mehr soziale Kompetenz oder mehr technisches Verständnis als die meisten Abgänger mit? Wie lassen sich diese Qualitäten in seinem bisherigen Lebenslauf nachweisen? Gibt es Referenzen, Arbeitsproben, Zeugnisse?

Ein guter Weg: Stellen Sie Ihre Qualitäten bei einem Praktikum unter Beweis. Wenn Sie leisten, was gefordert ist, stehen die Chancen gut, dass Sie eines Tages auf eine reguläre Akademiker-Stelle vorrücken können – umso mehr in Branchen, in denen der Nachwuchs rar gesät ist. Etwa im IT-Bereich.

Quelle: Mannheimer Morgen 13.09.2005

Studium II

Ein gutes Studium ist Voraussetzung für den Aufstieg

Dieter Hinrich (25) kam mit einem Ziel in die Karriereberatung, das »ehrgeizig« zu nennen eine Untertreibung wäre: »Ich möchte aufsteigen, möglichst bis zur Vorstandsetage.« Dass er gerade erst sein BWL-Studium abgeschlossen hatte, schien ihn nicht zu bremsen, sondern anzuschieben. Hatte er doch in Rekordzeit studiert. Note 1,2! Nun fühlte er sich wie ein Rallyefahrer, der den schwierigsten Teil der Strecke gemeistert hat und locker auf die Zielgeraden geht.

Aber lässt sich ein Vorsprung, ein Erfolg an der Hochschule, ins Berufsleben übertragen? Nur anfangs, bei der späteren Arbeit werden die Karten völlig neu gemischt. Ein gutes Studium erleichtert vor allem den beruflichen Einstieg (beim Bewerben zählen die Noten), aber kaum den beruflichen Aufstieg (im Job zählen die Leistungen). Entscheidend ist ein Fach, für das die Hochschulen keine Noten erteilen: emotionale Intelligenz.

Der Wiener Professor Wolfgang Mayrhofer bestätigt in einer Studie: Nicht vom schnellen Studium und auch nicht von den guten Noten hängt eine Laufbahn ab. Vielmehr entscheidet sich die Karriere dann, wenn der Campus schon in der Vergangenheit liegt: in den ersten fünf bis zehn Berufsjahren.

Das geht los bei der Wahl des Arbeitgebers. Wer findet ein Unternehmen und eine Position, in der seine Qualitäten wirklich gefragt sind? Aufsteiger heben sich von der Masse nicht in erster Linie durch Fachwissen ab, sondern indem sie Risiken eingehen, Mentoren suchen und Netzwerke pflegen. Ebenso wichtig sind laut Professor Mayrhofer »Arbeitsstil, Ethos, Durchhaltevermögen und der richtige Zugang zu Problemen«. Hohe Frusttoleranz bei anfänglichen Schwierigkeiten lohnt sich. So schrieb Erich Kästner: »Auch aus Steinen, die dir in den Weg gelegt werden, kannst du etwas Schönes bauen.«

Damit keine Missverständnisse aufkommen: Erstklassige Studenten können auch erstklassig Karriere machen. Und wer im Studium als Blindgänger agiert, geht im Berufsleben nicht zwangsläufig ab wie eine Kanone.

Quelle: Junge Karriere, 30.06.2006

T

Tarif I

Tarifverträge gelten nur für organisierte Firmen oder Arbeitnehmer

Eigentlich greift ein Tarifvertrag nur, wenn die Firma einem Arbeitgeberverband und der Mitarbeiter einer Gewerkschaft angehört. Sonst sind die Arbeitsverträge frei zu verhandeln, der Tarif spielt keine Rolle.

In der Theorie stimmt das. Doch die Praxis sieht etwas anders aus:

- Betriebe gewähren Nichtmitgliedern der Gewerkschaften freiwillig die Tarifkonditionen (schon, um sie nicht in die Arme der ungeliebten Gewerkschaft zu treiben).
- Die Arbeitsverträge schreiben den Tariflohn oft für Nicht-Gewerkschaftsmitglieder fest.
- Wenn nur der Arbeitgeber tarifgebunden ist, werden bereits die betrieblichen Normen wirksam.
- Einige Tarife hat der zuständige Bundesminister für allgemeingültig erklärt. Sie wirken damit über die Grenzen des Tarifbereiches hinaus.

Quelle: Vgl. § 3 Abs. 2 TVG, § 5 TVG

Tarif II

Wer über Tarif verdient, wird in der Krise schneller »abgebaut«

»Ich weiß nicht, ob ich ein außertarifliches Gehalt fordern soll. Ist es nicht so, dass die mit den hohen Gehältern im Krisenfall als Erste vor der Tür stehen?«

»Versetzen Sie sich in die Position Ihres Chefs: Wem wird er ein Spitzengehalt zahlen – jemandem, den er entbehren kann? Oder jemandem, den er für äußerst wichtig hält?«

»Aber im Krisenfall …«

»Im Krisenfall gilt erst recht: Die Leistungsträger müssen bleiben, schließlich ziehen sie den Karren aus dem Dreck. Ein hohes Gehalt kann der beste Kündigungsschutz sein.«

»Jetzt übertreiben Sie maßlos! Die Firma muss doch sparen!«

»Gerade deshalb. Denn wer vor die Tür gesetzt wird, hat nicht selten Anspruch auf Abfindung. Und wie hoch der ausfällt, hängt vom aktuellen Gehalt ab. Anders gesagt: Geringverdiener wird man billig los. Auch deshalb sitzen Sie mit einem übertariflichen Gehalt fester im Sattel.«

Team I

Teamarbeiter machen Karriere

Wetten, dass auch durch Ihre Firma ein Geist spukt? Richtig, der Teamgeist! Er wird in vielen Unternehmen ebenso pausen- wie schamlos beschworen. Manager tun so, als seien die Mitarbeiter eine große Familie, als käme es nicht mehr auf die Einzelleistung, nur noch auf das Teamergebnis an. Aber haben Sie je gehört, dass ein ganzes Team befördert wurde? Auch wenn Gehälter erhöht, Fortbildungen verteilt oder Entlassungen ausgesprochen werden, sind einige Teammitglieder gleicher als gleich – nämlich jene, die durch ihre *Einzelleistung* aus der Masse herausragen. Sie steigen auf, während andere nicht vom Fleck kommen; sie bleiben in Amt und Würden, wenn die Entlassungswelle die grauen Teammäuse wegspült.

Wer singt das hohe Lied von der Teamarbeit? Vor allem Führungskräfte, die längst über dem Team stehen. Solidarität heißt für sie: Keiner darf ausscheren, wenn Überstunden anfallen. Jeder muss einspringen, wenn ein Kollege krank wird. Es geht ihnen nicht um den Vorteil des Teams, sondern um den eigenen.

Arbeiten Sie mit Ihren Kollegen gut zusammen – aber achten Sie darauf, dass Ihre Einzelleistung sichtbar bleibt. An ihr werden Sie gemessen. Nicht am Teamgeist, denn der erweist sich oft als fauler Spuk.

Team II

Ein Team ist immer nur so stark wie sein schwächstes Mitglied

Nicht die schwächsten Mitglieder bestimmen die Stärke eines Teams, sondern die stärksten! Niemand erinnert sich an den dilettantischsten Schauspieler aus »Casablanca« – aber jeder an Humphrey Bogart (»Schau mir in die Augen, Kleines!«). Niemand erinnert sich an den schwächsten deutschen Handballer bei der WM 2007 – aber jeder an den reaktionsschnellen Torhüter Henning Fritz. Niemand erinnert sich an die tolpatschigste Eiskunstläuferin im Team von »Holiday on Ice« – aber jeder an die bezaubernde Katarina Witt.

Wenn Sie eine Mannschaft zusammenstellen, ob für ein Projekt oder für eine Abteilung, gilt dasselbe wie einst in der Sportstunde: Entscheidend ist, wen Sie als Erstes wählen, die Top-Mitglieder, die »erste Wahl«! Dagegen lohnt es kaum, sich auf das Aussieben der Leistungsschwächlinge zu konzentrieren.

Holen Sie einige Brillante an Bord, die voller Ideen, engagiert und mitreißend sind. Diese Top-Mitarbeiter prägen das Bild Ihrer Einheit, bestimmen das Niveau, sorgen für einen Ruhm, der auf Sie ausstrahlen kann. Nicht selten schaffen sie es, die schwächsten Mitarbeiter in ihrem Bugwasser mitzureißen. Der umgekehrte Fall, dass der Schwächste den Stärksten bremst, ist schon wegen der Kräfteverhältnisse ausgeschlossen.

Teilzeit I

Auf Teilzeitarbeit besteht kein Anspruch

Viele Jahre hätte man eher Dagobert Duck eine Spende fürs Armenhaus als dem eigenen Chef eine Teilzeitstelle entlocken können. Seit 2001 stehen die Chancen besser: Das Teilzeit- und Befristungsgesetz (TzBfG) gewährt Ihnen einen Anspruch auf Teilzeitarbeit, wenn das Arbeitsverhältnis seit mehr als einem halben Jahr besteht und die Firma mehr als 15 Mitarbeiter beschäftigt.

Zwar kann der Arbeitgeber Ihren Wunsch aus betrieblichen Gründen ablehnen, aber dann muss er nachweisen, dass seine Organisation sehr beeinträchtigt, die Arbeitsabläufe gestört, die Sicherheit gefährdet oder die Kosten in unverhältnismäßige Höhe getrieben würden. Mit diesem Nachweis sind schon etliche Unternehmen vor Gericht gescheitert. Vor allem, weil sie einigen Arbeitnehmern das Recht auf Teilzeit eingeräumt, es anderen aber versagt hatten. Nur noch wenige Unternehmen lassen es auf einen Prozess und auf ein mögliches Präzedenzurteil ankommen; sie bieten dem Arbeitnehmer im Vorfeld eine Lösung an.

Aber: Argumentieren Sie erst gar nicht als Erpresser (»Sonst gehe ich vor Gericht!«), sondern zeigen Sie den Vorteil fürs Unternehmen auf. Was hat die Firma davon, wenn Ihre Erfahrung (halbtags) erhalten bleibt? Wie schaffen Sie es, Ihre Arbeit reibungslos zu organisieren? Ein Trumpf kann Job-

Sharing sein: Sie und eine andere Halbtagskraft teilen sich eine ganze Stelle – also wird die Arbeit ganztags erledigt.

Auf eine Teilzeitstelle zu klagen ist nur dann klug, wenn Sie sich mit einem goldenen Handschlag verabschieden wollen. Was die Basis des Vertrauens zerstört, kann immerhin eine gute Basis für eine Abfindung schaffen …

Teilzeit II

Teilzeitmitarbeiter sind weniger produktiv

Bezeichnung für jemanden, der mit halber Kraft arbeitet? »Teilzeitmitarbeiter«, haben die Chefs lange Zeit geantwortet. Dieses Vorurteil ist mittlerweile vom Tisch. Eine Umfrage ergab: Immerhin 56 Prozent der deutschen Personalmanager sind der Meinung, dass Mitarbeiter in Teilzeit ebenso produktiv wie ihre Kollegen in Vollzeit sind.

Wer kürzer arbeitet, muss sich besser konzentrieren und organisieren als Kollegen, die ihre Arbeit auf einen ganzen Tag strecken können. Es gilt das Gesetz des britischen Historikers Cyril Northcote Parkinson, nach dem sich Arbeit immer so lange ausdehnt, wie man ihr Raum gibt. Kürzere Arbeitszeiten können größere Effektivität bedeuten.

Acht von zehn deutschen Unternehmen lassen Mitarbeiter mit Kindern als Teilzeitkräfte arbeiten. Drei von zehn Firmen machen Job-Sharing möglich. Und immerhin rund ein Viertel der Firmen erspart Eltern die Anfahrt zur Arbeit – und lässt sie vom heimischen Schreibtisch ans (produktive) Werk gehen.

Allerdings bedeuten halbe Stellen im Karriererennen nicht einmal halbe Chancen: Nur wer rund um die Arbeitszeit im Rennen ist, hat reelle Aufstiegschancen (siehe *Home Office*).

Quelle: Robert Half Finance & Accounting. *Neue Wege zu mehr Familienfreundlichkeit*. Befragung von 1.210 Personalmanagern in 13 Ländern, 2007

Telefonieren

Telefonieren ist weniger effektiv als E-Mailen

Moderne Menschen greifen nicht mehr zum Hörer – sie greifen in die Tasten, verschicken E-Mails. Auf den ersten Blick spart das Zeit, denn kurze Telefonate gelingen selten: Meist ist die Sachbotschaft in einem Satz übermittelt – und dann folgt minutenlanges Plaudern. Also besser gleich mailen? Nein, das Telefon bietet große Vorteile:

Zum einen hören Sie unmittelbar, wie Ihr Gesprächspartner reagiert. Schweigt er lange (vielleicht, weil Ihr Terminwunsch unrealistisch ist)? Zeigt Ihnen seine Reaktion, dass er Sie falsch verstanden hat? Am Telefon können Sie direkt reagieren, einen Dialog führen. Diese spontane Interaktion bietet der einseitige Schriftweg nicht. Zweitens ist Telefonieren immer persönlicher als ein E-Mail-Kontakt. Die Stimme sorgt für mehr Vertrautheit als Buchstaben auf einem Bildschirm. Sicher ist es Ihnen auch schon passiert, dass Sie Menschen nur vom Telefon kannten – und dann, beim ersten Treffen, über ihr Aussehen erstaunt waren. Offenbar hatten Sie sich ein konkretes Bild von ihnen gemacht! Das passiert beim E-Mailen kaum.

Und drittens dient die menschliche Kommunikation nur zu einem winzigen Bruchteil der Übermittlung von Informationen. In erster Linie pflegen wir beim Sprechen Beziehungen. Gerade wenn Sie Netzwerke bilden und Ihre Karrierechancen verbessern wollen, sollten Sie möglichst oft zum Telefonhörer greifen. Viele mächtige Männer, so auch der Ex-Bundeskanzler Helmut Kohl, haben den Telefonhörer zum Königszepter, zum wichtigsten Instrument beim Knüpfen ihres Machtnetzes gemacht.

Tyrann

Tyrannisches Verhalten bremst eine Karriere

Der Chef einer ostdeutschen Schraubenfabrik konnte fuchsteufelswild werden – so wild, dass er mit Kaffeetassen nach seinen Sekretärinnen warf. Was passiert, wenn ein Chef seine gute Kinderstube vergisst? Wenn er tobt und brüllt, sich wie ein Tyrann aufführt? Bremst dieses Verhalten seine Karriere aus?

Im Gegenteil, sagt eine Studie der Bond University in Australien: Wer seine Mitarbeiter schlecht behandelt, wird schneller befördert. Die Online-Umfrage ergab: Fast zwei Drittel der tyrannischen Chefs werden von oben nicht geächtet, sondern geachtet. Offenbar sind Tritte, die man austeilt, gut für Schritte, die man auf der Karriereleiter machen will. Vielleicht kennen Sie das aus Ihrer Firma: Ein Chef, der *für* seine Mitarbeiter eintritt, gilt bei der Geschäftsleitung schnell als gefühlsduseliger Sozialarbeiter. Dagegen werden eiskalte Rambos, die Mitarbeiter ungespitzt in den Boden rammen, als durchsetzungsstark und professionell angesehen.

Diese Wahrnehmung scheint sich nicht nur auf die Oberbosse zu beschränken. So erforschte die Stanford-Professorin Larissa Tiedens, wie Menschen auf verschiedene Gesichtsausdrücke reagieren. Ergebnis: Wer sich ärgert, wer Wut und Aggressivität zeigt, wird als stärker, klüger, hochrangiger und sogar als gerechter eingeschätzt. Wer eher ein trauriges Gesicht macht, gilt als liebenswürdig, aber auch als schwach.

Müssen Sie also zum tobenden Tyrannen mutieren, nur deshalb mit reinem Gewissen, weil Sie es nie benutzen? Besser nicht. Aber erlauben Sie es sich, Ihre Stimme zu erheben, anderen ihre Grenzen zu zeigen und für eine gute Sache auf den Tisch zu hauen. Beißen müssen Sie gar nicht. Aber Zähne zeigen!

Quelle: Focus-Online, *Tyrannen machen schneller Karriere*, 04.08.2007

U

Überstunden I

Deutsche Arbeitnehmer scheuen Überstunden

Was für Nietzsche der Übermensch, ist für den Unternehmer die Überstunde: die Krönung der Gattung! Doch angeblich scheuen die deutschen Arbeitnehmer vor Überstunden zurück wie das Pferd vor der Klapperschlange. Als käme der pünktliche Feierabend für die Mitarbeiter vor dem Wohl der Firma.

Die Statistik vermittelt ein anderes Bild: Allein im Jahr 2007 leisteten deutsche Arbeitnehmer rund 1,5 Milliarden bezahlte Überstunden (laut Bundesagentur für Arbeit). Dabei hat die *bezahlte* Überstunde fast denselben Seltenheitswert wie ein Zechpreller, der Trinkgeld hinterlegt; nach einer europäischen Studie werden in Deutschland nur 21 Prozent der Überstunden ausbezahlt – in keinem der 21 untersuchten EU-Staaten war diese Quote geringer. Der Rest wird entweder gar nicht oder nur durch Freizeit ausgeglichen.

An der Bereitschaft der Mitarbeiter, Überstunden zu leisten, fehlt es also nicht – eher an der Bereitschaft der Arbeitgeber, diese Leistung anzuerkennen; mit Nietzsche gesprochen: »Jedes Wort ist ein Vorurteil.«

Quelle: Europäische Stiftung zur Verbesserung der Lebens- und Arbeitsbedingungen, *Working Time and Worklife Balance in European Companies*, 2006

Überstunden II

Überstunden sind freiwillig

Der Kripo-Mann brummt: »Würden Sie bitte mitkommen.« Das klingt wie eine Bitte, ist aber eine Forderung, der er zur Not mit Handschellen Nachdruck verleiht. Ähnlich verhält es sich mit Bitten aus dem Chefmund, etwa: »Können Sie diese Woche mal ein paar Stunden länger bleiben?« Wer grundsätzlich nein sagt, stürzt in den Abgrund der Ungnade und gilt als »Beamter« – mit dem kleinen Unterschied, dass er sehr wohl kündbar ist (und sich an diesen Umstand bei der nächsten Krise erinnern wird!).

Also jeder Bitte des Chefs nachgeben? Besser nicht, denn wenn Sie ihm den kleinen Finger reichen, reißt er Ihnen garantiert den ganzen Arm aus. Dann können Sie die Koordinaten der Firma dem Einwohnermeldeamt gleich als neuen Hauptwohnsitz durchgeben, gültig auch an Wochenenden, im Jahresurlaub, an Heiligabend.

Das richtige Vorgehen: Machen Sie Überstunden dann, wenn es wirklich brennt. Das demonstriert Ihre Bereitschaft, hohen Einsatz für die Firma zu bringen. Aber zeigen Sie Ihrem Chef auch, dass dauerhafte Überstunden auch nicht in *seinem* Interesse sind. Denn um Ihre volle Leistung abzurufen, brauchen Sie Freizeitausgleich. Außerdem sollte der Arbeitsfluss in Ihrer Abwesenheit funktionieren. Machen Sie Vorschläge, wie Personal aufgestockt, Schichtarbeit organisiert und Vertretungen besser geregelt werden könnten.

Durch dieses Vorgehen zeigen Sie Entgegenkommen, ohne allzu viele Überstunden oder einen ausgerissenen Arm zu riskieren.

Übung

Übung macht den Meister

Als ich Mitte zwanzig war, wollte ich einen alten Traum verwirklichen: Ich lernte Gitarre. Mein Ehrgeiz konnte sich sehen lassen: Ich übte Akkorde, studierte Takte, zupfte Melodien, bis die Fingerkuppen wund waren. Ob Winter oder Sommer: Jeden Tag übte ich 1½ Stunden. Zwei Jahre lang. Doch hat die Übung mich zum Meister gemacht? Weit gefehlt. Noch heute, 15 Jahre später, ist mein Gitarrenspiel nur entfernt mit Musik verwandt. Und wenn man mich »Slow Hand« nennt, dann nicht, um mich durch einen Vergleich mit Eric Clapton zu ehren.

Übung macht keine Meister, nicht in der Musik, nicht im Beruf; sie macht bestenfalls Handwerker. Wer mit Ausdauer übt, kann ein passabler Anlageberater, aber kein Warren Buffett werden; ein brauchbarer Ingenieur, aber kein Gottlieb Daimler; ein ordentlicher Journalist, aber kein Kurt Tucholsky. Mit der Übung ist es wie mit dem Regen: Entscheidend ist der Boden, auf den sie fällt. Nur wo ein meisterliches Talent schlummert, kann sie es zur Blüte bringen.

Wie schnell das Üben bei Talenten anschlägt, beweist ein Blick auf wahre Meister. Ob Sie Wolfgang Amadeus Mozart oder Bill Gates nehmen: Beide handelten schon in einem Alter meisterlich – Mozart als Kind, Gates als Jugendlicher –, in dem sie noch gar nicht auf allzu viel Übung bauen konnten. Später stockten sie die vorhandenen Talente durch regelmäßiges Üben lediglich auf.

Trainieren Sie das, was Ihnen liegt! Machen Sie dort, wo Sie schon gut sind, so lange weiter, bis Ihnen niemand mehr etwas vormacht. Ich zum Beispiel habe eines Tages die Gitarre wieder gegen mein Lieblingsinstrument eingetauscht: den Bleistift. Gleich einer der ersten Liedtexte, die ich schrieb, brachte es bis in die Hitparade.

Unentbehrlichkeit

Ein guter Chef macht sich unentbehrlich

Urlaub vorbei, der Chef kommt zurück. »Wie lief es?«, fragt er. »Ein einziges Chaos«, stöhnt die Sekretärin. Das Gesicht des Chefs hellt sich auf: Ohne ihn geht nichts! Da nimmt er es gerne in Kauf, dass sich sein Schreibtisch unter der Last der unbearbeiteten Vorgänge biegt. Und die Rückrufliste ist mindestens so lang wie der Jakobsweg.

Solche Chefs sind völlig unbestechlich; sie nehmen nicht einmal Vernunft an! Sonst müssen sie erkennen, dass dieser Kult um ihre eigene Person an Geschäftsschädigung grenzt. Ein guter Vorgesetzter zeichnet sich *nicht* dadurch aus, dass er möglichst viel Arbeit selbst erledigt, sondern dadurch, dass er seine Mitarbeiter dazu befähigt. Er spielt nicht die erste Geige, sondern sucht mit seinem Orchester die richtigen Stücke aus, studiert sie ein und greift nur ausnahmsweise zum Taktstock. Denn jedes Mal, wenn der Chef die Verantwortung übernähme, würde er sie seinen Mitarbeitern entreißen.

Die »Chefsache« darf nur seltene Ausnahme, nicht alltägliche Regel sein. Die besten Vorgesetzten machen sich nicht unentbehrlich, sondern sorgen dafür, dass ihr Orchester im Alltag auch ohne sie den Takt hält. Das verschafft ihnen einen freien Rücken für strategische Arbeiten.

Unersetzlichkeit

Als Mitarbeiter kann man sich unersetzlich machen

Schätzungsweise jeder zweite Mitarbeiter, der eines Tages entlassen wird, hielt sich bis dahin für unersetzlich. Der Betrieb ohne ihn? Ein Sommer ohne Sonne. Ein Fluss ohne Wasser. Nicht denkbar!

Doch je tiefer einer ins Glas der Selbstüberschätzung schaut, desto gefährlicher lebt er. So wie Achilles in der Sage: Seine Mutter, die Meeresnymphe Thetis, hatte ihn in den Styx getaucht, den Fluss zwischen Unter- und Oberwelt. Aber jene Stelle an der Ferse, wo ihn ihre Hand umfasst hatte, wurde vom Wasser nicht berührt. Und genau dort, an seinem verwundbaren Punkt, trifft ihn später ein tödlicher Pfeil.

Die Achillesferse der Leistungsträger: Sie ziehen aus ihrer (vielleicht tatsächlich) unersetzlichen *Arbeit* einen falschen Schluss – nämlich dass Sie als *Arbeitskraft* unersetzbar wären. Langfristige Krankheits- oder überraschende Todesfälle beweisen: Kaum ein Schuh ist so groß, dass ihn nicht auch andere Füße füllen könnten. Meist ziemlich schnell.

Wer weiß, dass er ersetzbar ist, hat offene Augen für Warnsignale. Das können kritische Bemerkungen des Chefs, das können aber auch schlechte Geschäftszahlen sein. In solchen Situationen ist es wichtig, dem Management immer wieder zu zeigen, was Sie persönlich zum Geschäftserfolg beitragen. Niemand ist unersetzbar – aber günstigstenfalls wird man dafür gehalten!

V

Verhandlung

Bei Verhandlungen ist es am wichtigsten, den Standpunkt des Gegners zu kennen

Rumms! Mit einem lauten Knall prallen zwei Autos aufeinander. Solche Frontalzusammenstöße gibt es auch am Verhandlungstisch. Dann stößt ein Standpunkt auf den anderen. Zum Beispiel möchte Ihr Kollege seinen Jahresurlaub in den ersten drei Juliwochen durchsetzen (Standpunkt eins), während Sie seinen Urlaub zu dieser Zeit verhindern wollen, um selbst verreisen zu können (Standpunkt zwei). Zur gleichen Zeit darf nur einer von Ihnen aus dem Haus sein.

Aber worum geht es Ihrem Kollegen wirklich? Nicht um drei bestimmte Juliwochen – er hat ein *Interesse*, das er auf diesem Weg befriedigen will. Fragen Sie nach, aus welchen Gründen ihm dieser Urlaubszeitpunkt so wichtig ist. Vielleicht kommt heraus: Direkt anschließend steht ein wichtiger Geschäftstermin an, den er unbedingt wahrnehmen will. Oder: Er will mit der Familie verreisen, aber seine Frau bekommt später keinen Urlaub mehr.

Nun haben Sie eine Grundlage, mit ihm zu verhandeln. Es gibt viele Möglichkeiten: Lässt sich der Geschäftstermin vielleicht verschieben? Oder wäre es für Ihren Kollegen attraktiv, wenn Sie ihm beim Urlaub in den Herbstferien den Vortritt ließen und er im Sommer ein oder zwei Wochen weniger verreist?

Wer nur auf den Standpunkt achtet, fährt eine Verhandlung in die Sackgasse. Wer auf die Interessen achtet, findet viele

Lösungswege – und wird von seinem Verhandlungspartner respektiert, weil er selbst Respekt zollt.

Abb. 9: *Hinter jedem Standpunkt des Verhandlungspartners stehen Interessen. Sie sind der Schlüssel zum Erfolg.*

Verkäufer

Verkäufer gibt's wie Sand am Meer

Spieglein, Spieglein an der Wand, welcher Berufsstand ist der begehrteste im ganzen Land? Nicht Ingenieure, nicht IT-Spezialisten – es sind die Vertriebsmitarbeiter, die tausendmal begehrter sind als sie: 32 Prozent aller Personalchefs geben in einer Studie an, offene Positionen im Vertrieb seien nur schwer zu besetzen. Dagegen fehlt es nur 29 Prozent der Personaler an Ingenieuren und nur 23 Prozent an IT-Profis.

Der Vertrieb ist die Schlüsselabteilung. Was bringt die Idee eines Ingenieurs, wenn niemand dafür bezahlt, eine Dienstleistung, wenn sie niemand in Anspruch nimmt? Der Vertrieb macht Ideen zu Umsatz, indem er Kunden dafür begeistert. Er ist das Nadelöhr zum Erfolg, in dem viele Gründer hängen bleiben. Kein Wunder, dass Vertriebsprofis heißbegehrt und hochbezahlt sind.

Wer eines Tages ins Management will, kann von Erfahrungen im Vertrieb, vom direkten Kontakt mit Kunden profitieren (zumal viele Hochschulabgänger den Verkauf für ein »schmutziges Geschäft« halten und ihn deshalb systematisch meiden). Vertriebs- und damit Kundenkenntnis kann ein wichtiger Karrierebaustein sein. Auch weil der Produktverkauf eng verwandt mit der wichtigsten Karrieredisziplin ist: dem Selbstverkauf.

Quelle: Junge Karriere, 19.01.2007

Vertrauen

Vertrauen ist gut – Kontrolle ist besser

»Als Chef trage ich die Verantwortung. Deshalb schaue ich meinen Leuten genau auf die Finger. Die Mitarbeiter sollen spuren.«

»Interessantes Wort: ›spuren‹. Das bedeutet, Sie gehen voraus, ziehen eine Spur, und die Mitarbeiter trotten Ihnen hinterher wie die Küken der Henne …«

»Immer noch besser, als dass sie auf falsche Wege geraten!«

»Ich behaupte: Sie können zwar Arbeitsergebnisse kontrollieren. Aber die wichtigste Arbeit findet in einem Raum statt, zu dem Sie gar keinen Zutritt haben.«

»Das wüsste ich aber!«

»Dieser Raum ist der Kopf Ihrer Mitarbeiter! Woher wollen Sie wissen, ob ein Mitarbeiter all seine Ideen einbringt? Woher wollen Sie wissen, ob er sein ganzes Wissen nutzt? Am Fließband, bei ungelernten Arbeitskräften, war Aufsicht noch möglich. Aber wie wollen Sie Mitarbeiter kontrollieren, wenn sie von ihrem Fach mehr als Sie selbst verstehen?«

»Aber ganz ohne Kontrolle kommen die Mitarbeiter womöglich auf krumme Gedanken …«

»Kämen Sie auf krumme Gedanken, wenn Ihnen jemand einen Vorschuss an Vertrauen gibt, Ihnen zum Beispiel ein nagelneues Auto ausleiht? Würden Sie es verschmutzt oder mit einer Beule zurückgeben? Sicher nicht, denn Sie wollen das Vertrauen rechtfertigen. Genau das wollen die Mitarbeiter auch.«

»Aber was ist dann mit Diebstählen durch Mitarbeiter, zum Beispiel im Einzelhandel?«

»Man kann eine Verdachtskultur pflegen, wie etwa bei Lidl, wo ganze Detekteien auf die Mitarbeiter angesetzt wurden. Das provoziert die Mitarbeiter geradezu, es der Firma heimzuzahlen. Oder man pflegt eine Vertrauenskultur, wie bei der Drogeriekette dm. Dort wird von Mitarbeitern viel weniger geklaut als bei anderen Discountern – nicht trotz, sondern wegen der geringen Kontrolle.«

Verwandtschaft

Chefs kennen keine Verwandten

Auf meinem Schreibtisch liegt die Telefonliste eines mittelständischen Maschinenbauers. Der Nachname des Chefs ist nicht nur einmal, sondern fünffach gelistet. Die Tochter, der Sohn, ein Bruder, ein Cousin: Die Firma scheint wie eine Arche Noah, an deren Deck sich alle Verwandten des Inhabers gerettet haben. In der Regel wurden sie nicht aufgrund ihrer Fähigkeiten, sondern aufgrund ihrer Verwandtschaft zum Inhaber eingestellt.

Diese Vetternwirtschaft kann ein Unternehmensschiff zum Kentern bringen. Denn während der Gründer gewisse Qualitäten bewiesen hat (sonst hätte er keine Firma flottbekommen), kann es sein, dass seine Verwandten mit Fach- und Führungstalenten so wenig gesegnet sind wie die Sahelzone mit Regen. Schon manches Unternehmen, das die Gründer über Jahrzehnte nach oben brachten, soff unter der Regie der Erben in drei Monaten ab.

Was tun, wenn Sie selbst im Unternehmen eines Verwandten anfangen können? Seien Sie vorsichtig, besonders wenn der Firmeninhaber denselben Namen trägt wie Sie: Dann sind Ihre Arbeitszeugnisse nicht einmal das Papier wert, auf dem sie gedruckt werden. Besser die Karriere auf neutralem Boden beginnen und dann, durch Erfolg statt Verwandtschaft qualifiziert, auf den Familiendampfer umsteigen – sofern dieser nicht schon von anderen Verwandten versenkt wurde.

Vision

Die Vision besagt, worum es einer Firma geht

Der Name eines Pulvers, das Firmen mit Vorliebe in die Augen ihrer Mitarbeiter streuen? Vision! Die Zukunft muss golden, der Geschäftszweck heilig und der Mitarbeiter natürlich Richtschnur allen Handelns sein. Also wird eine Werbeagentur angeheuert, die sich einen Slogan aus den Fingern saugt, der nicht wahr sein, aber großartig klingen muss! Am Ende heißt es sinngemäß: Unser Pharmakonzern will die ganze Welt, zumindest aber die Gesundheit der Menschen retten. Wahre Pillen-Samariter.

Aber: Rettet die Firma nicht nur denjenigen, der genug Geld für die Medikamente auf den Tresen legt? Werden überzählige Medikamente nicht eher vernichtet, als dass man sie bedürftigen Menschen in der Dritten Welt schenkt? Und wer hat je von einem Pharmakonzern gehört, der seine Gewinne nicht unter den Aktionären, sondern unter den kranken

Menschen dieser Erde oder auch nur unter den Mitarbeitern aufgeteilt hätte?

Gerade Mitarbeiter schauen hinter die Fassade ihrer Firma, sie erleben täglich die ungeschminkte Wirklichkeit. Da wird die Vision schnell zur Lachnummer. Den meisten Firmen geht es nicht um die Rettung der Welt, nicht um höhere Ideale, nicht um glückliche Mitarbeiter, sondern einzig ums Geldverdienen. Gerade Berufseinsteiger tun gut daran, sich früh mit dieser Tatsache anzufreunden – oder sich rechtzeitig auf die Arbeit in einem Unternehmen mit *glaubwürdiger* Vision zu verlegen. Die Auswahl fällt dann leicht: Es gibt nicht viele davon.

Vitamin B

Vitamin B ist alles, was man für eine Karriere braucht

Welchem Menschen in Ihrer Firma wünschen Sie am ehesten, dass er vorwärtskommt? Seien Sie ehrlich – sich selbst! Auch wer anderen hilft, denkt dabei nur selten an einen Samariter-Orden, öfter an den eigenen Vorteil. Die meisten Vitamin-B-Beförderungen sind Geschäfte mit zwei Gewinnern: Der Beförderer will ein Pferd aus seinem Stall in Position bringen. Mal schätzt er die Loyalität, mal die fachlichen Qualitäten.

Vitamin B *allein* reicht nicht. Wer nur einen Kontakt, aber keine fachlichen oder sozialen Fähigkeiten vorweisen kann, wäre eine Zeitbombe, die der Beförderer sich unter den Schreibtisch rollt. Sogar sein Einkommen, sofern er Chef ist, wäre gefährdet, denn die meisten Einheiten werden als Profit-Center geleitet. Je besser die (internen) Geschäfte laufen, desto höher die Prämie des Vorgesetzten. Vitamin B in Ehren – aber niemand will sich daran vergiften!

Vorbild

Am besten sucht man sich Vorbilder im internationalen Business

Zum Beispiel Jack Welch, einst Chef von General Electric. Ihn nennen Mitarbeiter gern, wenn ich sie in der Karriereberatung nach ihren Vorbildern frage. Solche internationalen Größen können den Traum von der Top-Karriere nähren. Doch eine Hilfe, um im Alltag vorwärtszukommen, sind sie kaum. Denn was bei Jack Welch in einer anderen Zeit, in einem anderen Land und in einem ganz speziellen Weltkonzern funktionierte, lässt sich nicht unbedingt auf die Karriere bei einem Mittelständler in Magdeburg übertragen.

Die nützlichsten Vorbilder finden sich dort, wo sie kaum einer vermutet: in der eigenen Firma. Wer hat Positionen erreicht, wie Sie sie gerne hätten? Wie sind diejenigen dorthin gekommen? Welche Abschlüsse haben sie? Aus welchen Branchen kommen sie? Wurden sie im eigenen Haus befördert oder kamen sie von außerhalb? Waren sie für einige Zeit im Ausland oder stets in der Zentrale tätig? Welche Netzwerke haben sie im eigenen Haus gepflegt, durch welche Leistungen den Durchbruch geschafft? Wie stehen sie zur Geschäftsleitung?

Die Antworten auf diese Fragen liefern Ihnen Aufstiegs-Rezepte, die sich in Ihrer eigenen Firma bewährt haben. Aber: Wandeln Sie diese Rezepte um, passen Sie sie Ihren Zielen und Ihrer Persönlichkeit an, statt sie nur zu kopieren. Gerade wenn Sie sich hohe Ziele gesteckt haben, gilt die Einsicht des französischen Regisseurs François Truffaut: »Man kann niemanden überholen, wenn man in seine Fußstapfen tritt.«

Vorstellungsgespräch I

Firmenvertreter führen professionelle Einstellungsgespräche

Ob Sie an einen Tölpel geraten, der nicht kann, oder einen Könner, der nicht will: Beim Bewerben müssen Sie immer damit rechnen, dass Sie in dilettantischer Weise interviewt werden. Je kleiner die Firma, desto hausgemachter die Personalauswahl. Die drei häufigsten Fehler, die Firmenvertreter sehenden oder blinden Auges begehen:

- Sie plaudern gleich zu Beginn des Gespräches Details über die Stelle aus, etwa: »Der Vorgänger ist an seiner mangelhaften Organisation gescheitert« – eine Steilvorlage für Sie, um Ihr organisatorisches Talent mit einem Tusch zu präsentieren.
- Sie verstehen das Wort »Vorstellungsgespräch« so, als müssten sie die Firma vorstellen – statt den Bewerber sich vorstellen zu lassen. Die Folge sind Monologe, deren Länge nur noch durch Langweiligkeit übertroffen wird. Wer es als Bewerber schafft, seine Augen offen zu halten und an den richtigen Stellen zu raunen (»Wow! Den Gewinn verdoppelt!«), hat den Job so gut wie sicher.
- Sie gehen stur den Lebenslauf des Kandidaten durch – statt durch weiterführende Fragen herauszufinden, welche Erfahrungen den Bewerber geprägt haben und ob er wirklich zur offenen Stelle passt. Dann liegt es an Ihnen, die Schnittmenge zwischen Ihren bisherigen und den erwünschten Erfolgen herauszuarbeiten.

Unprofessionelle Gesprächspartner sind ein Risiko für unprofessionelle Bewerber – aber eine Chance für jeden, der Vorstellungsgespräche beherrscht.

Vorstellungsgespräch II

Im Vorstellungsgespräch geht es um meinen bisherigen Werdegang

Warum fragt der Personaler nach Ihrer Vergangenheit? Eigentlich ist sie ihm völlig wurscht. Es geht nicht darum, was Sie bislang erreicht oder versäumt haben – sondern, was Sie künftig erreichen oder versäumen werden. Es geht um die Prognose, ob Sie den Aufgaben der offenen Stelle gewachsen sind.

Diese Tatsache sollten Sie immer im Kopf haben, auch wenn man von Ihnen wissen will: »Warum haben Sie Ihren vorletzten Arbeitgeber bereits nach zwei Jahren verlassen?« Heimlich gemeint ist: »Wie lange bleiben Sie unserer Firma treu? Was muss an Ihrem Arbeitsplatz passieren, dass Sie die Flinte ins Korn werfen?«

Nun können Sie antworten: »Ich bin ein Mensch, der nach einer gewissen Zeit Abwechslung braucht.« Gehört wird: Sie laufen »nach einer gewissen Zeit« wahrscheinlich *wieder* davon, Ihre Einarbeitung lohnt sich nicht! Oder Sie sagen: »Damals hat mir an der Arbeit ein Element gefehlt, das mich an Ihrer Position besonders reizt: Ich brauche den direkten Umgang mit Kunden und viel Eigenverantwortung.« Dann ist die Prognose positiv: Wahrscheinlich bleiben Sie lange.

Sogar die Frage nach Schulfächern, die Sie gehasst haben, richtet sich auf die Zukunft. Wenn Sie eine Aversion gegen den Sportunterricht zugeben, besonders gegen Mannschaftssport – wer garantiert, dass Sie nicht noch immer ein teamunfähiger Einzelkämpfer sind?

Solche Interpretationen mögen zu weit gehen, aber das Prinzip ist nicht ganz verkehrt. Oder würden Sie die Chancen einer Ehe, wenn ein fünfmal Geschiedener heiratet, gleich hoch einschätzen wie bei seinem ersten Versuch? Schon der weise Konfuzius sagte: »Erzähle mir deine Vergangenheit, und ich werde die Zukunft erkennen.«

Vorstellungsgespräch III

Chefs fragen offen, was sie wissen wollen

Im Vorstellungsgespräch schleichen sich Chefs gern von hinten an. Wenn sie Ihre Schwächen hören wollen, fragen sie: »In welchen Punkten können wir Ihre Entwicklung fördern?« Wollen sie hören, ob Sie Ihren letzten Chef für einen Idioten hielten, heißt es: »Wie haben eigentlich Ihre Kollegen über den Vorgesetzten gedacht?« (Eine projektive Frage, bei der Sie Ihre eigene Ansicht in fremde Münder legen sollen.) Und wenn Sie gefragt werden, worauf Sie in Ihrem Leben am stolzesten sind, sollten Sie nicht auf Ihre Briefmarkensammlung verweisen – sondern auf Erfolg im Berufsleben, sonst unterstellt man Ihnen eine Freizeitorientierung.

Vergessen Sie keine Sekunde: Ein Vorstellungsgespräch ist keine harmlose Plauderei, es ist ein kleiner Wettkampf. Sie tun alles, um sich in ein günstiges Licht zu rücken. Ihr Gesprächspartner tut alles, um Ihre Schattenseiten aufzudecken. Seien Sie immer vor Fangfragen auf der Hut, auch wenn ein Personaler Großzügigkeit gegenüber Ihren Schwächen andeutet. »Manche Leute drücken nur ein Auge zu, damit sie besser zielen können«, schrieb der Regisseur Billy Wilder.

Vorstellungsgespräch IV

Fragen nach Alter und Familienstand sind gestattet

Müssen Sie sich als Bewerber alles gefallen lassen? Nicht mehr! Seit August 2006 steht Ihnen eine scharfe Waffe zur Verfügung: das Allgemeine Gleichbehandlungsgesetz (AGG). Niemand darf abgelehnt werden, nur weil dem Arbeitgeber etwas Persönliches nicht passt, zum Beispiel Hautfarbe oder Herkunft, Familienstand oder Alter. Fragen in diese Richtung sind nur dann erlaubt, wenn es einen konkreten Grund gibt. Zum Beispiel: Will jemand Pilot werden, ist es zu klären, ob er noch unter dem zugelassenen Höchstalter liegt.

In anderen Fällen darf der Chef sich nicht fürs Alter interessieren. Auf solche Fragen können Sie nach Herzenslust schwindeln, ohne dass es juristische Konsequenzen hätte. Allerdings ist das nicht unbedingt klug, denn Lebenslauf und Lohnsteuerkarte bringen die Wahrheit ans Licht und können zu Ihrer Entlassung in der Probezeit führen (natürlich mit fadenscheiniger Begründung!).

Darum: Nutzen Sie Ihre Phantasie besser bei Punkten, die der Arbeitgeber nicht überprüfen kann. Wenn Ihr Vater Hilfsarbeiter war, Sie ihn auf Nachfrage jedoch zum Vorarbeiter befördern; wenn Deutsch nicht ihre Muttersprache ist, Sie es jedoch so perfekt sprechen, dass Sie es dafür ausgeben können: Dann sind diese Antworten im Sinne des Gesetzgebers (sofern Sie zu ihnen stehen und sie glaubhaft vermitteln können). Ihre Herkunft soll schließlich kein Nachteil sein.

Vorstellungsgespräch V

Das alte Gehalt muss man richtig angeben

Man kennt das ja aus Boxerfilmen: Wer aus dem Ghetto kommt, muss kämpfen wie verrückt, ehe er zum Champion wird. Der Ausbruch aus dem Gehalts-Ghetto ist kaum leichter: Nach einer Studie des Instituts für Arbeitsmarkt- und Berufsforschung gelingt dieser Sprung mit der Zeit nur jedem achten Niedriglöhner.

Das alte Gehalt kann beim Wechsel wie eine Eisenkugel am Bein wirken und den Sprung in eine höhere Gehaltsklasse verhindern; mehr als 15 bis zwanzig Prozent plus sind selten drin. Kein Trost für denjenigen, der vorher dreißig Prozent unter Marktwert lag.

Lässt sich diese Eisenkugel abschütteln, indem Sie im Vorstellungsgespräch Ihr Gehalt ein wenig frisieren? Solche Übertreibungen sind nicht gestattet, sofern Sie eine Position anstreben, die mit Ihrer alten zu vergleichen ist. Wer bislang als Bankkauffrau am Schalter saß und sich nun für eine Schalterposition bewirbt, muss auf Heller und Cent ehrlich sein.

Freier sind Sie beim Wechsel in ein neues Tätigkeitsfeld. Wenn die Bankkauffrau sich als Verkäuferin von Finanzprodukten bewirbt oder wenn sie eine Filiale leiten will, sind Tätigkeit und Gehalt nicht vergleichbar. Nun steht ihr das Recht zu, bei der Höhe des alten Gehalts zu schwindeln. Das kann sinnvoll sein, weil eine schlechte Bezahlung sonst nicht nur die Gehaltschancen verdirbt, sondern auch peinliche Fragen aufwirft; von Mini-Gehältern wird oft auf Mini-Leistungen geschlossen.

Aber was tun, damit der Schwindel nicht spätestens beim Anblick der Lohnsteuerkarte herauskommt? Zum Beispiel kann es ja sein, dass Sie am Jahresende noch eine Prämie von ein bis zwei Monatsgehältern bekommen hätten (kaum überprüfbar). Oder vielleicht können Sie zufällig erst zum 1. Januar des kommenden Jahres wechseln – praktischerweise mit neuer Lohnsteuerkarte …

Quellen: Süddeutsche Zeitung, 10.06.2008
Wehrle, M., *Geheime Tricks für mehr Gehalt*, Econ 2007

Vorstellungsgespräch VI

Der Personalchef hat bei der Entscheidung das letzte Wort

»Wie mächtig sind eigentlich Personalchefs? Können sie entscheiden, wer eingestellt wird und wer nicht?«

»Ein Personalchef darf viel reden, aber er hat wenig zu sagen. Bei der Einstellung ist er nur der Kellner: Er sucht

Kandidaten aus und serviert sie seinem internen Kunden, dem Leiter der Fachabteilung.«

»Dann hat der Fachvorgesetzte das letzte Wort? Das ist doch unlogisch, er ist doch gar kein Experte für Personalwesen!«

»Er steht später für Ihre Leistung gerade. So wie ein Trainer, der einen Kader aufstellt. Deshalb entscheidet er über Ihre Einstellung. Sofern Sie die Vorrunde überstehen.«

»Die Vorrunde?«

»In der Regel führen Sie das erste Gespräch mit der Personalabteilung: ein Halbfinale, das Sie überstehen müssen. Aber spätestens im Finale, dem Zweitgespräch, sitzt der Fachchef mit am Tisch.«

»Und der fragt mich dann alles noch mal, was ich vorher schon dem Personaler erzählt habe?«

»Die beiden teilen sich die Rollen. Der Personalchef testet Ihre soziale Kompetenz, Ihre Wechselmotive und klopft Ihren Lebenslauf ab. Der Fachchef will vor allem herausfinden: Passt Ihr Fachwissen zur Aufgabe? Passen Sie in sein Team?«

»Dann reicht es, wenn ich den Fachchef überzeuge?«

»Bedenken des Personalchefs könnten den Fachvorgesetzten umstimmen. Gewinnen Sie besser beide für sich. Den Abteilungsleiter können Sie beeindrucken, indem Sie mit ihm über die Aufgaben der offenen Position fachsimpeln: Wie könnten Sie seine Abteilung voranbringen? Den Personalchef gewinnen Sie, indem Sie ihm seltenes Fachchinesisch kurz übersetzen, damit er dem Gespräch folgen kann. So schlagen Sie zwei Fliegen mit einer Klappe: Sie beweisen zugleich fachliche und soziale Kompetenz.«

Vorstellungsgespräch VII

Nach dem Vorstellungsgespräch heißt es: warten!

Die Lohnbuchhalterin Lydia Meiers (24) verhielt sich neuerdings merkwürdig: Sie sprang morgens dem Briefträger entgegen, riss ihm die Post aus der Hand und überflog in Windeseile die Absender. Wo blieb bloß die Nachricht des Hochbaubetriebes, bei dem sie gerade ein Vorstellungsgespräch absolviert hatte? »Ich finde das fürchterlich«, sagte sie, »man kann nach dem Vorstellungsgespräch nichts mehr tun, nur noch warten.«

Falsch! Die Ungeduld lässt sich auch konstruktiv nutzen. Warten Sie nicht, bis die Firma Ihnen schreibt – schreiben Sie ihr! Bedanken Sie sich für das Vorstellungsgespräch. Nennen Sie drei Gründe, warum Sie in der Auffassung bestärkt wurden, der richtige Kandidat für die offene Stelle zu sein. Und betonen Sie Ihre Lust auf die Position.

Von zehn Bewerbern macht sich nur einer die Mühe, einen solchen Brief zu schreiben. Er zeigt sich motiviert, engagiert, voller Tatendrang, während die anderen ihre Hände in den Schoß legen. Er richtet den Lichtkegel der Erinnerung noch einmal voll auf sich, während die Konkurrenz schon wieder im Halbdunkeln steht. Ein solcher Brief steigert Ihre Chancen auf eine Zusage – und senkt den Pegel Ihrer Ungeduld.

Vorstellungsgespräch VIII

Die Anreise muss von der Firma erstattet werden

Nicht nur bei Haustürgeschäften, auch bei Einladungen zum Vorstellungsgespräch sollten Sie auf das Kleingedruckte achten. Im Anschreiben kann stehen: »Wir übernehmen keine Vorstellungskosten.« So unterlaufen Firmen das Bürgerliche Gesetzbuch: Eigentlich müssen sie dem Bewerber, der als »Beauftragter« gilt, seine Anreisekosten erstatten; meist werden Bahntickets zweiter Klasse oder dreißig Cent pro Kilometer vergütet.

Was tun? Wenn Sie im Vorfeld ums Kilometergeld feilschen, heben Sie sich zwar von der Masse der Bewerber ab, allerdings nur als Stänkerer. Wenn Sie auf das Vorstellungsgespräch verzichten, sparen Sie ein paar Euro – aber was, wenn Sie die Chance Ihres Lebens verpassen?

Wie wäre es, wenn Sie die Knauserigkeit bei den Reisespesen als Hinweis werten würden, wie das Unternehmen tickt? Offenbar scheut man vor Imageschäden nicht zurück, um ein paar Euro zu sparen. Hat eine solche Firma Zukunft, vielleicht gerade wegen der Sparpolitik? Oder spart sie sich zu Tode, auch weil die Mitarbeiter nur als Kostenstellen gelten? Und wie wird man Sie, nach diesem Tiefschlag zur Begrüßung, später als Festangestellten behandeln?

Holen Sie Informationen über das Unternehmen ein. Surfen Sie im Internet, sprechen Sie ehemalige Mitarbeiter und Kunden an. Falls der Ruf der Firma besser ist, als es die Knauserigkeit befürchten ließ: Beißen Sie in den sauren Apfel. Entweder Sie bekommen den Job. Oder Sie sammeln Erfahrung. In beiden Fällen ist Ihr Geld gut angelegt.

Quelle: Vgl. BGB, § 670

W

Wechseln

Ein Wechsel auf gleicher Hierarchieebene kann der Karriere nicht schaden

Es gibt drei Arten, wie Sie sich im Job verändern können: die Aufwärtsbewegung (Beförderung), die Abwärtsbewegung (Degradierung) und die Seitwärtsbewegung (anscheinend der Normalfall). Ein Wechsel auf derselben Hierarchieebene kann jedoch Fragen aufwerfen, sofern Sie später aufsteigen wollen. Vor allem dann, wenn Sie das Unternehmen gewechselt und sich in keiner Hinsicht verbessert haben – auch nicht dadurch, dass Ihre neue Firma renommierter ist.

Hinter jedem Wechsel stehen Motive. Es gibt zwei Arten: die Fluchtmotivation (jemand läuft davon) und die Anreizmotivation (jemand wird angezogen). Das Davonlaufen erregt den Verdacht, Sie hätten Ihre Arbeit nicht geschafft, sich mit Ihrem Chef gefetzt oder vor der Routine kapituliert. Wer garantiert, dass Sie an einem neuen Arbeitsplatz nicht wieder dieselben Probleme haben?

Anziehung heißt: Ein neuer Arbeitsplatz fordert Sie heraus. Wer Karriere machen will, nutzt jeden Wechsel – meist nach drei bis fünf Jahren –, um seine Position und sein Gehalt zu verbessern. Enthält ein Lebenslauf solche Sprünge nicht, kann daraus abgeleitet werden, dass Sie entweder nicht aufsteigen wollen (mangelnder Wille!) oder nicht aufsteigen können (mangelnde Fähigkeit). Beide Interpretationen müssen kein Nachteil sein – sofern Sie mit Ihrer Position zufrieden und nicht (mehr) aufstiegswillig sind.

Andernfalls sollten Sie später in Vorstellungsgesprächen betonen, dass Ihr Wechsel zumindest ein Schritt nach vorne war, wenn schon nicht nach oben. Vielleicht sind Ihre Handlungsspielräume größer, Ihre Aufgaben interessanter oder Ihre Arbeitgeber renommierter geworden. Das kann Seitwärtsbewegungen plausibel machen.

Weihnachtsgeld

Das Weihnachtsgeld gehört mir

Wer Weihnachten für ein überflüssiges Fest hält, sollte sich die Sache bei einem Blick auf seine Gehaltsabrechnung noch mal überlegen: Sechzig Prozent der Mitarbeiter im Westen und vierzig Prozent im Osten Deutschlands bekommen eine Sonderzahlung zum Jahreswechsel. Aber dieses Geld ist manchmal nur geliehen: Wer in den Monaten nach Weihnachten den Arbeitgeber verlässt, wird in einigen Fällen zur Rückzahlung verdonnert.

Entscheidend ist, wie der Vertrag die Zahlung an Sie definiert: Handelt es sich um ein 13. Monatsgehalt, das für eine geleistete Arbeit gezahlt wird? Dann gehört das Geld endgültig Ihnen. Oder ist es ein klassisches Weihnachtsgeld, also eine freiwillige Gratifikation? Dann darf die Zahlung als Treueprämie gewertet und bei einem baldigen Wechsel zurückgefordert werden – sofern der Vertrag eine solche Klausel enthält.

Je höher das Weihnachtsgeld, desto mehr Treue darf die Firma von Ihnen verlangen: Bei einem Monatsgehalt ist eine Bindungsfrist bis zum 31. März des Folgejahres zugelassen, bei zwei Monatsgehältern bis zum 30. Juni. Es kann sich also lohnen, später im Jahr zu wechseln.

Kleiner Trost: Mini-Beträge von 100 oder 200 Euro darf der Arbeitnehmer grundsätzlich behalten. Schließlich war ja Weihnachten …

Quellen: stern.de, *Weihnachtsgeld bleibt trotz Kündigung*, 28.01.2006
FAZ.NET, *Deutliches West-Ost-Gefälle beim Weihnachtsgeld*, 28.06.2008

Wissen

Wissen ist Macht

»Bestimmt klappt es bald mit meiner Beförderung. Mein Wissen ist dem der Kollegen weit voraus.«

»Wer in Ihrer Firma kennt diesen Vorsprung?«

»Na ich!«

»Das bringt Ihnen herzlich wenig! Mit Wissen verhält es sich wie mit Kochzutaten: Es kommt nicht darauf an, was Sie im Schrank haben – es kommt darauf an, was Sie am Herd daraus machen. Haben Sie Ihren Vorgesetzten denn schon mal eine Kostprobe gegeben?«

»Das ist nicht so leicht, bei uns fällt viel Routinearbeit an. Aber spätestens bei einer Bewerbung könnte ich das ausspielen …«

»Wissen allein wird Ihre Bewerbung nicht beflügeln: Sie müssen einer Firma glaubhaft machen, welchen ganz konkreten Nutzen Sie ihr bringen. Welche Probleme ließen sich durch Ihr Wissen lösen?«

»Aber die Problemlösung wäre doch erst der zweite Schritt …«

»Nein, Sie müssen die Firma von Beginn an überzeugen, dass aus Ihrem Wissen *Können* resultiert; sonst werden Sie den Job erst gar nicht bekommen. Wissen allein ist für die Karriere nutzlos.«

»Jetzt übertreiben Sie!«

»Ein Beispiel: Einige meiner Klienten sind gute Schachspieler. Aber die meisten kämen nie auf die Idee, dieses Knowhow für den Beruf zu nutzen. Einer allerdings, ein Einkaufsleiter, überträgt seine strategischen Fähigkeiten aus dem Schach auf seine Verhandlungen. Er kann Erfolg und Macht aus seinem Wissen ziehen. Andere machen aus dem gleichen Wissen gar nichts.«

»Das bedeutet für mich?«

»Tun Sie alles, Ihr Wissen im Alltag umzusetzen. Entwickeln Sie Innovationen, machen Sie Verbesserungsvorschläge, schaukeln Sie schwierige Projekte. Erst wenn Sie Wissen umsetzen und es für andere sichtbar machen, können Sie Macht daraus ziehen.«

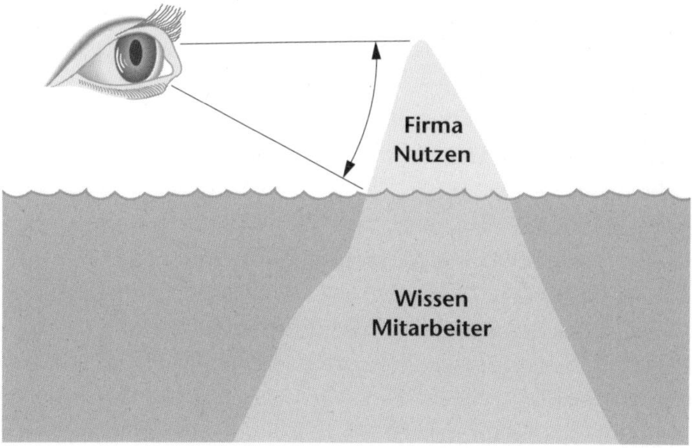

Abb. 10: *Eisberg des Wissens: Nur was davon sichtbar wird und der Firma nützt, bringt einen Mitarbeiter vorwärts.*

Wortwahl

Im Business wird nicht jedes Wort auf die Goldwaage gelegt

»Ich will nicht übertreiben, aber …« Solche Formulierungen sind der sicherste Weg, schlafende Hunde zu wecken: Sie machen den Gesprächspartner auf eine (mögliche) Übertreibung aufmerksam. Der Versuch, harsche Worte mit gegenteiligen Bekenntnissen abzumildern, geht grundsätzlich nach hinten los. Das fanden Psychologen der Eastern Washington University heraus.

Das Experiment: Studenten trafen auf neue Bekannte, die

schon im ersten Gespräch prahlten: »Ich schneide bei der schwierigen Examensprüfung bestimmt gut ab.« Eine Gruppe sagte nur diesen Satz. Die andere stellte den Hinweis voran, sie wolle damit nicht eingebildet klingen. Resultat: Wer die eigene Arroganz wegreden wollte, wurde als arrogant wahrgenommen. Wer sich diesen Hinweis sparte, schnitt trotz derselben Kernaussage besser ab.

Wer im Vorstellungsgespräch also sagt »Ich will das nicht herunterspielen, aber … «, in der Gehaltsverhandlung »Ich will ja nicht gierig sein, aber …!« oder im Konfliktgespräch »Ich suche ja keinen Streit, aber …« – der wird als Herunterspieler, als Gierhans oder als Streitsüchtiger wahrgenommen.

Legen Sie Ihre Worte auf die Goldwaage! Und lassen Sie solche Dementis weg, denn mit ihnen fallen Sie sich zweifellos selbst in den Rücken. Schrieb ich »zweifellos«? Weg damit!

Quelle: Personality and Social Psychology Bulletin, Bd.34, 2008

Z

Zeitarbeit

Zeitarbeit bringt fast nur Nachteile

Der Ruf der Zeitarbeitsfirmen rangiert irgendwo zwischen Mafia und Scientology. Wer bei ihnen einen Job antritt, muss damit rechnen, dass seine Freunde ihm »herzliches Beileid« wünschen, statt zu gratulieren. Die Nachteile stehen immer wieder am Pranger: Die Gehälter sind klein, die Firmenwechsel häufig, die Aussichten auf Fortbildung gering.

Aber haben Sie schon mal über die Vorteile der Zeitarbeit nachgedacht? An erster Stelle steht die Abwechslung. 74 Prozent der Zeitarbeitskräfte finden es lehrreich, sich schnell in neue Tätigkeiten einzuarbeiten; 66 Prozent wachsen daran, dass sie sich schnell in neue Situationen einfinden; und über die Hälfte profitiert davon, sich Neues anzueignen und auf Menschen zuzugehen. Genau diese Flexibilität brauchen alle Arbeitnehmer, seit sich das Karussell der Innovation im Sturm der Globalisierung immer schneller dreht. Zeitarbeit erweitert Ihren Horizont und qualifiziert Sie für Festanstellung.

Als Zeitarbeiter schauen Sie hinter die Firmenkulissen, lernen die Arbeit, die Kollegen und die Vorgesetzten kennen – und jene Sie! Wer sich bewährt, muss nicht lange auf das Angebot einer festen Stelle warten. Und Sie wissen genau, worauf Sie sich beim neuen Arbeitgeber einlassen – im Gegensatz zu regulären Bewerbern, bei denen oft ein böses Erwachen folgt.

Quelle: Münchhausen, G., *Kompetenzentwicklung in der Zeitarbeit – Potenziale und Grenzen*. Schriftenreihe des Bundesinstituts für Berufsbildung, Bonn 2007

Zeitverschwendung

Chefs bekämpfen Zeitverschwendung

Die grauen Herren brechen über das kleine Dorf herein wie eine Seuche. Sie fordern die Menschen auf, so viel Zeit wie möglich zu sparen. Das Guthaben soll in eine Zeitsparkasse fließen, die Menschen reicher machen. Doch mit jeder gesparten Minute werden die Dorfbewohner unglücklicher. Nur Momo, die Titelheldin des Romans von Michael Ende, durchschaut das falsche Spiel und enttarnt die heuchlerischen Zeitdiebe.

Die grauen Herren der Gegenwart sitzen in der Chefetage. Ihr häufigster Blick gilt der Uhr. Kein Arbeitsgang, den sie nicht rationalisieren, kein Mitarbeiter, dem sie nicht Beine machen wollen, auch wenn dieser schon nach Leibeskräften hetzt. Doch sparen sie wirklich Zeit? Im Gegenteil, sie vergeuden größte Mengen. Eine Studie weist nach: Jedes Jahr gehen in Deutschland pro Mitarbeiter 26 Arbeitstage verloren, nur weil die eine Hand des Chefs nicht weiß, was die andere tut: weil Aufträge doppelt erteilt oder unklar definiert werden; weil Mitarbeiter mal in Arbeit ersaufen, dann wieder Leerlauf haben; weil das Sparen an kleinen Fortbildungen gleichzeitig zur Verschwendung kostbarer Arbeitszeit führt. Die von Chefs verschwendete Zeit hat ihren Preis: 135 Milliarden Euro pro Jahr!

Falls der Chef Ihre Zeit vergeudet: Machen Sie ihm keine Vorwürfe (auch das wäre Zeitverschwendung!) – sondern sagen Sie, was er tun kann, damit Sie effektiver arbeiten können. Beispiel: Sie bekommen immer wieder Arbeiten von ihm, bei denen Sie gar nicht genau wissen: Was soll eigentlich passieren? Das führt zu etlichen Korrekturschleifen. Dann sagen Sie: »Gerne würde ich die Arbeit in einem Zug und so schnell wie möglich erledigen. Dazu brauche ich folgende Informationen …« Bei dieser Lösung würden Sie und der Chef gewinnen. Vor allem eines: Zeit!

Quelle: Proudfoot Consulting, Frankfurt/Wien, Globale Produktivitätsstudie 2007

Zeugnis I

Arbeitszeugnisse enthalten die Wahrheit

»Du sollst nicht falsch Zeugnis reden«, heißt es in der Bibel. Offenbar legen Bosse diesen Satz auf ihre Weise aus. Wer ein Arbeitszeugnis schreibt, gerade ein Zwischenzeugnis, dient nicht der Wahrheit – sondern seinen eigenen Interessen! Mal möchte er verhindern, dass ein exzellenter Mitarbeiter abwandert, mal beschleunigen, dass ein schlechter Mitarbeiter woanders unterkommt. Im ersten Fall wird er den Mitarbeiter meist zu leise, im zweiten viel zu laut loben.

Auch in Endzeugnissen fehlt es nicht an Gemeinheiten, meist zwischen den Zeilen. Ein Zeugnis besteht aus drei Komponenten: Die Firma urteilt über Sie insgesamt, über Ihre Leistung und über Ihr Verhalten. Der Teufel der Formulierung steckt im Detail. Wenn es in der Gesamtbewertung heißt, ein Mitarbeiter habe die Arbeit »zur Zufriedenheit« erledigt, ist das eine Ohrfeige: Schulnote vier. In einem guten Zeugnis hätte »stets zur vollen Zufriedenheit«, in einem sehr guten »stets zur *vollsten* Zufriedenheit« stehen müssen.

Haben Sie sich »stets um eine überdurchschnittliche Leistung bemüht«, sind Sie mit diesem Bemühen offenbar gescheitert. »Ein Auge für Details« heißt: Sie verzetteln sich. »Talent zum Delegieren«: Sie sind ein Drückeberger. »Alle Aufgaben über längere Zeiträume verfolgt«: Sie sind lahm wie eine Schnecke! Wer »seine Meinung auch gegen Widerstand durchsetzt«, gilt als Quertreiber. Und prominentes Lob für Pünktlichkeit, Ehrlichkeit, Freundlichkeit ist ein Warnruf, dass es außer Selbstverständlichkeiten nichts zu loben gab.

Ob diese Klischees der Wahrheit entsprechen oder nur ein Racheakt des alten Arbeitgebers und moralisch verwerflich sind? Das steht auf einem anderen Blatt. Man sollte mal in der Bibel blättern!

Zeugnis II

Selbstgeschriebene Zeugnisse sind besser

Zeugnisschreiben ist Chefsache. Eigentlich. Doch wussten Sie, dass sich in den Unternehmensspitzen die Legastheniker ballen? 35 Prozent der amerikanischen Firmeninhaber leiden unter Lese- und Rechtschreibschwäche, eine Quote, die um das 3,5-Fache über dem Anteil der Gesamtbevölkerung liegt. Als jemand, der fast täglich Zeugnisse liest, kann ich Ihnen versichern: Die deutschen Chefs sitzen kaum fester im Sattel der Rechtschreibung. Beim Formulieren hapert es noch mehr.

Warum sollten Sie nicht selbst zur Feder greifen und sich ein tolles Zeugnis schreiben? Diese Idee ist gut, aber auch riskant: Wer die Zeugnissprache nicht beherrscht, riskiert Kopf und Karriere. Ein frei formuliertes Zeugnis kann von Personalern als unprofessionell empfunden und als Selbstbeweihräucherung durchschaut werden.

Nehmen wir an, Sie sprechen nicht von »vollster Zufriedenheit«, sondern davon, dass die Firma »von der Arbeitsleistung angetan war«. Gemeint ist dasselbe. Aber die Wortwahl abseits der Fachsprache lässt den Personaler fremdeln. Einem Seemann käme es ja auch merkwürdig vor, wenn er auf hoher See plötzlich »rechte Bootsseite« hörte – und nicht das vertraute »Steuerbord«.

Weiteres Risiko: Sofern sich in Ihrer Bewerbungsmappe mehrere Zeugnisse ohne Standardformulierungen finden, womöglich im selben Stil formuliert, sind Sie sofort als Autor enttarnt. Das wirft Fragen auf: Warum mussten Sie Ihr Zeugnis selbst schreiben? Haben Ihre Vorgesetzten so schlecht über Sie gedacht?

Wenn Sie Ihr Zeugnis selber schreiben, spicken Sie in Ratgebern und auf Internetseiten mit einschlägigen Formulierungen. Wenn Sie Ihren Chef schreiben lassen, erstellen Sie ihm eine Liste von Punkten, die Sie gerne in dem Zeugnis erwähnt hätten: Welche Projekte haben Sie realisiert, welche Aufgaben bewältigt, welche Erfolge errungen? Denken Sie an Zahlen: Für wie viele Mitarbeiter waren Sie verantwortlich? Wie hoch war Ihr Etat? Um wie viel Prozent konnten Sie den Umsatz, die Kundenzufriedenheit oder was auch immer steigern? Diese Fakten sind oft noch interessanter als die kreativen, subjektiven, winkelschiefen Bewertungen.

Und schließlich: Lesen Sie das Zeugnis mit Argusaugen und tilgen Sie alle Rechtschreibfehler. Denn diese fallen auf Sie zurück – es sei denn, der neue Boss gehört ebenfalls zur großen Familie der Chef-Legastheniker …

Quellen: Psychologie heute, 7/2008
http://www.arbeitszeugnis-info.de (Tipps zum Verfassen von Zeugnissen)

Zeugnis III

Man hat Anspruch auf ein gutes Zeugnis

Bei der Arbeit scheint möglich, wovon Schüler nur träumen: Fällt das Zeugnis schlecht aus, kann man die Korrektur erzwingen. Tatsächlich darf die Firma Ihnen keine Steine in den Weg legen. Das Zeugnis sollte »wohlwollend« ausfallen. Das bedeutet: Selbst wenn ein Mitarbeiter eine faule Socke war, darf ihn das Zeugnis nicht so bezeichnen. Aber so umschrieben werden darf er sehr wohl! Das muss er sogar, denn die Rechtsprechung verlangt wahrheitsgemäße Zeugnisse.

Ein Zeugnis, das offensichtliche Lügen enthält, etwa einen Dieb als »ehrlich« bezeichnet, kann für das Unternehmen zum Bumerang werden: Die nächste Firma könnte daraus einen Anspruch auf Schadensersatz ableiten, sofern auch sie zum Opfer des Langfingers werden sollte.

Und wenn die Leistungsbeurteilung schlecht ausfällt, es zum Beispiel heißt, Sie hätten »zur vollen Zufriedenheit« gearbeitet (Schulnote 3)? Können Sie dann eine Korrektur durchsetzen? Wenn Sie sich nur auf das Gefühl stützen, man behandele Sie ungerecht, werden Sie auf taube Ohren stoßen. Ein Grundrecht auf gute Zeugnisse ist laut Verfassung nicht vorgesehen, am Arbeitsplatz genauso wenig wie in der Schule.

Wer dagegen ein Erfolgstagebuch führt, seine Arbeitsergebnisse festhält, lobende E-Mails speichert und die Bewertungen in Mitarbeitergesprächen aufbewahrt, kann seine Leistung dokumentieren. Wenn Ihre Firma nun nachtritt, etwa weil Sie zur Konkurrenz wechseln, können Sie dieses Foulspiel nachweisen und die Korrektur Ihrer Bewertung durchsetzen. So wie ein Schüler, der das ganze Jahr auf 2 steht, im Abschlusszeugnis nicht plötzlich eine 5 bekommen darf.

Quelle: Vgl. § 630 BGB, § 109 GewO, § 16 BBiG

Ziele

Ein guter Chef gibt klare Ziele vor

»Ich möchte, dass mein Chef mir klare Ziele und Wege vorgibt. Stattdessen redet er nur Wischiwaschi!«

»Ihr Chef soll für Sie mitdenken, soll Verantwortung übernehmen?«

»Genau!«

»Das wäre ein schlechter Chef. Jedes Mal, wenn er Verantwortung übernimmt, nimmt er sie Ihnen weg. Und ein Ziel, das er Ihnen vorgibt, ist gar kein Ziel – sondern eine Vorgabe.«

»Das ist doch Wortspalterei!«

»Nein, es ist ein großer Unterschied. Vorgaben sind wie die Ziellinie beim 100-Meter-Lauf: Man bremst ab, sobald man sie erreicht hat. Das ist pure Fremdbestimmung, ein Todesstoß für die Motivation.«

»Und was schlagen Sie vor?«

»Ihr Chef sollte wissen: Zu einer Vereinbarung gehören

immer zwei. Nur durch Dialog, durch Austausch von Erwartungen können zugkräftige Ziele entstehen. Die entscheidenden Fragen: Was wollen Sie? Was will die Firma? Und wie lässt sich die Schnittfläche möglichst groß halten?«

»Aber mein Chef ist doch kein Hellseher! Woher soll er wissen, was ich will?«

»Das müssen Sie ihm schon sagen! Wenn Sie Ihre eigenen Ziele nicht kennen, dann kennt er sie auch nicht. Denken Sie vor dem Zielgespräch nach, wohin die Reise gehen soll. Was wollen Sie im nächsten Jahr erreichen? Was in fünf Jahren erreicht haben?«

»Und warum sollte mein Chef mich bei den Zielen mitreden lassen?«

»Weil es ihm nützt. Ihre Motivation steigt, seine Arbeitslast sinkt. Zumal Sie den Weg zum Ziel selbst wählen dürfen. Der Führungsexperte Fredmund Malik sagt mit Recht: Nicht der Chef, das Ziel soll den Mitarbeiter führen. Vorteil für Sie: Ein Ziel kennt keine Launen – Ihr Chef sehr wohl!«

Quelle: Malik, F., *Führen, Leisten, Leben*, Heyne 2001

Zufriedenheit

Die meisten Deutschen sind mit ihrem Job zufrieden

Zu den aussterbenden Gattungen in Deutschland gehört, neben Luchs, Seeadler und Feldhase, auch der rundum zufriedene Mitarbeiter. Sein Bestand ist auf zwölf Prozent der Arbeitnehmer geschrumpft. Gut möglich, dass die Gattung Mitarbeiter von den Chefs gejagt und so wenig mit Rückmeldungen gefüttert wird, dass sie an der ausgestreckten Hand verhungert.

Ein Drittel der Beschäftigten lässt die Mundwinkel hängen, ist mit seinen Arbeitsbedingungen unzufrieden. Etwa die Hälfte sieht diese Bedingungen nur als durchschnittlich an. Zufriedenheit herrscht in Branchen, wo Mitarbeiter begehrt und gut bezahlt sind: bei Ingenieurs- und Chemiefirmen. Dagegen sinkt die Stimmung mit dem Gehaltsniveau: Niemand fühlt sich so respektlos behandelt, so miserabel geführt wie Geringverdiener. Sie sind die Sklaven der Gegenwart, getreten und geschunden. Auch ihre Gesundheit leidet: Von zehn Mitarbeitern, die ihren Arbeitsplatz negativ sehen, rechnen nur drei damit, dass sie bis zum Rentenalter arbeiten können. Unter den Zufriedenen sind es mehr als doppelt so viele.

Tun Sie alles, um Ihre Qualifikation auf einem hohen Niveau zu halten. Besuchen Sie Fortbildungen, lesen Sie Fachzeitschriften, holen Sie zur Not ein Studium nach oder schließen Sie ein Zweitstudium an. Lernen Sie heute das, was die Firma morgen braucht. Je mehr Sie einem Arbeitgeber zu bieten haben, desto mehr muss ein Arbeitgeber Ihnen bieten – und desto weniger müssen Sie sich bieten lassen!

Quelle: Deutscher Gewerkschaftsbund, Berlin. DGB-Index *Gute Arbeit 2007*

Zuhören

Chefs haben zwei Ohren, um zuzuhören

Eines der wichtigsten Rätsel, die uns die Evolution aufgibt: Warum wurden Chefs mit Ohren ausgestattet? Offenbar handelt es sich bei ihrem Gehör um ein Organ wie den Blinddarm: Es ist völlig entbehrlich! Chefs wollen, dass man *auf sie* hört. Aber zuhören? Nichts da!

Wenn ein Vorgesetzter der Meinung ist, ein Liefertermin ließe sich einhalten, kann der Mitarbeiter tausendmal ein halbes Jahr Verspätung ankündigen – für den Chef kommt die Verspätung so überraschend wie ein Hexenschuss! Wenn der Präsident einer Großmacht sich in seinen Kopf gesetzt hat, ein kleiner Schurkenstaat horte Atomwaffen, dann will er die harmlose Wahrheit im Vorfeld nicht hören, sondern sie nach dem Einmarsch vertuschen.

Welche Konsequenzen hat es, wenn ein Fehler nur deshalb passiert ist, weil die Ohren des Chefs so verstopft waren wie die Straßen von London im Feierabendverkehr? Hört er künftig besser zu? Weit gefehlt, vielmehr zieht er Sie an Ihren Ohren (wozu sind die denn sonst da!) und gibt Ihnen die Schuld. Gegenmittel: Helfen Sie ihm beim Zuhören! Wenn Sie ihm eine wichtige Botschaft übermittelt haben, sagen Sie zum Beispiel: »Ich will sichergehen, dass ich mich präzise genug ausgedrückt habe: Was ist jetzt bei Ihnen angekommen?« Diesen Vorgang wiederholen Sie, bis Ihr Chef den Kern Ihrer Aussage erfasst hat. Noch sicherer ist eine kurze Aktennotiz; bei Gehörlosen funktioniert der Schriftweg besser.

Zusage

Auf mündliche Zusagen des Chefs ist Verlass

Chefs versprechen viel, wenn der Arbeitstag lang ist: Mehr Gehalt nach der Probezeit? Kein Problem! Eine Beförderung in zwei Jahren? Wird gemacht! Einzel- statt Großraumbüro? Der Hausmeister ist schon informiert! Allerdings sind diese *mündlichen* Zusagen so zuverlässig wie das Wetter im April: Am Ende stehen Sie im Regen. Wer garantiert Ihnen, dass Ihr Chef sich später an solche Zusagen noch erinnern kann, ja erinnern will? Ein Versprechen kann auch ein Köder sein, um Sie aus der (vermeintlichen) Leistungsreserve zu locken. Und woher nehmen Sie den Optimismus, dass Sie noch denselben Chef haben, wenn die Zusage fällig wird? Ein Führungswechsel kann über Nacht kommen. Aussichtslos wäre es, dem neuen Vorgesetzten zu erklären, er habe nun gefälligst die – nicht nachprüfbaren – Zusagen seines Vorgängers einzulösen. Auf diese Tour kommen alle Mitarbeiter …

Es liegt an Ihnen, Verbindlichkeit herzustellen: Erfassen Sie mündliche Zusagen zu wichtigen Punkten immer in Schriftform, in einer E-Mail oder Gesprächsnotiz an Ihren Chef, Motto: Ich halte das einmal fest, um sicherzugehen, dass ich richtig verstanden habe … Dann rückt in Reichweite, was vorher nur eine Taube auf dem Dach war.

Register